U0536832

千古人物

大唐太宗 李世民

郭宏文 ◎ 著

中国书籍出版社
China Book Press

图书在版编目（CIP）数据

大唐太宗：李世民 / 郭宏文著. —北京：中国书籍出版社，2024.9

ISBN 978-7-5068-9755-6

Ⅰ.①大… Ⅱ.①郭… Ⅲ.①李世民（599—649）—传记 Ⅳ.①K827=421

中国国家版本馆CIP数据核字（2024）第016083号

大唐太宗：李世民

郭宏文 著

责任编辑	王志刚
责任印制	孙马飞　马芝
封面设计	东方美迪
出版发行	中国书籍出版社
地　　址	北京市丰台区三路居路97号（邮编：100073）
电　　话	（010）52257143（总编室）　（010）52257140（发行部）
电子邮箱	eo@chinabp.com.cn
经　　销	全国新华书店
印　　厂	北京睿和名扬印刷有限公司
开　　本	710毫米×1000毫米　1/16
印　　张	19.5
字　　数	242千字
版　　次	2024年9月第1版　2024年9月第1次印刷
书　　号	ISBN 978-7-5068-9755-6
定　　价	58.00元

版权所有　翻印必究

前 言

李世民是唐高祖李渊的次子，是大唐王朝的第二位皇帝。

中华民族五千年的悠久历史，造就了无数的帝王将相。在众多的帝王中，有着雄才大略的少之又少；在雄才大略的帝王中，能够被毛泽东写入《沁园春·雪》这首词中的，只有"秦皇汉武""唐宗宋祖"和"成吉思汗"这五位。其中的"唐宗"就是唐太宗李世民。

李渊在岐州（今陕西省宝鸡市凤翔区）做刺史时，四岁的李世民跟随父亲来到岐州。一个自称善于看相的书生见到李世民后，马上脱口而出道："龙凤之姿，天日之表，二十岁时，必能济世安民！"听了书生的话，李渊非常高兴，就给自己的儿子起名叫李世民。

李世民从小就跟父亲李渊生长在军营里，平素的耳濡目染，加之自身性格的勇敢果断，十七岁就开始领兵打仗。

隋大业十一年（615年），隋炀帝北巡雁门关（今山西省代县），不幸遭到突厥围困。就在隋炀帝孤立无援、一筹莫展之时，李世民受命前去营救。在对敌方的扎营地势、兵力部署进行一番侦察后，李世民向云定兴将军提出了破敌之策，制造了隋朝大军压境的假象，从而迷惑了突厥军。突厥军立即撤走，雁门之围不战而解，李世民因此出了名。

大业十二年（616年），李世民帮助父亲平定了魏刀儿所率领的太原起义军，让父亲对他更加信任，从此视他为左膀右臂。

李世民十八岁时，就充满信心地劝说父亲起兵反隋，向腐败的朝廷宣战。大业十三年（617年）五月，李渊从晋阳（今山西省太原市）起兵反隋，李世民骁勇善战，冲锋在前，成为李渊的得力干将。

隋义宁二年（618年）三月，太上皇隋炀帝在江都兵变中被缢杀。五月，隋恭帝杨侑发布退位诏书，禅位于李渊。李渊在长安即位后，定国号为唐，是为唐高祖，并改元武德。不久，李渊立长子李建成为太子，封次子李世民为秦王，封四子李元吉为齐王。

唐朝建立后，李世民奉命领兵平定各路起义军。他身先士卒，与部下同生共死，凭借过人的意志和胆略，运用心理战、水战、夜战等各种战术，平西秦、攻陇西、夺太原、伐王世充、擒窦建德、灭刘黑闼……经过数年的浴血奋战，李世民终于帮助唐高祖平定四方，为唐朝的稳固统一立下了赫赫战功。

李世民平定各路起义军和地方武装后，皇子之间的权力争斗也悄然开始。随着自身实力的增长和个人声望的提升，李世民已经不满足于只做一个王侯。此时，被高祖封为太子的李建成，无疑感受到了李世民的巨大威胁。于是，一场争夺未来皇位的斗争在李建成和李世民之间展开。

在太子李建成和齐王李元吉的步步紧逼下，李世民不惜背负弑兄囚父之名，决定铤而走险。武德九年（626年）六月初四，李世民发动了玄武门事变，射杀太子李建成和齐王李元吉。武德九年六月初七，高祖宣布立秦王李世民为皇太子，并颁布诏书："从今天起，军队和国家的各项事务，无论大小，全部委托太子处理和决定，然后再报告给朕。"

两个月后的八月初八，高祖再次下诏，宣布让位给李世民，自己为太上皇。八月初九，李世民在东宫显德殿即位，是为唐太宗。

第二年（627年）的正月初一，李世民改元贞观，大唐历史上的"贞观之治"就此拉开序幕，李世民也因此成为上马能打天下、下马能治国家的杰出君主。

李世民即位后，在用人上知人善任，任人唯贤，不计前嫌，使得贞观年间名相辈出，将星云集。在政治上励精图治，整顿吏治，治贪反腐，厉行节俭，从谏如流，让百姓休养生息。在经济上既重农业，推行均田制，轻赋税，革除民少吏多的弊政，减轻百姓负担；又重商业，使大唐帝国的商业迅速兴起，当时世界闻名的商业城市有一半以上集中在中国。他还在丝绸之路上开镇设埠，使丝绸之路成为联结中外的黄金走廊。在文化教育上尊崇儒学，以孔子为先圣，下令州县置孔子庙，大力兴办学校，朝廷设国子监、弘文馆、崇文馆，地方设京都学及府、州、县学，并积极编修国史。在外交上秉承友善、和谐相处的原则，与少数民族友好交往，得到了少数民族首领的拥护，无论是汉人夷人，他都是爱之如一，极大地促进了民族的大团结和大融合。在军事上先后平定突厥、薛延陀、回纥、高昌、焉耆、龟兹、吐谷浑……实现了唐朝的大一统。

李世民通过实施一系列改革策略，开创了社会安定、生产发展的升平景象，被尊为像天一样的伟大领袖，敬若神明。贞观年间，唐朝成为世界上最繁荣昌盛的国家，史称贞观之治，也称贞观盛世。

李世民在位期间，提出了别具一格的"镜子理论"。

贞观初年，李世民求谏心切，对朝廷重臣说："人欲自照，必须明镜。主欲知过，必藉忠臣。"后来，堪称唐朝杰出的政治家、思想家、文学家和史学家的魏征，就成为他须臾不可离的"镜子"。他说："征箴规朕失，不可一日离左右。"他采纳魏征提出的"夫监形之美恶，必就止水；监政之安危，必取亡国"之言，常常以隋朝灭亡为鉴。正因为有魏征的面折廷争，加之李世民的从谏如流，才开创了贞观之治的伟业。

玄武门之变前，魏征曾奉高祖之命辅佐太子李建成，私下建议李建成尽快培植自己的力量，并及早除掉李世民。玄武门之变后，李世民曾责问魏征说："你为什么在我们兄弟之间挑拨离间？"魏征直言不讳地会地说："太子如果听从了我的意见，就不会有今天的杀身之祸了。"李世民知道魏征是个有才华的人，又见他临危不惧、有胆有识，便摒弃前嫌，先后任命魏征为谏议大夫、尚书左丞、秘书监、侍中等要职，成为朝廷重臣。

魏征辅佐李世民后，一直是殚精竭虑、知无不言。他先后向李世民进谏、陈事数百条，包括偃武修文、居安思危、兼听广纳、明德省刑、轻徭薄赋、躬行节俭等。李世民非常感动地说："爱卿谏言，前后二百余事，爱卿如果不是真心爱国爱民，怎么会这么辛苦呢？"

魏征去世后，李世民无比伤感地说："夫以铜为镜，可以正衣冠；以古为镜，可以知兴替；以人为镜，可以明得失。朕常保此三镜，以防己过。今魏征殂逝，遂亡一镜矣！"说完，他竟然泣下久之。

李世民的文治武功，堪称古今传奇。贞观时期所取得的非凡成就，包括鼎盛的文化、繁荣的经济、健全的制度、广袤的国土、融合的民族、强大的军事、友善的外交等，都对中国历史发展产生了巨大而深刻的影响。在评价李世民时，唐朝诗圣杜甫写道："煌煌太宗业，树立甚宏达。"北宋政治家、史学家、文学家司马光写道："太宗文武之才，高出前古。盖三代以还，中国之盛未之有也。"元太祖成吉思汗写道："欲安邦定国者，必悉唐宗兵法。"明太祖朱元璋写道："唯唐太宗皇帝英姿盖世，武定四方，贞观之治，式昭文德。有君天下之德而安万世之功者也。"新中国领袖毛泽东写道："自古能军无出李世民之右者，其次则朱元璋耳。"

李世民无疑是一部厚重的史书，值得今人反复探究；李世民也无疑是一面巨大的明镜，值得今人反复对照。正像他所说的那样："夫以铜为镜，可以正衣冠；以古为镜，可以知兴替；以人为镜，可以明得失。"了解这位政治家助父起兵、建立大唐的雄才伟略，重温这位军事家横扫千军、定国安邦的神奇经历，体验这位杰出帝王先发制人、高踞万邦之首的绝世荣耀，感受这位伟岸男儿心怀天下、竭力缔造的辉煌盛世，有趣，更有益。

杰出的英明君主，典范的千古帝王，功过皆由后人评说。

目 录 Contents

前 言 ………………………………………………………… 1

第一章　英雄少年，劝父起兵建大唐 ………………… 1

1. 贵族之家降英才 ………………………………………… 1
2. 雁门解围隋炀帝 ………………………………………… 6
3. 太原神勇平乱军 ………………………………………… 11
4. 结交义士谋宏图 ………………………………………… 15
5. 游说父亲举义旗 ………………………………………… 19
6. 晋阳起兵反暴政 ………………………………………… 23
7. 顺利攻取西河郡 ………………………………………… 28
8. 霍邑之战施妙计 ………………………………………… 32
9. 助父登基建唐朝 ………………………………………… 37

第二章　率兵征战，平定天下成一统 ………………… 42

1. 征讨西秦立大功 ………………………………………… 42
2. 彻底铲除刘武周 ………………………………………… 47
3. 东征洛阳困郑王 ………………………………………… 52
4. 一战双赢灭双雄 ………………………………………… 55
5. 河北之乱引警觉 ………………………………………… 60
6. 洺水击败刘黑闼 ………………………………………… 64

第三章 兄弟相争，兵变喋血玄武门·············· **68**

1. 心腹谋士被斩杀························· **68**
2. 暗中觊觎帝王位························· **73**
3. 兄弟矛盾尖锐化························· **78**
4. 太子生变迎转机························· **82**
5. 被逼无奈谋先机························· **88**
6. 玄武兵变成太子························· **93**
7. 接受禅让登皇位························· **97**

第四章 稳定局势，建章立制兴基业·············· **101**

1. 宽容接纳拢人心························· **101**
2. 虔诚安抚显皇恩························· **106**
3. 决策机构大改组························· **110**
4. 改革官制除旧弊························· **115**
5. 静民重农强根基························· **119**
6. 兴办学校育贤才························· **124**
7. 选人推行科举制························· **129**

第五章 知人善任，贤臣良将来聚首·············· **135**

1. 魏征为镜明得失························· **135**
2. 长孙无忌是心腹························· **140**
3. 尉迟敬德好猛将························· **145**
4. 秦琼统领玄甲军························· **150**
5. 李靖掌军建功勋························· **154**
6. 李勣值得托孤人························· **159**
7. 马周贤能用为相························· **164**
8. 精诚奉国房玄龄························· **169**

第六章　偃武修文，礼仪律令治天下 …… 174
　　1. 尊儒崇经兴文治 …… 174
　　2. 推行礼治重规范 …… 178
　　3. 音乐舞蹈得普及 …… 183
　　4. 刊正姓氏强皇权 …… 188
　　5. 读史为鉴治国家 …… 192
　　6. 编修史书鉴后人 …… 197
　　7. 颁布新法振朝纲 …… 202

第七章　统一边疆，与邻为善国安定 …… 207
　　1. 征伐突厥俘颉利 …… 207
　　2. 发兵平定吐谷浑 …… 211
　　3. 平定高昌设为州 …… 216
　　4. 瓦解消灭薛延陀 …… 219
　　5. 恩威并施稳边疆 …… 224
　　6. 丝绸之路通四海 …… 228
　　7. 尊重玄奘弘佛学 …… 232

第八章　性情帝王，文武兼修重后宫 …… 236
　　1. 善于骑射爱良马 …… 236
　　2. 爱围猎更爱诗文 …… 241
　　3. 酷爱书法成大家 …… 246
　　4. 相亲相爱结发妻 …… 250
　　5. 贤德徐惠好伴侣 …… 255
　　6. 智略过人武则天 …… 259

第九章 贞观末期，渐不克终志未酬 ………………… 263

1. 荒唐太子不争气 ………………… 263
2. 废立太子难决断 ………………… 268
3. 废黜太子为平民 ………………… 273
4. 选定李治为储君 ………………… 277
5. 骄傲自满喜夸赞 ………………… 281
6. 贪图享乐忘初衷 ………………… 286
7. 御驾东征耗国力 ………………… 289
8. 英明君主垂千古 ………………… 294

主要参考书目 ………………………………………… 300

第一章　英雄少年，劝父起兵建大唐

1. 贵族之家降英才

　　隋文帝开皇十九年（599年）正月廿三，唐国公李渊府中人头攒动，人们都在焦急地等待着什么。在人们的忙碌之中，府内的武功别馆里传来一阵婴儿的啼哭声。这时，一位仆人跑到在馆前踱步徘徊的李渊面前，兴高采烈地说："老爷，夫人生了一位少爷。"李渊应了一声，脸上露出了得意的微笑。

　　这个刚出生的男婴，是李渊和夫人窦氏的第二个儿子，这个男婴就是后来大唐的第二位君主——唐太宗李世民。当时，府内的人也许谁也不会想到，就是这个男婴，长大后劝说并协助父亲起兵造反，灭掉了隋朝，建立了唐朝。后来发动"玄武门之变"登基称帝，从而创造了"贞观之治"的恢宏业绩，成为中国历史上杰出的英明君主之一。

　　李世民出生时，国家繁荣太平，没有兵荒马乱的侵扰。在开国皇帝隋文帝杨坚的治理下，隋朝变得日渐强盛，尤其是庄稼连年丰收，全国的百姓得以安居乐业。由于粮食丰收，年年结余，隋文帝诏令修建了七座大型粮仓来囤积剩余的粮食。这些囤积的粮食，差不多够全国的百姓吃上十年，即使遭受比较严重的自然灾害，百姓也不必担心挨饿。众所周知，粮食是治国安邦的头等大事，有充足的粮食这一保障，隋朝才出现了繁荣安定的局面。

李世民出生在一个贵族家庭，不仅能够享受衣食富足的生活，尤其能够接受良好的文化教育。

李世民家族的兴盛，是从他的曾祖父李虎开始的。李虎，字文彬，早年追随北周政权的奠基者宇文泰①征战四方，立下赫赫战功，深得宇文泰的赏识，官拜西魏太尉②，被封为唐国公，成为西魏最有实权的"八柱国"③之一，可谓是位高权重。

李虎死后，被朝廷追封的唐国公可以世袭，因此，李世民的祖父、李虎的儿子李昞虽然没有取得骄人战功，但仍世袭唐国公。

李世民的家庭不仅是个贵族，而且是个皇亲国戚的家庭。李渊的母亲与隋文帝杨坚的皇后是亲姐妹，因此，李渊的父亲李昞与隋文帝是连襟，隋文帝是李渊的亲姨父，李渊与后来的隋炀帝杨广是姨表兄弟，李渊比杨广大三岁还是表哥。由此，隋文帝是李世民的姨父爷，隋炀帝则是李世民的表叔。这样的一个家庭背景，几乎无人可以比拟。

---

① 宇文泰：字黑獭，鲜卑族，南北朝时期杰出的军事家、改革家、政治家，西魏政权的实际掌权者，北周政权的奠基者。

② 太尉：官名，朝廷掌管军事的最高军事长官。

③ 八柱国：也称西魏八位柱国大将军，包括大冢宰、安定郡公宇文泰，大司徒、广陵王元欣，太尉、唐国公李虎，大宗伯、魏国公李弼，大司马、卫国公独孤信，大司寇、楚国公赵贵，大司空、燕国公于谨，少傅、梁国公侯莫陈崇。

李昞袭封唐国公后，授御正中大夫①，出任柱国大将军、少保、都督八州诸军事、安州（今湖北省安陆市）总管等职。北周建德元年（572年），五十八岁的李昞去世，年仅七岁李渊袭封唐国公。

北周大定元年（581年），李渊的姨父杨坚接受北周静帝禅让，建立隋朝，是为隋文帝，并改元开皇。杨坚做了皇帝后，李渊起初并未受到重用，只是担任千牛备身②、刺史和郡守等不太显要的职务。但因家族背景的原因，李渊一直是个备受关注的人物。

李世民的母亲窦氏同样出身于富贵人家。他的外祖父窦毅是北魏、北周时期的大臣，母亲窦氏是一位有着传奇色彩的女子。窦氏家族与北周皇族世代联姻，北周武帝宇文邕是窦氏的亲舅舅。窦氏从小就聪明伶俐，相貌出众，武帝非常喜欢她，把她接入宫中来抚养。由于长期受皇家生活的熏陶，窦氏长大后更是聪敏贤淑、落落大方。

窦氏到了谈婚论嫁的年龄时，前来求婚的贵族子弟络绎不绝，窦氏的父亲窦毅决心为女儿挑选一位文武双全、才貌俱佳的夫君。后来，他决定在门屏上画两只孔雀，让前来求婚的贵族子弟各射两支箭，谁能分别射中孔雀的两只眼睛，就招谁为女婿。

李渊射出的两支箭，正中孔雀的两只眼睛，如愿与窦氏成婚。婚后，窦氏成为李渊的得力贤内助。

由于家世显赫，生活富足，李世民从小就生活在非常优越的环境中，不知柴米贵，也不知百姓苦。可作为父亲，李渊对李世民寄予了很大的期望。

---

① 御正中大夫：官名，西魏恭帝置，北周沿之，天官府御正司长官。
② 千牛备身：官名，掌侍从宿卫。

隋文帝仁寿二年（602年），李渊在做岐州（今陕西省宝鸡市凤翔区）刺史时，四岁的李世民跟随他来到岐州。一个自称善于看相的人见到李世民时，马上脱口而出道："龙凤之姿，天日之表，二十岁时，必能济世安民！"李渊非常高兴，就给儿子起名叫李世民。

大业元年（605年），刚刚即位的隋炀帝杨广，誓言要效仿秦始皇和汉武帝，干出一番前无古人、后无来者的大事业。可随着时间的推移，朝中大臣发现隋炀帝好大喜功，而且生活极其奢侈，结果，从朝廷到地方上行下效，隋文帝所倡导树立的勤俭之风很快就消失了。

窦氏看出隋炀帝是个奢侈的皇帝，就对丈夫李渊说，有机会多搜集一些珍玩、宝马及猎鹰之类的东西，面见圣上时就献给他，这样他就会重用你。李渊按照窦氏说的去做，职位很快就得到了升迁。他先后出任荥阳郡（今河南省荥阳市）、楼烦郡（今山西省静乐县）太守，成为显赫一方的封疆大吏。后来，他又担任殿内少监①、卫尉少卿②等职务。

李渊仕途的顺畅，直接影响了年少的李世民。不到十岁时，李世民就开始跟着父亲出潼关（今陕西省大部）、进中原（今河南省大部）、上河东（今山西省大部），目睹了百姓的生活状况，渐渐开阔了自己的视野。

李世民十六岁那年，母亲窦氏去世。在李世民的心目中，母亲不仅是他最亲近的人、最敬重的人，更是他人生的启蒙老师。

---

① 殿内少监：官名，为殿内省的副长官。

② 卫尉少卿：协助卫尉卿掌供宫廷、祭祀、朝会之仪仗帷幕，通判本寺事务。

母亲的去世，让李世民悲恸不已。为了排解心中的忧伤，他常常约上一些伙伴出去骑马、射箭和打猎，闲暇时还常常玩一些赌博的游戏。李世民的行为变化，让李渊担心儿子这样下去会耽误未来。

这时，李渊的好友长孙炽①觉得李渊和自己的弟弟长孙晟两家门当户对，弟弟恰好有个女儿和李世民年龄相当，便劝说两家订下了娃娃亲。长孙晟曾在征伐突厥时屡立战功，为隋朝西部边疆的稳定与繁荣做出了贡献，被隋文帝封为右骁卫将军。

大业五年（609年），五十八岁的长孙晟去世，女儿长孙氏暂时寄住在舅舅高士廉家里。高氏家族是渤海望族，书香门第，几代都在各朝为官。高士廉具有很高的品德修养，长孙氏在高氏门风的熏陶下，变得知书达理，端庄贤良。

大业九年（613年），李世民正式迎娶长孙氏为妻。婚后，李世民虽然不再四处游玩，但却沉迷在温柔乡里，渐渐对外面的事情失去兴趣。长孙氏发现李世民有些萎靡不振，就用各种办法鼓励丈夫早日建功立业。

李世民的雄心壮志果然被妻子点燃，开始加倍用功读书。由于家风尚武的原因，李世民所读的书籍大多都是兵法方面的，尤其是《孙子兵法》，他百读不厌。他经常按照书中所描写的那样，演习一些排兵布阵之法。

读了大量的兵书后，李世民更加敬佩勇冠三军的汉将卫青和霍去病，尤其是霍去病那种"匈奴未灭，何以家为"的大丈夫气概，让他热血沸腾。于是，他不再满足于伏案读书，而是摩拳擦掌，期盼着父亲能让他带兵出征，像汉将卫青和霍去病那样征战沙场，

---

① 长孙炽：字仲光，隋朝名将，官至左候卫将军、东都留守。

为朝廷立功。

2. 雁门解围隋炀帝

常读兵书、常习武艺的李世民，很快就得到了一个带兵打仗的机会。

隋大业十一年（615年），隋炀帝在北方边塞雁门郡（今山西省代县）被突厥始毕可汗围困了长达三十三天之久，史称"雁门之围"。这一震惊隋朝的军事事件，让年仅十七岁的李世民第一次得以展示自己的军事才华，为解救隋炀帝立下了汗马功劳。

突厥是一个以打铁为生的民族，也叫"煅奴"。西魏文帝大统十二年（546年），突厥吞并铁勒部五万余户，势力迅速强盛。西魏废帝元年（552年），突厥发兵打败柔然，进而以漠北为中心，在鄂尔浑河流域建立了突厥政权。

隋朝时期，突厥人被认为是番民，多次受到中原政权的打击。但突厥人英勇善战、不屈不挠，一直是中原政权强有力的对手。

隋开皇初年，突厥发生了难以调和的内部斗争，突厥因此分裂为东突厥和西突厥。由于东、西突厥之间连年征战，各自的实力大大减弱。

隋文帝在位期间，帮助东突厥启民可汗击败了西突厥，扶持东突厥强大起来，启民可汗也向隋朝称臣纳贡。后来，隋朝与东突厥实行和亲制度，两朝关系一直很好，民间往来频繁，文化和商贸交流日盛。

大业三年（607年），隋炀帝第一次北巡塞外，到达了东突厥的都城九十九泉（今内蒙古乌兰察布市境内）启民可汗的牙帐，两朝关系进一步密切。

大业五年（609年），东突厥启民可汗去世，他的儿子阿史那咄吉即位，是为始毕可汗。始毕可汗上任后，不再像父亲那样对隋朝恭顺友好，而是寻找机会向隋朝发难，来彰显突厥的强大。

当时，隋朝由侍郎裴矩负责管理陇西（今甘肃省临洮县一带）事务。裴矩见东突厥变得日渐强大，担心东突厥会给隋朝带来威胁，便建议隋炀帝采取行动削弱东突厥的实力。

隋炀帝采纳了裴矩的建议，决定对东突厥实施离间之计，从内部分裂东突厥。

隋炀帝随即派人去见东突厥始毕可汗的弟弟叱吉设，许诺将隋朝宗室女嫁给他，并封他为南面可汗。但性情懦弱的叱吉设内心惧怕始毕可汗，觉得自己如果接受隋朝的册封，始毕可汗肯定不会放过他。他不但不敢接受册封，还把隋朝许诺的事情原原本本报告了哥哥。

得到弟弟的报告后，始毕可汗马上意识到这是隋炀帝在搞离间计，内心大为恼火，发誓一定要找机会报复隋炀帝。

看到离间计划没有奏效，裴矩又向隋炀帝建议说："突厥向来民风淳朴，使用离间计很容易成功。可我们没有取得成功的原因，就是近期东突厥出现了很多有谋略的人。这些人中，史蜀胡悉最为诡计多端，堪称头目，恳请皇上尽快想办法除掉此人。"

隋炀帝再次采纳了裴矩的建议，并诏令裴矩负责实施除掉计划。

由于史蜀胡悉深得始毕可汗的信任，在东突厥可谓是威风八面，向来不把隋朝看在眼里。

按照制定好的计划，裴矩假意热情邀请史蜀胡悉来马邑（今山西省朔州市）做生意，目的是寻找机会杀掉他。

对裴矩的邀请，傲慢的史蜀胡悉没有多加考虑就率领自己的部属赶赴马邑。

史蜀胡悉来到马邑后，裴矩以设宴招待为名，派人在宴席间将他杀死。随后，裴矩派人向始毕可汗报告说："我们查明史蜀胡悉有背叛可汗的想法，作为隋朝的藩属，东突厥出现叛贼，我们决不能坐视不管。因此，我们主动为可汗清理门户，杀了史蜀胡悉。如今，叛贼史蜀胡悉已经被大隋除掉，可汗的隐患已经彻底消除，从此可以高枕无忧了。"

得到史蜀胡悉被杀的消息，始毕可汗非常伤心。他心里清楚，史蜀胡悉一直是他的心腹大臣，从来没发现有谋反的企图。隋朝以莫须有的反叛罪杀掉了史蜀胡悉，这是向东突厥的公然挑衅。始毕可汗恨不得马上发兵，为史蜀胡悉报仇雪恨，但他觉得时机不够成熟，最终选择了忍让，但从此不再向隋朝纳贡。

大业十一年（615年）四月，隋炀帝诏令李渊为河东郡（今山西省运城市）慰抚大使。李渊携家眷到河东赴任，李世民与父亲同行。

大业十一年八月，爱好巡游的隋炀帝带着文武大臣再度北巡。这次北巡，隋炀帝的另一个目的，就是借机向东突厥炫耀军威，震慑东突厥继续向隋朝纳贡。此次北巡的路线，主要集中在北方边塞雁门郡一带。

无论是隋朝还是东突厥，雁门的战略意义非常重大。雁门素有"天下九塞，雁门为首，得雁门而得天下，失雁门而失中原"之誉，无论是隋朝还是东突厥，都极其重视对雁门的掌控。

始毕可汗听说隋炀帝来雁门北巡，竟高兴得睡不着觉。他觉得，为史蜀胡悉报仇的机会来了。他迅速集结东突厥的全部兵力，开始部署偷袭隋炀帝的军事行动。

结果，面对东突厥大军的偷袭，隋炀帝一行君臣毫无准备，君臣一行人瞬间被打得一败涂地。在卫队的拼死护卫下，隋炀帝极为狼狈地逃回了雁门郡，差一点被东突厥大军在偷袭中掳去。

东突厥大军乘胜追击，一路接连攻下隋朝的三十九座城池，将隋炀帝避难的雁门郡围了一个水泄不通，从阵势上看，隋炀帝在雁门已是插翅难逃。

隋炀帝怎么也没想到，这次巡游竟被东突厥大军团团围住，陷入危险的地步。雁门郡城池不大，城防也不牢固，储备的粮食又有限，仅够隋炀帝与城中军民吃二十天左右，隋炀帝的安全已是岌岌可危。站在雁门城头的隋炀帝，望着城外的东突厥大军，俯下身抱着幼子杨杲痛哭道："如果长孙晟在，我怎么会沦落到这种地步呢？"

这时，兵部尚书樊子盖献计说："陛下乘危徼幸，一朝狼狈，悔之何及！不若据坚城以挫其锐，坐征四方兵使入援。陛下亲抚循士卒，谕以不复征辽，厚为勋格，必人人自奋，何忧不济！"（《资治通鉴·隋纪》）意思是，陛下在危境中侥幸保全，一旦处于狼狈的境地，则追悔莫及！不如坚守城池挫败敌军的锐气，据守在城中，征召全国各地兵马前来救援。陛下亲自抚慰士卒，宣布不再征伐辽东，重赏爵位，必定会人人奋勇争先，何愁不能成功！"

隋炀帝采纳了樊子盖的建议，"乃下令：'守城有功者，无官直除六品，赐物百段；有官以次增益。'使者慰劳，相望于道，

于是众皆踊跃，昼夜拒战，死伤甚众。"（《资治通鉴·隋纪》）

为了在雁门附近广泛募集兵员，以强大的兵力来解雁门之围，隋炀帝派人把勤王诏书系在木头上投入汾河之中，诏书随木头顺流而下，汾河附近地区的官员和百姓很快就看到这份诏书。

李渊父子见到诏书、得知隋炀帝被围后，李世民马上向父亲提出要去雁门救驾。李渊非常理解儿子的心情，毫不犹豫地支持儿子前去救驾。

李世民加入了云定兴将军所率领的部队。云定兴是隋朝原太子、隋炀帝哥哥杨勇的岳父，与李世民一样都是皇亲国戚，因此义无反顾参加了雁门救驾行动。

李世民认为，东突厥大军远道来袭，一定惧怕隋军增援力量的到来。此时，隋军应该旌旗猎猎、战鼓震天，营造援军众多的假象，以此来疑惑东突厥大军。他立即向云定兴建议说："始毕敢举兵围天子，必谓我仓猝不能赴援故也。宜昼则引旌旗数十里不绝，夜则钲鼓相应，虏必谓救兵大至，望风遁去。不然，彼众我寡，若悉军来战，必不能支。"（《资治通鉴·隋纪》）

云定兴采纳了李世民的建议后，事情果然像李世民所说的那样，东突厥的侦察部队看到隋军的阵势后，怀疑隋朝的大批援军已经到达。始毕可汗得到报告后，立即命令军队放弃围攻雁门，迅速北撤返回东突厥境内。

这次成功化解"雁门之围"，让云定兴将军对李世民赞赏不已，更让李渊对自己的儿子有了新的认识。此后，李渊开始有意地使用历练李世民。

3. 太原神勇平乱军

隋大业十一年（615年）的"雁门之围"事件，让隋炀帝后怕不已，对这一事件进行了深刻反思。隋炀帝意识到，必须加强北方防务体系，抵御北方外部势力的侵扰。但由于隋炀帝一直没有采取措施将自己的想法落到实处，导致局势朝着不利于隋朝的方向发展，不仅周边地区的外部环境进一步恶化，隋朝内部也出现了许多不和谐的声音，可谓是内忧外患交织叠加。

隋炀帝在雁门之围中被李世民解救后，很快就忘记了被东突厥军队围困险些被俘获的耻辱，带领后宫众多的嫔妃和美人，在朝中大臣、宦官及侍卫的陪护下，离开京城洛阳，南下江都（今江苏省扬州市江都区）巡游作乐。隋朝建立后，最初定都在长安城。但因长安城破败狭小，水污染严重，开皇二年（582年），隋文帝诏令宇文恺为营新都副监，在东南方向的龙首塬南坡营建新都大兴城。宇文恺仅用一年多的时间，就建成了新的皇城，名为大兴城。隋炀帝即位后，诏令宇文恺为营东都副监，营建东都洛阳城，并于大业二年（606年）颁布诏书，宣布隋朝迁都洛阳。至此，隋朝成为一个实行双都制的朝代，即西都为长安，东都为洛阳。隋炀帝带领一众人马奔赴江都时，并未对解救雁门之围的将士给予奖赏。

李世民总觉得云定兴将军在解救隋炀帝时立了大功，可却没有得到应有的赏赐，心里不免为主帅鸣不平，心中那股征战四方报效朝廷的激情也不知不觉地淡化了。他对隋朝的天子感到失望，心里萌生了不想留在军中的想法。于是，李世民便与云定兴将军告辞，回到了父亲的身边。

此时，隋炀帝统治下的隋朝，已经是暗流涌动。全国各地盗匪流窜，农民起义此起彼伏，这些都足以让隋炀帝感到头疼。而就在这时，"杨花落，梨花开""李洪当王"一类的谶语在各地民间传得沸沸扬扬，让隋炀帝大为恼火。谶语上说是李姓要取杨姓统治隋朝，可天下这么多李姓的人，到底谁会有这么大的野心和能力呢？

一天，隋炀帝做了一个梦，梦见洪水淹没了京都，甚至淹到了金銮殿。隋炀帝被惊醒后，立即诏令抓捕李穆一家。李穆是隋朝的开国功臣，北周时期就是一位手握重权的将军。隋文帝取代北周建立隋朝时，曾遭到一些军队的反对。这时，手握兵权的李穆坚定地支持隋文帝，率兵消灭了反对隋文帝的军队。因此，隋文帝封李穆为隋朝第一功臣，还赐给他一块免死金牌，只要李穆的子孙后代不谋反，不论所犯何事都不予追究。李穆的四个儿子都身居要职，都是高官厚禄。

其实，李穆已于开皇六年（586年）就病故了，可隋炀帝梦醒后为什么还要捉拿李穆一家呢？原来，李穆有一个孙子小名叫"洪儿"，洪水淹了金銮殿，加之有句"洪水绕杨山"的歌谣谶语，隋炀帝便认定这个李姓就是李穆一家。隋炀帝将李穆一家逮捕后，将男丁尽数斩首，女眷发配到蛮荒之地。就这样，隋朝开国第一功臣的家人及后代满门被灭。

得知李穆一家满门被灭的消息，李渊大为震惊。他觉得，自己也姓李，说不定哪天皇上就会怀疑到他的头上。他认为，只有远离朝廷这个政治旋涡，才能避免满门被诛的大祸。

大业十一年（615年），李渊以防备东突厥侵扰并讨捕西北地区群盗为由，自请出任太原留守，掌管太原地区的军政事务。

其实，隋炀帝不会对自己的表哥产生猜忌。在他的眼里，李渊为人谨小慎微，干不成什么大事。由于李渊在平叛起义军的征战中功绩显赫，且当时北方也确实需要一个有能力的将领去守边，隋炀帝便顺水推舟，答应了李渊的请求，去做太原留守。为防止李渊擅权，隋炀帝又诏令王威、高君雅二人为副留守，负责牵制并监视李渊。这一年年底，李渊前往太原赴任。

动身之前，李渊考虑到世道比较混乱，时局变化莫测，就将大儿子李建成和小儿子李元吉暂时留在河东（今山西省运城市），并嘱托自己的老熟人、河东户曹参军[①]任瓌代为照顾，而把二儿子李世民带在身边。李渊觉得，李世民自幼喜欢排兵布阵、打打杀杀，又在解雁门之围中营救了隋炀帝，是个智勇双全的好苗子，因此决定把他带在身边加以历练。李渊的另一个考虑，就是一旦发生意外，三个儿子不至于同时与他遭到不测。

大业十二年（616年），李世民跟随父亲到达太原，开始了一段不同寻常的生活。太原是军事重镇，地理位置非常重要，这也让李渊坚定了把太原经营成自己大本营的决心。十八岁的李世民来到太原后，开始广交天下豪杰，许多英雄慕名而来。

不久，魏刀儿所领导的起义军数万人前来攻打太原。在起义军风起云涌的隋朝末年，魏刀儿算得上是起义军中的英雄。大业十一年二月，他在上谷郡（今河北省怀来县）起义，自称历山飞，很快就聚集了十万余人，声势浩大，威震一方。为扩大自己的地盘，魏刀儿与东突厥联合起来，在太行山一带攻城略地，可谓是战无

[①] 户曹参军：官名，掌管籍账、婚姻、田宅、杂徭、道路等事务。

不胜，攻无不克。大业十二年四月，魏刀儿率部攻到了太原。

　　作为太原留守，李渊必须义不容辞迎击起义军。李渊率军与魏刀儿起义军在西河郡（今山西省汾阳市一带）雀鼠谷（今山西省介休市西南）相遇，史称雀鼠谷之战。起初，李渊没把魏刀儿放在眼里，率领步兵加骑兵总共不到六千人的队伍，迎击约有两万人的起义军。面对强大的起义军，李渊稳住阵脚后决定用疑兵之计来迎击对方。李渊下令把所有的粮草车和其他车辆都插上旗帜，摆布在队伍后面，而老弱士兵藏在战阵中间拼命擂鼓，以此来混淆起义军视听，使对方难辨虚实。然后，李渊命令将士兵分成两队领队迎击起义军。一队是精锐骑兵，由李渊亲自带领在前面冲锋；另一队是精锐步兵，由李世民带领负责在后面接应。

　　由于双方实力相差悬殊，尽管李渊在战前做了精心谋划，但经过一阵激战后，李渊率领的骑兵队伍被起义军包围。负责在后面接应的李世民见父亲陷入了起义军的包围圈，心急如焚，不顾危险杀出一条血路冲入阵中。他弯弓搭箭，箭无虚发，吓得魏刀儿率领的起义军四散奔逃。不多时，李世民的步兵大队伍赶来，与李渊父子里应外合，两面夹击，魏刀儿的起义军被杀得尸横遍野。魏刀儿见大势已去，带着身边的心腹随从慌乱而逃。

　　在雀鼠谷之战中，李渊父子以少胜多，速战速决，不仅缴获了大量的粮食、马匹，也让父子名声大振。尤其是李世民在战场上的神勇表现，充分展示了智勇双全的军事天赋，让李渊惊喜不已，对李世民也更加信任，并将他视为自己离不开的左膀右臂。

　　雀鼠谷之战结束不久，又有一股起义军侵扰太原。这一次，李世民没让父亲出战，而是自己带领一众人马，一举击溃了这股起义军，显现了独自作战的能力。

当时，各地的农民起义风起云涌，让李世民不知不觉中陷入了经常镇压起义军的怪圈，他不免感到有些厌倦，内心产生了抵触情绪。但他知道，镇压起义军是皇上的旨意，皇命不可违。

在父亲身边，二十岁的李世民不仅在军事上得到历练，更是在政治上逐渐成熟，身心都有了质的蜕变。对此，《资治通鉴·隋纪》中这样记载："世民聪明勇决，识量过人，见隋室方乱，阴有安天下之志，倾身下士，散财结客，咸得其欢心。"意思说，李世民为人聪明、勇猛果断，有见识，胆量过人。他看到隋王室正处于混乱之中，就暗自怀有要安定天下的抱负。他礼贤下士，散发资财以结交宾客，因此赢得了大家的爱戴拥护。

4. 结交义士谋宏图

李世民跟随父亲来到太原期间，结交了许多的豪爽义士。

李世民与长孙顺德交好。"长孙顺德，文德顺圣皇后之族叔也。顺德仕隋为右勋卫，征辽当行，亡命太原，素为高祖亲厚。时群盗并起，郡县各募兵为备。太宗将起兵，令与刘弘基募士于外，声备贼，至数万人，乃结队按屯。"（《新唐书·列传》）意思说，长孙顺德是文德顺圣皇后的族叔。长孙顺德在隋朝时担任右勋卫，应当随军征辽，却逃到太原，从而依附李渊。当时各地义军并起，各地都在招募兵员以防义军侵扰。李世民将要起兵时，令长孙顺德与刘弘基在外招募士卒，声称防备贼军，人数达到数万人，并在外结队驻扎。后来，李世民继承皇位后，长孙顺德得到重用，赐封长孙顺德食邑一千二百户,并担任泽州(今山西省晋城市)刺史。

李世民与刘弘基交好。刘弘基是隋朝河州刺史刘升之子,少时因父荫拜为右勋侍,好侠仗义,不事家产。刘弘基"大业末,从征辽,赀乏,行及汾阴,度后期且诛,遂与其属椎牛犯法,讽吏捕系。岁余,以赎论,因亡命,盗马自给。至太原,阴事高祖。又察太宗资度非常,益自托"(《新唐书·列传》)。意思说,大业末年,从征辽东,因家资贫乏,行至汾阴县时,自料误期依法当斩,便与其部属屠牛犯法,暗示县吏逮己入狱。一年之后,按赎刑论处。随后亡命在外,盗马以自供给。后来到达太原,暗自依附高祖。又见李世民才干度量非同寻常,更加委心自托。李世民与刘弘基之间,甚至达到了"出则连骑,入同卧起"(《新唐书·列传》)的程度。刘弘基原本是一个逃犯,一个亡命天涯的盗马贼。李世民与刘基交好,说明他已经做好了应对隋朝乱象的心理准备。

李世民与窦琮交好。窦琮是李世民的舅舅。据《新唐书·列传》中记载:窦琮"有武干。大业末,犯法亡命太原,依高祖。与秦王有憾,不自安,王方收天下英豪,降礼接之,与出入卧内,琮意乃释"。就是说,窦琮是一位将才。隋大业末年,犯法逃到太原,为李渊所收留。由于窦琮与李世民有矛盾内心不安,这个时候,李世民正广收天下豪杰,对窦琮屈身接纳,与其一同出入卧室,窦琮疑义消释。窦琮也是一个亡命徒。与李世民产生一些矛盾,心存疑惧,可李世民不予计较,以诚相待,两人最终成为好友。后来,窦琮跟随李世民屡立战功,被授予右卫大将军,出任洛州(今河南省洛阳市)都督。

李世民与刘文静友好。刘文静是一个让李世民下定决心起兵反隋朝的人。据《新唐书·列传》中记载："刘文静，字肇仁，自言系出彭城，世居京兆武功。父韶，仕隋战死，赠上仪同三司。文静以死难子，袭仪同。"

刘文静虽出身官宦家庭，但父亲早早就死了，刘文静承袭了父亲的官爵。刘文静是一个不甘寂寞的人，与好朋友裴寂的一番对话，暴露了他的野心。刘文静"倜傥有器略。大业末，为晋阳令，与晋阳宫监裴寂善。寂夜见逻堞传烽，吒曰：'天下方乱，吾将安舍！'文静笑曰：'如君言，豪英所资也。吾二人可终羁贱乎？'"（《新唐书·列传》）意思说，刘文静风度出众，有器量，有谋略。隋大业末年，为晋阳县令，与晋阳宫宫监裴寂友善。裴寂看到城垛上士卒往来传烽火甚急，叹息说：天下正乱，我将在何处安身！刘文静笑着说：如果真如你说的那样，那正是豪杰用武之时。你我二人会永处贫贱之地吗？

面对隋末的乱世，刘文静不像好朋友裴寂那样表现得忧心忡忡，而是异常的兴奋。"文静俄坐李密姻属系狱，秦王顾它无可与计者，私入视之。"（《新唐书·列传》）意思说，刘文静因与叛军首领李密有姻亲关系，被关入监狱，李世民环顾周围没有可以商量的人，于是他前往监狱探视刘文静。

其实，李世民对刘文静早有耳闻，彼此早已相识，而且非常了解。因此，李世民到监狱探望刘文静并不偶然。"文静喜，挑言曰：'丧乱方剡，非汤、武、高、光不能定。'王曰：'安知其无人哉？今过此，非儿女子呴呴相忧者，世道将革，直欲共大计，试为我言之。'文静曰：'上南幸，兵填河、洛，盗贼蜂结，大连州县，小阻山泽，以万数，须真主取而用之。诚能投天会机，奋檎大呼，则四海不足定也。今汾、晋避盗者皆在，文静素知其豪杰，一朝号召，十万众可得也。加公府兵数万，一下令，谁不愿从？鼓而入关，以震天下，王业成矣。'王笑曰：'君言正与我意合。'乃阴部署宾客。"（《新唐书·列传》）意思是，李世民去探望刘文静，刘文静非常高兴，就挑明说："现在天下大乱，没有汉高祖、汉光武帝那样的才能是不能安定天下的。"李世民说："怎么能知道没有这样的人？我来探望你不是出于儿女情长，而是打算和您商议大事。您有什么谋划吗？"刘文静说："如今皇帝上南方巡游江、淮，李密包围逼近洛阳，群盗大概得以万来计算。在这个时候，若有真天子驱使驾驭这些人，夺取天下易如反掌。太原百姓为躲避盗贼都搬入城内，我作了几年县令，了解其中的豪杰之士，一旦把他们收拢来，可得到十万人。您父亲所率领的军队又有几万人，一言出口，谁敢不服从？以此兵力乘虚入关，号令天下，不过半年，帝王之业就可以成功。"李世民笑道："您的话正合我的心意。"于是李世民便瞒着父亲，暗中开始筹划。

李世民与刘文静经过一番交谈，彼此都敞开心扉。汉朝未成立之时，张良苦读《太公兵法》十年，却无法施展自己的才能，直到偶然碰到了刘邦，才学抱负才得以施展，最后协助刘邦成就帝业；刘备带领关羽、张飞、赵云东奔西走，始终无立锥之地，最后三顾茅庐请得诸葛亮出山相助，诸葛亮屡出奇兵助刘备建立蜀汉。刘文静的话，让李世民产生了一种刘备遇到诸葛亮、刘邦遇到张良的感觉。尽管刘文静的才能不及张良、诸葛亮，但他却给了年轻的李世民足够的信心。

这次载入史册的谈话，无疑改变了两个人一生的命运轨迹。李世民从此与刘文静结为密友。唐朝建立之初，李渊拜刘文静为司马，地位仅次于裴寂。后来，李世民重用刘文静为户部尚书、陕东道行台左仆射，并受封鲁国公。

5. 游说父亲举义旗

李世民下定决心以后，又与刘文静制定了周密的行动方案，方案的第一步就是去游说李渊举事。

一天夜里，在太原守备衙门内，李世民忧心忡忡地对李渊说："父亲对皇上的忠诚天地可鉴，但父亲也不能只顾忠于皇上而忘记天下百姓呀！当今皇上荒淫无道，置天下百姓于不顾，只顾自己享乐，引得百姓揭竿而起，四海反声震天。我们再忠于这样的皇上，就是与百姓为敌呀！当下盗贼蜂起，我们即使竭尽全力，最终也会被皇上认为杀贼不力而治罪。眼看就要大祸临头，我们应该怎么办呢？"

李渊一向谨慎善忍，加上在朝中贵为国公，地位尊崇，轻易不愿冒险，听了李世民的话，他不置可否，反问道："你觉得怎么办才好呢？"

李世民往前走近一步，悄声说道："依我看，现在是上天赐予我们的最佳机会，只要我们顺应天下形势，迎合百姓心意，举义旗，发义兵，然后再直捣关中，传檄天下。不但我们父子可以转危为安，变祸为福，而且天下太平之日，即是父亲您成就帝业之时。"

做了多年顺臣的李渊，对于谋反的话非常敏感，现在听到儿子如此直率的话语，他不由得勃然大怒，大声骂道："大胆小儿，居然说出如此大逆不道之语，你可知道就凭这些话，我们父子就犯下了诛戮九族的大罪,是谁这么大胆指使你的?此话在我面前说说也就算了,如果再和别人说,当心会有性命之忧。"李世民非常了解李渊患得患失的矛盾心理,面对李渊的色厉内荏,他一言不发,主动退了出去,适时给了父亲一个缓冲的台阶。

  第二天下午,李世民把其他人都支出去,拉住李渊来到卧室,再一次劝说李渊。他说:"父亲大人,如今盗贼四起,哀鸿遍野,我实在不忍看到这种惨状。您受命讨伐的这些盗贼,其实只是一些愤怒的百姓,百姓何其多,您难道能够把他们全部杀尽?即使我们有幸能平定叛乱,在无道昏君的统治下,难道会有安宁之日吗?事实是您无论怎么尽心平贼,都不能确保平安无事,更不能长保荣华富贵。我不忍看着生灵涂炭,更不忍看到我们全家任人宰割。我想父亲也不忍看到这种惨状吧!为今之计,只有顺天意,兴义兵,才能让天下苍生免遭杀戮,也让我们全家永保富贵呀!"

  这次李渊没有发怒,只是双目微闭,静静地坐着,既不肯定也不否定。李世民知道父亲已经动了心思,于是也不急不躁,静等李渊的回答。

  忽然,李渊长叹一声,说道:"你的话确实有些道理,从昨天起我就开始思考,天下安定、家中富贵是我一直追求的,既然二者在目前都不能保全,我们何不自己努力呢?但事以密成,谋以泄败,等我看准机会再和你商量这件事吧!切记此事关系重大,事急则缓,绝不能鲁莽行事!"

  李世民听了,知道再纠缠下去也不会有什么结果,只得退下去再想办法。

  刘文静在了解到李世民劝说李渊不太顺利后,想起了李渊的知己老友裴寂。李渊与裴寂交往密切,有时还通宵达旦喝酒聊天,关系非同一般。于是，刘文静让李世民去找裴寂来劝说李渊起兵反隋。

李世民与裴寂的关系非常一般，为跟裴寂交好，李世民把私房钱交给自己信得过的龙山令高斌廉，让他天天与裴寂赌钱，并且只准输不准赢。裴寂每次都赢钱，开始非常纳闷，经过暗中调查才知道是李世民派高斌廉来陪自己玩，由此认定李世民是个仗义之人，于是他也开始有意结交李世民。两人经常一起游山玩水或拜访朋友，随着时间的推移，他们的感情越来越深厚，很快到了无话不谈的地步。在一次谈话中，李世民把自己想劝父亲起兵反隋的想法告诉裴寂，请他帮忙劝说李渊，裴寂满口答应。

事情的转变往往需要一个合适的契机，就在李渊犹豫不决之时，他管辖的地盘上发生了一件对他很不利的事情。大业十二年（616年），东突厥又派兵来马邑抢夺财物，李渊命太原副留守高君雅和马邑太守王仁恭率兵抗击。但王仁恭、高君雅作战失利，李渊担心此事连累自己，整天忧心忡忡。李世民感到这是天赐良机，就劝李渊说："父亲不要再因害怕获罪而担忧了，流寇盗贼横行，谁也不能百战百胜，如今皇上昏庸无道，不能明辨是非，您因战败获罪是早晚的事。与其整日忧愁，不如顺应民心，兴起义兵，一旦自己成就帝业，还怕谁会治您的罪吗？"

不久，隋炀帝得知马邑战败的消息，果然派出使者准备以"抵御突厥不力"之罪免去李渊和王仁恭的职务，并诏令把他们押往江都。李渊害怕去了江都会性命不保，内心非常恐惧，主动征求李世民与裴寂的意见，他们又乘机劝说李渊："本来是手下将领出战失利，却牵连到您，可见当今皇上多么昏聩，再为隋朝尽忠还有什么好处呢？如今事情已经迫在眉睫，如果再犹豫将会悔之莫及。目前此处积蓄的军资财物众多，况且晋阳军队兵强马壮，以此起兵，定能一举成功。"李渊不放心地问道："如果众人不服怎么办？"二人一看李渊心动，当即分析道："关中豪杰虽然纷纷起事造反，却没有一个能让众人信服的首领，就像一盘散沙。如今代王年幼，如果我们起兵后立他为王，招抚各路义军归附，是非常容易的。天时、地利、人和同时具备，不起兵而非要坐等杀戮，这根本不是一位英雄人物的作为呀！"听了这些入情入理的劝说，李渊当即表示同意二人之言，然后开始秘密准备。

　　李渊真的没想过要起兵反隋吗？不是，其实他早就产生了起兵的念头。

　　大业七年（611年），隋末农民起义拉开序幕，统治阶级内部分崩离析。李渊目睹天下动荡的局面，逐渐产生了反叛隋朝的想法。《资治通鉴》记载，大业九年（613年）正月，"诏征天下兵集涿郡。始募民为骁果，修辽东古城以贮军粮"。当时，李渊任卫尉少卿，督运于怀远镇，路过涿郡，与驸马都尉宇文士及有过密谈，密谈之事就是起兵反隋。李渊称帝后，与裴寂专门提起了曾和宇文士及密谈之事："此人与我言天下事，至今已六七年矣，公辈皆在其后。"同时，李渊根据窦氏生前的建议，特地向隋炀帝进献"鹰犬"，作为自安之计，用投其所好之计来掩饰自己叛隋夺取天下的意图。后来杨玄感公然起兵谋反，李渊善察时变，没有贸然行动，反而因告密有功，被隋炀帝任命为弘化郡留守。不仅如此，李渊意识到天下大乱之时，隋炀帝多以猜忌杀戮大臣，于是"纵酒纳赂以自晦"，装糊涂以求自保。据说杨玄感谋反时，李渊的妻兄窦抗曾跑去劝他："玄感抑为发踪耳！李氏有名图箓，可乘其便，天之所启也。"但李渊认为时机还不成熟，叫窦抗不要乱说。因为杨玄感起兵仅两月便被平定,此时闯这种"祸",很可能被满门抄斩。

到大业十一年(615年),李渊又任河东郡(今山西省运城市)慰抚大使,奉命前去镇压农民起义军。这时,他的好友夏侯端又劝他说:"金玉床摇动,此帝座不安……天下方乱,能安之者,其在明公。但主上晓察,情多猜忍,切忌诸李,强者先诛,金才(指李浑)既死,明公岂非其次?若早为计,则应天福,不然者,则诛矣。"夏侯端之言既应天象,又精辟地分析了当时的形势及李渊的处境,所以李渊"深然其言",完全赞同夏侯端的见解。至此,李渊已下定起兵的决心。

在太原留守任上,李渊依仗太原仓的粮草,暗中结交各路豪杰,并以自己力量不足以平贼寇为名招兵买马。这些足以说明他早就预料到隋帝国大厦将倾。只不过他善于隐忍待时,为了积蓄自己的力量,暂时压抑而已。试想,如果李渊自己没有起兵之心,纵使李世民及诸幕僚再怎么劝说,也不可能成功。

6. 晋阳起兵反暴政

李世民去狱中探望刘文静时,两个人进行了一次具有历史意义的交谈,让李世民看到起兵反隋的机会来了。但李世民"计已决,而高祖未之知,欲以情告,惧不见听"(《新唐书·本纪》)。意思说,李世民决定起兵反隋,而李渊不知情,李世民想将此事告知李渊,又怕李渊不同意。

李渊与李世民父子虽然在行为上有同步的地方，但思想上并不一致。对于李渊来说，起兵反隋这种事情风险太大，要么变家为国，要么家破人亡。因此，李渊不愿冒这个险。再说，自己毕竟是皇亲国戚，唐国公的地位已经很高了。显然，李渊是有实力没想法，而李世民是有想法没实力。如何劝说父亲同意起兵反隋，李世民一时找不到合适的办法。

正在李世民陷入迷惘之时，刘文静提出了一个很好的建议，就是让李世民首先拉拢李渊的好朋友裴寂。据《新唐书·列传》中记载："秦王与刘文静方建大计，未敢白公，以寂最厚善，乃出私钱数百万饷龙山令高斌廉，俾与寂博，阳不胜，寂得进多，大喜，日兹昵。太宗以情告之，许诺。"意思说，李世民拿出自己数百万的私钱给龙山令高斌廉，让他与裴寂赌博，故意输钱。而裴寂赢了很多钱很高兴，关系日益亲近，于是李世民将实情告诉裴寂，裴寂答应去说动李渊。

李渊是太原留守，又兼任晋阳宫宫监，而他的好朋友裴寂是晋阳宫副监。李世民与裴寂合谋，由裴寂选几个晋阳宫的宫女私侍李渊。李渊到裴寂那里喝酒，喝到高兴的时候，裴寂把李世民要起兵反隋的事情告诉李渊，李渊大惊。

李渊知道自己上当了。但是喝也喝了，玩也玩了，接下来的事儿确实让李渊身不由己。裴寂说："为何让宫人私侍公宴饮，因为这个事儿如果泄露当杀头，这么做就是为了给你说起兵的事情。"此时，李世民也进来劝说李渊，李渊假装不同意，还要将李世民押送官府，但接着又不得不同意，说道："我爱护你，岂会将你送官？"李渊虽然同意了，但没有马上起兵。

显然，这是李世民逼父起兵。李渊虽然被李世民逼上了一条不归路，但没有马上行动，想还是等等看。这时，刘文静又在背后烧一把火，逼裴寂再去说服李渊。据《新唐书·列传》中记载："文静谓寂曰：'公闻先发制人，后发制于人乎？唐公名载图谶，闻天下，尚可怗怗以待祸哉？'又胁寂曰：'公为监，以宫人待客，公死何憾，奈何累唐公？'寂惧，乃劝起兵。"意思说，刘文静对裴寂说："公闻先发制人，后发制于人吗？唐公天命做皇帝，天下人都知道，能这样静静地等待灾祸降临吗？"刘文静又威胁裴寂说："你身为晋阳宫宫监，用宫女招待客人，你小子死了没什么，为何要连累唐公？"裴寂内心很害怕，于是再次劝说李渊起兵。

最终，李渊听从了裴寂的劝说，同意起兵反隋。据《新唐书·列传》中记载："寂尝宫人侍唐公，恐事发诛，闲饮酣，乃白秦王将举兵状，因言：'今盗遍天下，城阃内外即战场，虽徇小节，犹不脱死。若举义师，不特免祸，且就大功。'唐公然其计。"意思说，裴寂曾让晋阳宫的宫女私侍李渊，恐事情泄露被杀，二人闲来酣饮，于是告诉李渊李世民将要举兵反隋的情况，劝说：现在盗贼遍天下，城外就是战场，唐公您虽遵小节，仍不免死。如果起兵举义师，不仅可以免祸，还能成就大事业。李渊同意了这一计策。

李渊虽然同意起兵反隋，但他深知眼下安身立命尚且不易，一旦起兵反隋，以河东之地（今山西省大部）夺取天下无疑是难上加难。但为早日夺取天下，李渊进一步推财养士、广纳天下豪杰。

此时，李渊和李世民父子已经结交了许多豪爽义气之士，这其中，不仅包括李世民结交的刘弘基、长孙顺德、窦琮和刘文静等人，还包括陆续前来投奔李渊的刘世龙、唐俭、殷开山、赵文恪、刘政会、徐世绪、李思行等人。这些豪杰之士，无疑是李渊和李世民父子起兵的重要力量。后来，这些人也成为建立唐朝的首批功臣。

大业十三年（617年）二月，马邑校尉刘武周起兵反隋，并杀死马邑太守王仁恭，史称马邑兵变。随后，刘武周勾结东突厥大军直逼太原。这一突发事件，恰恰为李渊和李世民父子大规模募兵提供了借口。

为顺利募兵，李渊特意邀请太原副留守王威、高君雅前来商讨，真实目的是为了稳住他们，防止他们暗中向隋炀帝禀报。王威、高君雅都觉得李渊提出的募兵计划合情合理，但仍对李渊说："本来私自募兵有违圣命，但你手握兵权且是皇上的亲戚，如今情况紧迫，如果再按照正常程序，定会耽误大事，因此募兵之事可行，不过所募之兵一定做到平贼专用呀！"这显然是在提醒李渊不奏报朝廷而私下募兵违反军制，但募兵之后不能有其他图谋。

李渊觉得王威、高君雅暂时不会泄露秘密，立即命令李世民、刘文静等各自招募兵马。太原附近的百姓早就对隋炀帝恨之入骨，募兵消息一经公布，仅十天左右就召集近万名士兵。

不久，王威、高君雅得知李渊将要谋反的消息，便策划了一场晋祠祈雨大会，想利用这次大会诱杀李渊。谁知晋阳（今山西省太原市）有个叫刘世龙的乡长知道了王威、高君雅的阴谋，立即将此事报告给了李渊和李世民父子。李渊和李世民商量后，决定先发制人。李世民随即给父亲提出了一个计策，李渊听了，欣然采纳。

大业十三年（617年）五月十五早晨，李渊照例和王威、高君雅一起处理政务。这时，开阳府（今山西省太原市境内）司马刘政会在刘文静的带领下来到厅堂上，说接到有人谋反的密告。李渊故作惊讶地让王威先看刘政会的状纸，可刘政会说："我告发的就是副留守的事，只有唐公才能看状纸。"李渊故作惊讶地接过状纸，然后大声读道："王威、高君雅图谋不轨，暗中勾结突厥入侵。"高君雅一听就急了，捋起衣袖大骂道："这是造反的人陷害于我。"就在高君雅还要争辩时，刘文静一声令下，埋伏在外面的长孙顺德、刘弘基等众人蜂拥而上，将王威、高君雅二人五花大绑投进监狱。

凑巧的是，李渊刚把二人投入监狱，东突厥的数万大军便于五月十七入侵太原。李渊下令将各个城门打开，让裴寂等人率兵防备。突厥人见城门大开，不知城内虚实，竟不敢进入，最后干脆退兵。这样一来，王威、高君雅勾结突厥人入侵的罪名无可狡辩。李渊杀掉二人后，公开起兵反隋。

起兵之前，为防止起兵后祸及全家，李渊密令留守河东的长子李建成带领全家人赶赴太原。同时，为防止起兵后东突厥从背后突袭，又派刘文静作为特使前往始毕可汗处称臣纳贡，刘文静与始毕可汗约定："愿与可汗兵马同入京师，人众土地入唐公，财帛金宝入突厥。"（宋《太平广记》）突厥答应，如果李渊想自立为帝，就派兵相助，并保证不从后面袭击。为避免引狼入室，李渊没有答应突厥派兵相助的提议。

于是，李渊决定率军直取长安。此时，隋炀帝正在江都巡游，长安防务非常空虚。李渊深知，夺取长安有着重要的政治意义，有利于争取人心。出兵前，李渊经过再三考虑，提出了只反暴君、不反隋朝的口号。不反隋，可以避免遭到隋朝的同情者和忠于隋朝的军队的反击；反对暴君，可以获得各路反隋势力的支持。李渊还采纳裴寂的建议，决定立代王杨侑为皇帝，以安隋室、反对杨广暴政为名檄告各郡县。

7. 顺利攻取西河郡

　　李渊起兵反隋之初，深知自己的军事实力相差甚远，既不能得罪东突厥，也不能过于引起朝廷的注意。为不引起东突厥和朝廷的过度反应，李渊对自己组建的军队旗帜颜色进行了比较周全的安排。李渊觉得，如果使用东突厥军队使用的白色旗帜，就会引起中原汉族人的反感与憎恨，不利于招募兵员，也不利于争取广大汉族民众的支持；但如果使用隋朝军队使用的红色旗帜，由于百姓对隋朝的怨恨由来已久，已经不亚于对东突厥的仇恨，可能也会遭到全国百姓的仇恨和抵制。李渊思来想去，决定采用红白相间的旗帜，既表明不从属于隋朝，也表明不依附于东突厥，这样，就可以避免将隋朝和东突厥中的某一方树为敌人。

　　为证明父子二人起兵反隋是顺民意、合天理的军事行动，李世民在出兵前还给父亲李渊出了个主意，就是让汾州（今山西省汾阳市）、晋阳（今山西省太原市）的百姓到处传唱《桃李子》歌谣。李渊觉得这个建议非常好，便立即派人去落实。《桃李子》这样唱道："桃李子，洪水绕杨山。桃李子，莫浪语，黄鹄绕山飞，宛转花园里。"歌谣中的每个字，几乎都与李渊有关联。李是李渊的姓，而"桃"与"陶"谐音，上古尧帝称"陶唐"，而唐国公恰恰是李渊的封号，"洪水"可以成"渊"。《桃李子》这首歌谣，就是暗示唐国公有天子的气运。

　　李渊看着红白相间的旗旛迎风招展，听着《桃李子》歌谣不时传来，不免心情激动地对李世民说："看来，我一定能够顺应民意，一举成就帝业！"

李渊知道，民心的向背无疑决定起兵反隋的成败。当时，隋朝虽然有许多大粮仓，可在遭灾的荒年，朝廷总是紧闭仓门，拒不赈灾，让遭灾百姓怨声载道，逐渐对朝廷失去信赖。而此时，李密所领导的瓦岗军出手为百姓雪中送炭。瓦岗军是当时农民起义军队中战斗力最强的一支队伍。大业七年（611年），东郡韦城县（今河南省滑县）人翟让因畏罪逃亡到瓦岗寨（今河南省滑县南部）聚众起事。不久，同郡的王伯当、单雄信、徐世绩等地方豪杰纷纷加入，势力很快强大起来。瓦岗军首领李密吸取隋朝丧失民心的教训，多次大规模开仓济民，吸引平民百姓纷纷投奔瓦岗军。李密的做法，让李渊深受启发。为赢得更多的民心支持，李渊在太原打开官仓救济贫民，并发出募兵告示。一时间，应募之人接踵而至，二十天内就招募了几万人马，并将所募集到的人马称为"义兵"。

唐国公李渊在晋阳起兵的消息，很快被辽山（今山西省左权县东北）县令高斌廉禀报给朝廷。隋炀帝得到禀报后，恼羞成怒，继而又无比恐慌。他稍稍冷静下来后，便立即诏令长安（今陕西省西安市）、洛阳（今河南省洛阳市）两地隋军做好防御准备。

此时，有人向李渊提出先攻打辽山的建议，及早除掉向朝廷通风报信的县令高斌廉。可李渊派人对隋军进行一番打探，没有采纳先攻打辽山的建议。李渊认为，辽山只是一座小城，不会对义军构成威胁，首先攻占它的没有太大的意义。而西河（今山西省汾阳市一带）郡丞高德儒是阻挡义军南下的最大障碍，必须先除掉高德儒，打通义军南下的通道。李世民非常支持父亲的计划，并劝说父亲尽早起兵。

大业十三年（617年）六月，李渊派长子李建成、次子李世民一同率军进攻西河郡。由于是起兵反隋的首次作战，李渊对此非常重视，再三叮嘱两个儿子要谨慎从事，既奋勇杀敌，又讲究谋略，确保首战取得胜利，以此增强义军队伍的信心。为保证此次作战的万无一失，李渊还安排太原县令温大有①为参谋，协助李建成和李世民兄弟二人指挥战斗。

李渊这么谨慎地安排出兵后的首次作战，是因为作战的对手是隋朝的正规军队。虽然隋军有些声名狼藉，但作战能力还是非常强的。而自己刚刚招募组建的义兵队伍，虽然士气高昂，军纪严明，同仇敌忾，但毕竟没有经过系统训练，大多都对战阵不太熟悉，缺乏实战经验。而作为带兵的将领，李建成和李世民都很年轻，而且都是第一次单独带兵指挥军队作战。李渊知道，在残酷的战争中，仅有热情和士气是远远不够的，要想战胜强大的敌人，必须拥有较高综合素质的将领和强大作战能力的士兵。

在父亲的不断叮嘱中，李建成和李世民兄弟二人率领大军浩浩荡荡地出发了。他们广施恩德，一路行军非常顺利，队伍很快就到达了西河郡。由于前期做了非常广泛的宣传，西河郡的百姓都非常敬佩李渊父子的仁德，而不愿帮郡丞高德儒固守城池。兄弟二人率领义军攻城时，城内的士兵消极怠战，甚至还临阵倒戈，西河郡很快就被攻下，并将高德儒活捉。李世民指着高德儒怒斥道："汝指野鸟为鸾，以欺人主取高官。吾兴义兵，正为诛佞人耳。"（《资治通鉴·隋纪》）意思说，你高德儒曾经妄称野鸟为鸾凤，靠着祥瑞之说的鬼把戏而获取高官。今唐国公兴义兵，正是为了诛杀你这类佞人。李世民斩杀了高德儒后，没有被胜利冲昏头脑

---

① 温大有：字彦将，隋朝长安县尉温大雅、幽州司马温彦博的弟弟，唐初大臣。

而滥杀无辜，他和哥哥李建成都对百姓好言安抚，做到了秋毫无犯。

李渊的义军攻打西河郡一战，可谓是干净利落地取得了胜利，顺利实现了第一个战略目标。据《资治通鉴·隋纪》中记载："建成等引兵还晋阳，往返凡九日。渊喜曰：'以此行兵，虽横行天下可也。'遂定入关之计。"意思说，李建成和李世民率领义军返回晋阳，从出兵到凯旋仅仅用了九天时间。李渊非常高兴地说："以此行兵，虽横行天下可也。"于是，他南下入关的决心更加坚定。

李渊在与李建成和李世民分析取得这次胜利的原因时，主要归结出两个方面：一是义军的纪律严明，为收买民心而对平民百姓秋毫无犯，与隋军形成了强烈对比，从而得到了包括西河士兵在内的绝大多数人的敬佩与支持；二是李世民长期生活在军营，对士兵非常熟悉，能和士卒打成一片，同甘苦共患难，因而士兵肯为他卖命。这一战，对李世民的触动非常大，让他彻底懂得了得道多助、失道寡助的道理，这也让他后来成为皇帝后，一直能够坚持以民为本，为民造福。

这次作战，李渊对李建成和李世民二人的表现非常满意，二人也因此树立了很大的威望。同时，李渊手下的晋阳义军，都对跟随李氏父子夺取天下充满了必胜的信心。这次西河郡顺利取得首捷，让李渊又一次开仓放粮，并借机收编了附近大量的农民起义军，义军兵力进一步壮大。

没过多久，李渊在李世民等众人的拥护下，正式设立大将军府，自己亲自担任大将军，称士卒为禁暴救乱的"义军"。同时，建立了左三军，任命长子李建成为左领军大都督，统率左三统军，封陇西公；建立了右三军，任命李世民为右领军大都督，统率右三统军，封敦煌公；任命四子李元吉为太原郡守，留守太原。任命裴寂为大将军府长史；任命刘文静为大将军府司马；任命温大雅、殷开山、武士彟、唐俭等人为大将军府掾属；任命刘弘基、长孙顺德、王长阶等人为各级统兵将领。大将军府的成立及领导机构的任命，拉开了李渊开启了争夺天下的序幕，也表明李渊为改朝换代做好了人事方面的前期准备。

8. 霍邑之战施妙计

李渊组建了大将军府后，于隋大业十三年（617年）七月，亲自率领左领军大都督李建成、右领军大都督李世民从太原举兵南下，开始了建立大唐伟业的新征程。大军出发前，李渊叮嘱太原郡守李元吉守好太原，确保后方的平安稳定。

李渊知道，在中原大地，李密所统领的瓦岗军实力最为强大。为了统领各方共同反隋，李密曾派人向各地的义军送去书信，让各路义军奉他为首领，共谋反隋大业。李渊也收到了李密的书信，但出于多种考虑一直没有回信。

出发前，为避免与瓦岗军发生冲突，避免遭到隋军和瓦岗军的双重攻击，李渊给李密回了一封信，信的大意是：我虽然不才，但凭借祖宗余荫，也吃了隋朝多年的皇粮，所以我并未忘本，我起兵的本意是为了扶持大隋社稷。眼见天下大势如此，隋朝已经扶不起来了，可皇帝的位置总得有人来做。如今，论实力论名望，能够做皇帝的除了你李密，没有第二个人，我都是年过五十的老头子了，没有什么大的野心，如果拥戴您做皇帝，还能封我在太原做官，已经是我的最大愿望了。

李世民看了父亲的信后，信心满满地说："有了父亲的这封信，李密的注意力肯定都放在反隋上，我们就没有后顾之忧了。"

果然，李密收到李渊的信后，非常高兴地给李渊回信，让他放心征战，瓦岗军保证不进犯太原。

李渊起兵南下的消息传到朝廷后，隋炀帝立即诏令虎牙郎将宋老生率两万精兵屯守霍邑（今山西省霍州市），又诏令骁卫大将军屈突通镇守河东（今陕西省运城市）要地，两将合力阻止李渊大军南下。

当李渊大军行进到离霍邑五十多里的贾胡堡时，突然连日大雨不停，行军道路极其泥泞，人马无法前行。李渊下令原地扎营，等待天晴时再行军赶路。可没想到，直到粮草将尽时，天气仍然不见好转，李渊不禁心急如焚。

就在李渊为粮草发愁时，从晋阳传来探报，依附东突厥部落的马邑校尉刘武周，欲勾结东突厥趁李渊起兵南下之机，率军袭击晋阳。此时，是继续进军还是北还援救太原，李渊的部下为此发生了争论。

裴寂分析道："目前的形势不利于我军。隋朝的军事实力强大，即使到达霍邑，也不一定能迅速攻破。而刘武周不讲信用，引东突厥之兵攻打晋阳，这关系到义军的生死存亡。尤其是义军家属都在晋阳，晋阳失守必然导致义军上下无心作战。李密虽然答应结盟，但此人老奸巨猾，没有人知道他的真正打算，如果此时他出兵从侧翼偷袭我们，后果不堪设想。大军应该迅速返回晋阳先救根本，待后方稳固后再谋求领军南下。"李渊觉得裴寂的分析很有道理，便决定第二天起兵返回太原稳定后方。

得知大军要撤回太原,李世民立即闯入中军大帐对父亲说道:"您想一想,东突厥刚与我和好,未必马上就与刘武周结盟。而刘武周表面上依附东突厥,实际两方互相猜疑,他虽有占领太原之心,但他的根据地马邑也不太稳固,他出兵或许只是一个传闻。李密只关注洛口(今河南省巩义市境内),无暇顾及远方,更是不足为虑。现在正是庄稼成熟时期,还怕找不到粮食吗?我们南下进军霍邑,隋将宋老生为人轻躁,到时一举可擒。父亲有志救民于水火,想成就一番事业,应当意志坚定才对。现在一遇到困难就想打道回府,会让跟随父亲起义的将士丧失信心。一旦众人各自散去,大事就彻底完了。"

可李渊连连摇头不为所动。李世民见自己劝阻不了父亲,就找到兄长李建成要一起去劝说父亲。而李建成却说:"父亲已经决定了,我们还何必费口舌劝阻呢?"李世民又去找裴寂等人表达自己的想法,但众人都说应该立即北还。李世民眼看宏图大业毁于一旦,便忍不住痛哭起来。

听到李世民的哭声,李渊立即召他进入帐中,问他因何而痛哭。李世民边哭边说:"大军已经出动,有进无退,进则生退则死,我怎能不痛哭呢?"

李渊问道:"只是退兵而已,能有退则死这样严重的后果吗?"

李世民说:"父亲长期带兵,比谁都明白军队攻守全靠锐气的道理,退兵必然导致锐气丧尽,队伍溃散。如果此时隋军乘势追击,我军毫无斗志,一定会四散奔逃,因而土崩瓦解,这岂不是束手待毙吗?"

听了李世民的这番话,李渊顿时醒悟过来,但此时左军已经出发开始撤退了。李渊立即对李世民忙说:"赶快去把他们追回来吧，成败都在你了！"

李世民立即启程，连夜追回了左军。

两天后，天气很快好转，义军急需的粮草也运来了，大军一扫前几日陷于困境的阴霾。随后，李渊命令将士避开泥泞的道路，从山麓绕行向霍邑进发。

快到霍邑时，李渊开始担心霍邑守将宋老生闭城坚守，不能速战速决。李世民看出了父亲的心思，便胸有成竹地说："宋老生没有趁我军缺粮时进攻贾胡堡，说明他是个没有大作为的人，不足为惧。"李世民向父亲建议，当义军靠近城池时，以轻骑挑战，诱引宋老生出战。如果他敢出战，就趁机把他歼灭；如果他固守不出，就散布他畏惧不敢出战、想要投降义军的消息，来动摇隋军的军心。宋老生为证明自己的清白，不可能不出城迎战。李渊听了连连点头。

攻打霍邑的战斗开始后，按照李世民制定的计划，李建成和李世民各带几十名骑兵来到霍邑城下，假装侦察地形。李渊率领数百名骑兵，在霍邑城东五六里处布阵以待。然后，李渊大摇大摆地在城下走来走去，故意轻视宋老生，并让士兵辱骂宋老生，什么难听就骂什么。宋老生终于被激怒了，立即带上兵器出城迎战义军，并命令主力隋军分别从南门和东门出城迎战。李渊见状，心中大喜，随即命令义军假装后退，诱使宋老生来追。

宋老生见李渊率军后退，以为这些义军和其他义军一样，是一群乌合之众，便指挥大军拼命追赶。李渊立即命令义军三面夹击隋军。李建成和李世民从左右两面直冲城下；殷开山等率领步兵从正面与敌人交战，堵死宋老生的退路；李渊自己率军迎头拦杀从东门出来的隋兵。

由于李渊低估了隋军的作战能力，自己率领的义军遭到了宋老生所部的迎头一击，纷纷溃退，若不是他的女婿、三女儿李三娘的丈夫柴绍拼命抵挡，后果也许不堪设想。

另一支隋军从南门冲出后，一路向东门进发，准备与宋老生合围李渊。这时，正在南面作战的李世民发现父亲被围困，便与军头段志玄一起飞驰而来，攻杀宋老生的后军。宋老生见后面有义军猛将来攻，急令前军变后军，后军变先锋，回马与义军交战。李世民挥动兵刃左右拼杀，连续斩杀隋军数十人。段正玄等人也紧随其后奋力拼杀。隋军根本没想到这股义军如此勇猛，被杀得人仰马翻。但隋军毕竟人马众多，给奋勇冲杀的李世民造成了很大的麻烦。此时，李世民心生一计，立即高声喊道："宋老生已被活捉，隋朝士兵现在投降者可免一死！"

听到主将已被活捉，隋军顿时军心大乱，再也无心恋战。隋军且战且退，最后退进城中，拉起吊桥关闭了城门，将正在拼杀的宋老生所部关在城外。李渊立即从城东赶来，与李世民一起围攻宋老生这支孤军。随着义军不断汇集而来，宋老生率领的队伍渐渐溃不成军。宋老生见大势已去，准备自尽。可义军没给宋老生自杀的机会，刘弘基飞马赶到，挥刀将他腰斩。宋老生一死，隋军顿时阵脚大乱，被杀得尸横遍野。

得知主将被杀，霍邑城上的守军随即失去斗志。义军越战越勇，霍邑城不久就被攻破，城中兵吏纷纷跪下请降。李渊立即下令：凡主动投降的隋军士兵，都可免去一死；义军将士不准扰民，违者军法处置。李渊还连夜张榜宣布义军纪律，使霍邑城中的官吏百姓得到安抚，城中秩序得以安定。

霍邑之战，是继西河之战取得胜利后，李渊起兵反隋以来取得的第二场胜利。出兵南下之前，李渊一直觉得霍邑之战将是一场持久之战，可由于李世民正确分析了隋军与义军双方所处的形势，并进行了精密的谋划，使大战得以速战速决，极大地增强了义军的作战信心。

9. 助父登基建唐朝

李渊率领义军取得霍邑大捷后，声威大震。关中的起义军首领孙华率众渡河前来归顺，让李渊的义军队伍如虎添翼。

孙华是冯翊郡武乡县（今陕西省大荔县）人。大业十二年（616年）七月，孙华举兵反隋，成为关中群雄势力最强的义军队伍。李渊取得霍邑之战的胜利后，立即写信招抚孙华。大业十三年（617年）八月廿四，孙华从郃阳（今陕西合阳县东南）渡黄河归顺李渊。李渊高兴万分，封孙华为左光禄大夫、武乡县公，授冯翊太守。

孙华归顺后，刘文静与东突厥特使康鞘利又带来了两千匹战马和五百名东突厥士兵，李渊的队伍再次得以壮大。

李渊的义军队伍进行短暂休整后，然后乘势南下，先后攻克了临汾郡（今山西省临汾市）和绛郡（今山西省新绛县）。

大业十三年（617年）九月，李渊与李建成、李世民父子三人率领大军，来到河东郡（今山西省运城市）城下。

在李渊和李世民父子的心目中，成就起兵反隋大业，河东城有着非常重要的战略地位，是从河东地区（今山西省大部）进入关中的门户。因为战略地位重要，隋炀帝才诏令隋朝名将、骁卫大将军屈突通来坚守。屈突通复姓屈突，字坦豆拔，奚族，熟读兵法，实战经验非常丰富。他领命来到河东城后，立即下令修筑高大而险峻的城防工事，来抵抗义军的进攻。

有名将屈突通的镇守，河东城的城防系统堪称固若金汤，李渊的义军虽然斗志昂扬，英勇无比，但依然久攻不下。

正在此时，隋朝罪臣、介州（今山西省介休市一带）长史薛粹的儿子薛大鼎前来投奔，并建议李渊先攻取永丰仓。永丰仓地处黄河西岸的朝邑（今陕西省大荔县东部）县境内，是隋朝大型粮食储备仓之一。而西渡黄河的最佳渡口龙门，就在河东城的附近。面对河东城战事难见分晓，李渊与李世民父子经过商量，决定暂时放弃攻打河东郡，转而先攻取永丰仓。

九月中旬，李渊留下义军的部分兵力继续围困河东城，与李建成、李世民父子三人统帅主力部队从龙门西渡黄河。正如薛大鼎所说，看守朝邑县的隋军兵力极其有限，李渊大军不费吹灰之力就攻取了县城，并把自己的大帅府直接设在了县城内的长春宫。长春宫是隋炀帝的行宫，但基本处于闲置状态。长春宫建于北周武帝保定五年（565年），名为晋城。建德二年（573年），因晋城三面是悬崖，且东临黄河，面对古蒲津关（今陕西省大荔县东），登高可以远望太华、中条二山，俯视黄、洛、渭三河，花木茂盛，四时如春，武帝宇文邕将其改名为长春宫。开皇十三年（593年），隋文帝增建殿宇，宫址占地扩大到三百余亩，成为隋朝皇帝的行宫。

李渊占领朝邑后，关中一带的各路起义军纷纷前来归附，一时间，李渊的义军队伍再一次得以壮大。稍作休整后，李渊命令李建成与刘文静、王长谐等义军将领率军数万人驻守永丰仓，防备东来的隋军攻击。任命窦轨等人为慰抚使，由李建成节度。命令李世民与刘弘基等义军将领率军数万人从渭水北岸向西进发，慰抚使殷开山等人由李世民节度。

此时，在河东城坚守的屈突通得到李渊由渭河北岸西进的消息后，立即率领数万隋军奔赴长安，来阻击李渊义军攻取长安。屈突通率部在行军途中，意外遭到了刘文静所率义军的伏击。屈突通并未恋战，立即回师打算与潼关的隋军守将刘钢合兵围攻义军。但此时，潼关已被义军占领，隋军守将刘钢被义军将领王长谐斩杀。屈突通大失所望，只好率领人马退守河东城。李渊义军没遭到多大的抵抗，就顺利地进入了关中（今陕西省中部地区）。

李渊义军进入关中的消息，立即在隋朝各个郡县引起巨大的震动。随后，李渊的另一女婿、四女儿李四娘的丈夫段纶，在蓝田县（今陕西省蓝田县）聚众万余人；李渊的三女儿、柴绍之妻李三娘与李渊的家族从弟李神通，在鄠县（今陕西省西安市鄠邑区）聚众数千人。一时间，李渊在关中地区的亲朋好友，都开始纷纷起兵响应李渊的义军。很快，李渊及其亲属领导的各路起义军，占领并控制了关中大部分地区，令朝廷感受到了巨大的威胁。

义军在关中稍作休整后，李渊就命李世民率军攻取渭北（今渭河以北一带）。在关中，李世民率领义军没有攻不破的城，没有打不胜的仗。李世民率军一路攻占了泾阳（今陕西省泾阳县）、云阳（今陕西省泾阳县北部）、武功（今陕西省武功县）、鳌屋（今陕西省周至县），然后和妹妹李三娘及李仲文、何潘仁、向善志等将士所率领的起义军队伍会合，义军总人数达十三万人之众，驻扎在原汉朝长乐宫附近。李世民所部不仅军事实力得到增强，还得到了后来闻名于世的谋臣房玄龄。房玄龄投奔李世民时，官职是隰城（今山西省汾阳市境内）县尉，与李世民一见如故，被李世民任命为记室参军，从此成为李世民的军事和政治高参。不久，刘弘基、殷开山等义军将士率军南渡渭水，驻扎在长安城外的古城。

李世民觉得攻取长安城的条件已经成熟，便立即派人向驻扎在长春宫的父亲请求下令攻取长安。李渊非常高兴，当即令李建成从守卫永丰仓的义军中挑选精兵强将，然后自己亲率大军直奔长乐宫。

十月十八日，李渊在长安城外的长乐宫与李世民会和，义军总兵力达到二十万。为严肃纪律，李渊下令义军将士只能宿于营中，不得进入村落侵害百姓，不得侵犯隋朝的祖庙及隋朝宗室，违者灭其三族。随后，李渊下令攻城。

正如李渊所料想的那样，虽然隋炀帝不在城中，但长安城依然不容易被攻破。西京留守阴世师、京兆郡丞骨仪和马邑郡丞李靖等隋朝文武大臣，个个都身先士卒，带领守军奋战于城墙上。不久，义军大将、左光禄大夫孙华阵亡在城下。李渊非常痛心，随即命李建成、李世民组织敢死队，誓言即使用人堆也要堆到城上去。攻城战持续了二十天后的十一月初八，李建成部下一名叫雷永吉的军官，带着满身的鲜血第一个杀上城墙，将大隋的旗帜砍掉，掩护后面的将士杀上来，并打开了城门，长安城就此被义军攻破。

义军随即杀到代王杨侑所住的东宫。此时，仅有侍读姚思廉守在杨侑身旁。当义军士兵正要上前捉拿杨侑时，姚思廉怒喊道："唐公举义兵，匡帝室，卿等毋得无礼！"义军士兵一下子被镇住了，立即排立两侧等待李渊的到来。

李渊随即率领李建成、李世民、李三娘和众将赶到东宫。刚靠近大门李渊就大喊："臣等死罪！"说完，李渊一行众人全部跪下。李渊将杨侑迎到大兴殿，姚思廉跪在地上一边泪如泉涌，一边对杨侑拜了又拜,然后什么话也没说就走了。

李渊听从裴寂的建议,一方面拥立代王杨侑为皇帝,是为隋恭帝;另一方面,尊称远在江都的隋炀帝为太上皇。同时,改年号为义宁,以大业十三年为义宁元年。据《资治通鉴·隋纪》中记载:"以渊为假黄钺、使持节、大都督内外诸军事、尚书令、大丞相,进封唐王。以武德殿为丞相府,改教称令,日于虔化门视事。"至此,李渊实现独揽国家大权的目标。

随后,李渊立长子李建成为世子;次子李世民为京兆尹,封秦公;四子李元吉为齐公;裴寂为丞相府长史;刘文静为司马。其他有功的将士也得到了相应的封赏。

隋恭帝义宁二年(618年)三月,隋朝勋臣宇文化及和禁军将领司马德勘等人密谋发动了江都兵变,一举缢杀了隋炀帝,然后率领十万禁军北上意欲进入关中,然后挟隋恭帝杨侑以令天下。但半路上,被占据中原的李密所率领的瓦岗军阻拦。隋炀帝被杀后,李渊感到建立大唐的时机已经成熟,便着手准备隋恭帝的禅位典礼。义宁二年(618年)五月,隋恭帝杨侑向天下发布退位诏书,禅位于李渊。李渊称帝后,改元武德,因自己袭封唐国公,故国号为唐,是为唐高祖,建都长安。

武德元年(618年)六月,高祖任命李世民为尚书令、裴寂为尚书右仆射、刘文静为纳言[①]。不久,李渊又立李建成为太子,封李世民为秦王,封李元吉为齐王。至此,李世民凭借自己的征战功绩,成为大唐王朝不可替代的重要人物。

---

① 纳言:官名,掌管宣达帝命事务。

第二章 率兵征战，平定天下成一统

1. 征讨西秦立大功

李渊建立唐朝，定都长安。但此时，天下并未平定，群雄并起，各霸一方。自称长乐王的窦建德占据河北，自封楚王的杜伏威占据江淮，瓦岗寨的李密占据河南大部，拥有"西秦霸王"之称的薛举与儿子薛仁杲占据陇西（今甘肃省临洮县一带），被东突厥封为"定杨可汗"的刘武周占据马邑（今山西省朔州市），在隋炀帝时期担任江都丞兼江都宫监的王世充占据洛阳……这些如狼似虎的各方割据势力，时刻威胁着唐朝的安全。这种各路枭雄割据的局面不尽快平定，唐朝的江山随时都可能被分割瓦解。

李渊深知平定诸侯割据势力，对刚刚成立的唐朝意义重大，因此，他诏令李世民为唐朝大军统帅，征讨平定各方割据势力，统一天下。同时，他还诏令太子李建成留在长安，协助他处理朝政。

李世民征讨的第一股割据势力，就是薛举、薛仁杲父子。毫无疑问，消灭薛举父子，是平定西域、统一全国的重要一步。

薛举不仅身材魁梧、英勇善战，而且为人豪爽、仗义疏财，熟悉他的人都愿意与他交往。凭借自己的实力和良好的人际关系，薛举被隋炀帝袭封金城（今甘肃省兰州市）校尉。隋大业末年，薛举借带兵讨伐起义军之机，利用手中的兵权囚禁了金城令郝瑗，开仓放粮救济饥寒交迫的百姓，因而得到了百姓的拥戴。郝瑗随后归顺了薛举，被封为卫尉卿。大业十三年（617年），薛举起兵反隋，不久称帝，建元秦兴，定都金城，并宣布立儿子薛仁杲为太子。从此，西秦霸王之名威震陇西。

薛举有两个儿子：大儿子薛仁杲，二儿子薛仁越。大儿子薛仁杲非常像薛举，从小就力大无穷，一直跟在薛举左右，骑射功夫非常人能及，人送绰号"万人敌"。薛仁杲不仅武功超群，而且精于谋略。他有一个非常残忍的习惯，就是每攻下一个地方都要大开杀戒，屠戮百姓。为此，他的父亲薛举经常提醒他，但毫无收效。正因为薛仁杲的能征善战，攻城拔寨，才使薛举占据的地盘越来越大。薛仁杲攻克秦州（今甘肃省天水市）后，薛举便把秦兴的都城迁到了秦州，以便积蓄力量向东扩展。

迁都秦州后，薛举、薛仁杲父子开始向东进攻，很快打到了扶风郡（今陕西省兴平市东南）一带。但扶风一带已经被一支非常强大的起义军占领，首领是李弘芝和唐弼，而且唐弼已拥立李弘芝为天子，军队人数越有十万人之众。薛仁杲所部进入扶风地界后，遇到了唐弼所率起义军的阻击。

薛仁杲毕竟是一个智勇双全的虎将，他深知唐弼所率起义军的强大实力，不希望自己的队伍有太大的伤亡，因此没有贸然出击，而是开出了优厚条件招降唐弼。面对薛仁杲开出的条件，唐弼动心了，还未等薛仁杲派出的劝降使者返回营地，唐弼就斩杀了自己拥立的天子李弘芝，做好了投降薛仁杲的准备。

李弘芝被唐弼斩杀后，薛仁杲惊喜万分。趁对方内部混乱之际，薛仁杲立即对唐弼发动袭击，一举击败了唐弼并收编了他所率领的起义军。唐弼带着数百名骑兵跑回扶风郡城向官府投降，但扶风太守窦琎觉得唐弼是个不忠不义的小人，便采取诱骗手段将其斩杀。

正当薛举和薛仁杲父子摩拳擦掌准备攻取长安时，大业十三年十月，李渊攻入长安城，拥立代王杨侑为帝，是为隋恭帝，改年号为义宁。为此，薛举父子只好暂时放弃攻取长安，率领十万兵马进军渭水之滨，包围了隋朝的扶风郡城，准备在此落脚，以图日后进入关中扩展。

为避免"西秦霸王"对长安构成更大的威胁，李渊立即命李世民征伐薛举、薛仁杲父子。义宁元年（617年）十二月，李世民率领唐军与薛仁杲在扶风郡城外短兵相接，发生激战。在这场看似针尖对麦芒的激战中，无论军事天赋还是作战水平，薛仁杲都赶不上李世民，结果薛仁杲战败，随后与父亲率领队伍一直撤退到陇坻（今甘肃省天水市境内）。

到了陇坻，薛举还担心李世民前来追击，一度萌生了投降李世民的想法。他问身边的黄门侍郎褚亮："自古以来有天子投降的事吗？"褚亮回答说："自古就有。"而卫尉卿郝瑗马上接过话茬说道："胜败乃兵家常事，怎能因为一战不胜就做亡国的打算呢？"薛举面红耳赤地改口道："我只是随便试探一下诸位的决心而已。"

武德元年（618年）六月，薛举父子再次兴兵翻越陇山，目标就是攻取长安。李渊随即诏令秦王李世民统领八路总管①率领大军，出兵浅水塬（今陕西省长武县东北）迎击薛举父子。

武德元年七月，李世民率领的唐朝大军，与薛举率领的西秦大军，在泾州（今甘肃省泾川县境内）一线摆开阵势，准备决一死战。李世民所部驻扎在高墌城（今陕西省长武县境内），而薛举的军队驻扎在圻墌城（今甘肃省泾川县境内）。

面对薛举父子的进犯，虽然他们曾经是手下败将，但李世民没有丝毫的轻敌之心。李世民深知薛举大军来势汹汹，士气旺盛，急欲速战速决，此时与之交战，对唐军极为不利。因此，李世民采取拖延战术，待西秦大军士气消沉、粮草短缺时，再寻时机将其一举击溃。

就在两军僵持之时，李世民却意外患上了严重的疟疾，高烧不退，只好偷偷地返回长安治疗。李世民离开后，留守的刘文静、殷开山等将领置李世民离开前的叮嘱于不顾，急于立功，统率大军迅速与薛举父子的西秦大军展开交战。结果，由于过分轻敌，遭遇惨败，八路总管中的刘弘基、李安远和慕容罗睺均被俘，唐军士兵伤亡超过六成。

李渊得知唐军战败的消息，非常震惊，盛怒之下把负有首谋之罪的刘文静除去名籍②。李渊觉得，当务之急立即谋划长安城的有效布防，防备薛举父子攻打长安。

李渊得知薛举欲与东突厥联手的消息，便急忙派出使节前往

---

① 八路总管：指唐初八大作战将军，分别是刘弘基、柴绍、丘行恭、李安远、慕容罗睺、窦轨、蔺兴粲、唐俭。

② 除去名籍：从记录官员名位的簿册文书上除去其名。

东突厥始毕可汗处，为其开出了极其丰厚的结盟条件。始毕可汗果然是个贪财之人，很快就发兵增援唐军。薛举得知东突厥发兵增援唐军，盛怒之下暴病而亡。

薛举死后，薛仁杲继位。薛仁杲生性多疑而且残暴，不仅对治国安邦一窍不通，还不会识人用人。很快，他身边包括郝瑗在内的大批谋士纷纷离去，西秦军的实力锐减。

李渊看准时机，再次诏令李世民领兵征讨西秦军。这一次，唐朝军队和西秦军依然在泾州一带摆开阵势。李世民将主力驻扎在高墌城一带，薛仁杲将主力驻守在圻墌城一带。

与上次交战一样，李世民采取坚壁清野策略，并下达军令："谁敢轻易言战，定斩不饶！"

双方相持六十余天后，西秦军出现了粮草将尽、军心浮动的状况。随后，西秦将领梁胡郎投降唐军，薛仁杲的妹夫、西秦左仆射钟俱仇也率河州属地归顺唐朝，使西秦军的军心出现较大的动摇。

当李世民觉得向西秦军发起进攻的时机成熟时，便令行军总管梁实率少量兵力驻扎在浅水塬（今陕西省长武县东北），来引诱敌军，令右武侯大将军庞玉到浅水塬南面布阵，等待命令出击西秦军。西秦军将领宗罗睺见梁实只带少量兵力，便率领全部主力攻打梁实，并将梁实围困起来。被围几天后，梁实所部依然在顽强抵抗。

就在宗罗睺所部体力消耗到极限时，梁实率部突然出击，与西秦军激战整整一天难分胜负。李世民见时机成熟，命令大军从浅水塬南、北两个方向猛攻西秦军，西秦军很快难以招架。最终，宗罗睺被斩杀，西秦军溃不成军，李世民所部乘势杀敌无数。随后，李世民又亲自率领两千精锐骑兵追击薛仁杲所部，一直追到圻墌城才停下来。

薛仁杲进入圻墌城后，坚守不出。李世民分兵把住圻墌城的各个出口，等待主力到来。唐军主力到达后，李世民令将圻墌城层层包围。天色之黑，为壮大军威，李世民令军士点起火把，高喊投降不杀，对西秦军展开攻心战。半夜时分，守城的西秦军如潮水一般出城投降。第二天清晨，薛仁杲见大势已去，只好免冠奉玺，率领百官出城投降，西秦就此消亡。

李世民赢得浅水塬决战的胜利后，自己的秦王府接管了西秦旧地，他不仅在这里招贤纳士，还训练了一批精锐的骑兵队伍。

回到长安后，李渊诏令李世民为太尉，使持节、陕东道大行台尚书令，镇长春宫。同时，李渊还诏令蒲州（今山西省永济市）、河北诸府等地的兵马同受李世民节度，李世民的军力因此得以进一步壮大。

2. 彻底铲除刘武周

李世民接受薛仁杲率领西秦军将士归顺唐朝，一举解除了西秦军对唐朝的威胁，李世民也算是一战定乾坤，其军事指挥才能尽显无遗。

随后，李渊把征讨的眼光锁定在了自称"天兴皇帝"、被东突厥封为"定杨可汗"的刘武周的身上。刘武周的根据地是马邑（今山西省朔州市），距离晋阳（今山西省太原市）很近。而晋阳是李渊的起兵之地，堪称李渊的大本营。李渊认为，刘武周随时都有可能威胁唐朝的安全，如不及早铲除，必将酿成大祸。

刘武周自幼就喜欢骑射，成年后离开家乡河间（今河北省泊头市境内）到洛阳投军，后来成为隋朝大将杨义臣手下的一员猛将。刘武周因随杨义臣东征高句丽立功，到马邑担任鹰扬府校尉。

大业十三年（617年），刘武周被马邑太守王仁恭收为帐下，成为贴身卫士。后来，因刘武周调戏王仁恭的侍女而东窗事发，便残忍地杀了王仁恭，提着王仁恭的人头在马邑郡中示威。刘武周知道杀害朝廷命官犯的是灭门之罪，就一狠心起兵反隋，并主动依附东突厥，被封为"定杨可汗"，自称马邑太守。

不久，易州（今河北省易县）农民起义军首领宋金刚，率领四千人归附刘武周。由于宋金刚武艺超群，善于谋略，让刘武周不由地欣喜若狂，当即任命他为宋王，全权负责军事。为报答刘武周的知遇之恩，宋金刚把妻子休了，娶了刘武周的妹妹为妻。

武德二年（619年）三月，刘武周采纳宋金刚的建议，在争取东突厥支持的前提下，兵分两路举兵南下。一路由宋金刚率领进攻并州（今山西省太原市一带），另一路由刘武周亲自率领进攻介州（今山西省介休市一带）。由于介州有内应，刘武周非常顺利地攻陷了介州。随后，刘武周与宋金刚合兵一处，进攻并州。

四月，刘武周大军行至黄蛇岭（今山西省晋中市榆次区北部）时，并州太守李元吉派车骑将军张达率领唐军与之交战，结果被刘武周大军迅速击溃，张达全军覆没。张达不仅投降了刘武周，还引领刘武周大军攻占了黄蛇岭。

李渊得知刘武周率军攻打太原的消息后，立即诏令右仆射裴寂为晋州（今山西省临汾市）道行军总管，到前线督军讨伐刘武周。裴寂虽然是一个政治家，但对领兵作战却一窍不通。

裴寂到任后，刘武周所部正逼近虞州（山西省运城市境内）和泰州（山西省永济市境内）。裴寂不但不组织防御，反而实行坚壁清野，让州官命令百姓把财物烧毁，悉数进城。百姓听说要将自己的财物烧毁，都萌生了叛乱念头。这时，有一个叫吕崇茂的夏县人聚集民众，不仅自称魏王，还宣布归顺刘武周。裴寂见吕崇茂造反，便派兵征讨吕崇茂。由于军心涣散，刚一交战，唐军就纷纷溃退。趁唐军内乱之机，刘武周军队分头攻入并占领并州和晋州后，又南下攻占了浍州（今山西省翼城县境内）和龙门（今山西省河津市境内），对绛州（今山西省新绛县）形成了东西两翼夹击之势。

李渊得知晋阳沦陷于刘武周之手，不禁悲愤交加，对身边的人说道："晋阳作为我大唐兴起的根基，在重兵驻守、粮食充足的情况下竟然被攻破，真是可怕之极。"此时，情绪极其低落的李渊甚至产生了放弃黄河以东地区、固守关西（今函谷关以西地区）的想法。李世民得知父亲的想法后，坚决表示反对，他说："太原是唐朝的根本，王业的基础。河东土地富饶，京城的粮食全靠河东供给。如果放弃的话河东，唐朝将陷入危险的境地。"李世民请求父皇给他三万精兵征讨刘武周，收复汾州（今山西省汾阳市）和晋阳（今山西省太原市）等大部分失地。

听了李世民的话，李渊很受感动，心里也有了底。于是，他诏令李世民为征虏大元帅，并调集关中所有兵力由李世民统一指挥。随后，李渊亲自到长春宫为李世民摆酒壮行。

武德二年隆冬时节，李世民统帅唐军从华阴（今陕西华阴市境内）先后渡过渭水、洛水北上，又在龙门先后渡过黄河、汾水。为防止马匹在冰上摔倒，李世民命令用布包在马蹄上防滑。李世民大军到达柏壁（今山西省新绛县西南）后，与刘武周所部形成了近在咫尺的对峙。

李世民大军驻扎在柏壁后，发现刘武周做了有针对性的部署，粮草紧缺成为突出问题。好在李世民善于安抚人心，此前已在百姓心目中积累了很高的威望，他一打出自己的旗号，百姓便踊跃捐献粮草，粮草危机得以化解。随后，李世民只命令小股部队与刘武周零星作战，大军则固守不战等待时机。

武德二年十二月，刘武周兴兵进攻夏县（今山西省运城市境内），李渊的堂弟、永安王李孝基虽然全力抵抗，但终因军力相差悬殊而惨败，李孝基身受重伤，被刘武周的属将尉迟敬德和寻相捉拿。李世民气愤不已，立即命令兵部尚书殷开山、行军总管秦叔宝（名琼）征战刘武周所部。

就在尉迟敬德和寻相率部返回浍州的途中，殷开山和秦叔宝所率的唐军突然发动袭击，斩杀敌方将士两千余人，但尉迟敬德和寻相侥幸逃脱。

武德三年（620年）正月，刘武周属将王行本在蒲坂（今山西省永济市）被唐军围困，刘武周命令尉迟敬德和寻相赶去救援。李世民知道安邑（今山西省运城市东北）是尉迟敬德所部的必经之路，便亲自率领三千人马连夜设伏。尉迟敬德所部毫无准备，被李世民率领的唐军杀得几乎全军覆没，尉迟敬德和寻相再次侥幸而逃。

李世民执行固守不战的战略，终于让宋金刚的大队人马出现了粮草不济的状况。刘武周为了给宋金刚所部供应粮草,多次攻打浩州(今山西省汾阳市境内)以便疏通粮道。但在唐将李仲文坚守下,确保浩州城池不失。粮草得不到及时的补给,驻扎在柏壁的宋金刚所部的军心普遍动摇。宋金刚预感形势不利,便下令撤军。

宋金刚所部启程后,李世民觉得攻打敌军的时机已经成熟,便率领唐朝大军一路追杀。经过一路的不停交战,李世民率领的唐军终于在雀鼠谷(今山西省介休市西部)追上了宋金刚所部。双方在雀鼠谷先后进行了八次大规模的交战,李世民率领的唐军队伍获得了最终的胜利,俘虏和斩杀了敌军数万人,而宋金刚落荒而逃。

李世民率军一直追到张难堡(今山西省介休市东北)。此时,据守张难堡的唐军将领樊伯通、张德政所部见秦王李世民来到城下,无不欢呼雀跃。随后,刘武周的属将尉迟敬德和寻相见无路可走,便率领余部八千多人在张难堡向李世民投降。骁勇善战的尉迟敬德投降后,李世民非常高兴,立即任命他为右一府统军,让他继续统领八千多名投降过来的旧部。

面对唐军的紧追不舍,宋金刚只带领一百多名骑兵逃往东突厥。得知宋金刚逃往东突厥的消息后,刘武周也放弃太原北上。当宋金刚带领队伍从突厥返回准备与刘武周会合时,被东突厥捉住并处以腰斩。而刘武周逃到东突厥后,于武德三年(620年)八月被东突厥斩杀,刘武周势力从此消失。随后,李世民任命李仲文为并州太守,然后率领唐朝大军凯旋。

3. 东征洛阳困郑王

武德四年（621年），与东突厥相互勾连的刘武周势力消亡后，高祖李渊诏令堂侄李孝恭为夔州总管、诏令李靖为行军总管兼行军长史，大造战船练习水兵，为征伐萧铣做准备。萧铣原任隋朝罗县（今湖南省汨罗市西北）县令，于隋大业十三年（617年）起兵反隋，自称梁王。唐高祖武德元年（618年）又在岳阳称帝，国号梁，建元鸣凤。

就在李世民在北方征战刘武周其间，自称长乐王的窦建德趁机出兵，在中原地区攻城略地，打败了李渊的堂弟李神通和唐将李勣，势力逐渐强大。武德元年自称夏王，国号夏，改元五凤。

李渊觉得，窦建德实力虽强，但唐朝与其领地夏被太行山阻隔，而与夏接壤的河东地区又不是唐军主力的所在之地，因此，征伐窦建德的时机还不成熟。

而自称郑王的王世充盘踞在长安的东大门崤函（今河南省洛阳市以西至陕西省潼关县一带）之外。大业十三年（617年），王世充击败李密，并招降了瓦岗众将，势力迅速强大。武德二年（619年）在洛阳称帝，国号郑，建元开明。加冕称帝后，王世充开始大举进攻唐军，让唐朝丢失了很多郡县。但王世充手下贪官酷吏当道，并实行繁重的苛捐杂税，属地百姓为此怨声载道。李渊觉得，首先攻打王世充正是深得民心的大好时机。

就在李渊准备对王世充进行讨伐时，王世充在武德二年十月出兵进攻窦建德势力范围内的黎阳（今河南省浚县）。而窦建德以其人之道，还治其人之身，立即出兵攻占了王世充势力范围内的殷州（今河北省隆尧县东部）。

王世充和窦建德互相攻击，让李渊心中大喜，觉得将王世充和窦建德各个击破的大好时机已经到来。

武德三年（620年）七月，李渊诏令李世民统率唐朝大军出关征伐王世充。王世充得知唐军来伐的消息后，在洛阳附近的襄阳、武牢及怀州部署兵力，展开备战，并亲自率领三万士兵严阵以待。王世充的军队长期坚守洛阳，守城经验非常丰富，唐军不会轻而易举地攻破洛阳。

李世民大军非常顺利地抵达了距离洛阳仅有百里之遥的新安（今河南省新安县一带）。到达新安后，李世民首先派陕州（今河南省三门峡市境内）道行军总管罗士信率军包围洛阳的屏障慈涧。王世充深知慈涧对据守洛阳的重要性，便亲自统率三万大军增援慈涧。

随后，李世民指挥五万唐朝大军进攻慈涧。听到唐军的呐喊，王世充和慈涧守备寇仲一起登上城楼观察敌情。唐军士气如虹、装备精良的气势，一下子把王世充镇住了。看到王世充惊呆的样子，让寇仲觉得仗未开打，郑王的气势就已经没了。

王世充非常清楚慈涧绝非洛阳一样坚固，而是一个不堪一击的小城，进入城中据守的三万郑军主力，已经让整座城池拥挤不堪。如果坚守不出，粮草就是个要命的大问题。为此，王世充只能硬着头皮亲率两万大军出城迎战。

大战开始后，李世民不断变换着唐军的阵形，采取箭射、刀砍、肉搏的各种攻击方式，持续对郑军加以进攻。唐军士兵轮番上阵厮杀，给郑军以猛烈的打击，死伤不计其数，郑军很快就溃不成军。王世充见郑军处于下风，只好放弃慈涧，率领队伍杀出一条血路，退回洛阳城内坚守。

　　李世民夺取慈涧后,大军稍作休整,就命大将刘德威从太行向东围攻河内(今河南省北部、南部和山东省西部一带)、行军总管史万宝从宜阳南面占据伊阙(今河南省洛阳龙门)、怀州刺史黄君汉自河阴方向攻击回洛城(今河南省洛阳市孟津区东部),而上谷公王君廓据守洛口(今河南省巩义市境内),切断东都洛阳的粮道。李世民亲率主力大军驻扎在洛阳以北的邙山,连营对洛阳形成合围之势。

　　武德三年八月,洛阳城内的王世充,与唐军在洛河两岸隔水对峙。王世充在两军阵前见到李世民时大声问道:"隋朝已经灭亡,唐朝建都长安,占据关中;而郑建都洛阳,占据河南。我没有西侵长安,你为何举兵来攻我洛阳?"王世充的话音刚落,唐朝大将宇文士及便高声说道:"大唐天命所归,各路豪杰纷纷归顺,只有你割据一方,这不是藐视我大唐吗?国家处于分裂,百姓苦不堪言,于国于民大唐都必须攻打洛阳。"王世充深知郑军的实力无法抵御唐军,便主动向李世民提出罢兵和谈,但遭到拒绝。无奈之下,王世充只得继续坚守城池。

　　两军相持之中,怀州刺史黄君汉率领唐军从水路袭击洛口仓城(今河南省巩义市东北),不仅生擒了郑军守将达奚善定,洛口仓城周边二十多个堡寨全部归顺唐军。十一天后,唐军大将刘德威也顺利攻破了怀州外城,占领了堡寨。随后,河南大部分郡县归附唐军,洛阳城外的军事据点也逐一被唐军击破控制,洛阳城因此成了一座孤城。

　　武德三年十一月,走投无路的王世充向夏请求援助,并派使者向窦建德传话说:"郑、夏两国唇齿相连,如果郑被灭亡,唇亡齿寒，夏也难逃灭亡的厄运。"

窦建德经过与群臣的一番商议，最终决定发兵救郑。在驰援王世充之前，窦建德又决定先发兵攻打自称宋义王的孟海公，再收编兖州（今山东省济宁市兖州区）虎将徐圆朗部众，以便消除后顾之忧。武德四年（621年）二月，窦建德突袭孟海公和徐圆朗所部，顺利实现了预定目标。窦建德对夏军稍作整合，便率十万号称三十万大军，分水陆两路南下前往洛阳救援王世充。

一路上，夏军又陆续攻克荥阳（今河南省荥阳市）、阳翟（今河南省禹州市）等地，实现了水陆并进，同时也保证了粮道畅通。夏军一路没遇到有效的抵抗，顺利攻到了成皋（今河南省荥阳市西北）附近，并在板渚（今河南荥阳市东北）设立了中军大帐。

4. 一战双赢灭双雄

唐军将士将郑军坚守的洛阳城围个水泄不通，却久攻不下，逐渐产生了厌战心理。而此时，又传来了窦建德出兵救援王世充的消息，唐军内部更是军心躁动。刚刚投降唐军不久的刘武周属将寻相，趁机带领部属逃离了战场。身在长安的高祖李渊得到前方战况吃紧的消息，立即诏令内史舍人封德彝为观容安抚使，前往邙山（今河南省洛阳市北部）唐军大营视察军情，抚慰唐军将士。

李世民紧急召集诸将商议对策时，宋国公萧瑀、蒋国公屈突通、观容安抚使封德彝等众将都持悲观态度。这些将领认为：王世充固守的洛阳城坚兵精，唐军短期内很难攻破。而唐军长期作

— 55 —

战,将士已经非常疲劳,急需休整。此刻,窦建德又率强大的夏军前来救援,而且锐气正盛,如果唐军坚持攻城,必将腹背受敌,无疑处于极其危险的境地,应该马上退据新安(今河南省新安县)保存实力,以后再做打算。

对众将的退兵建议,室参军[①]薛收表示反对。他说:"如果我军退兵,王世充和窦建德并将合兵一处,他们可以用河北的粮草补给洛阳,我军围困洛阳所取得的战果也随之荡然无存。这样,洛阳很难再有攻破的机会,唐一统江山的进程必将推迟。如今王世充长期被困,洛阳城内的郑军举步维艰,已是强弩之末,犹如瓮中之鳖。窦建德虽然大兵来援,但夏军期待速战速决。我认为,我军应该兵分两路:一路继续围困洛阳,但不与王世充交战,坐等其粮草消耗殆尽;一路由秦王亲自率领固守成皋(今河南省荥阳市西北),依靠成皋天险阻断窦建德西进之路,然后再寻机战胜敌人。"

听了两种不同意见后,李世民觉得薛收的分析很切实际。他说:"现在王世充粮食已经耗尽,内外离心,我军根本不需要主动攻击,就能达到战略目的。窦建德最近刚刚战胜孟海公,军中骄躁,我军应当进军并据险固守成皋关[②]。窦建德救援王世充,成皋关是必经之地。如果窦建德敢冒险攻打我军,我军凭借地利肯定能打败他。如果窦建德不与我们交战,就无法救援王世充,十日之内王世充必定溃败。只要我军能迅速占领成皋关,我军肯定能取得最后的胜利。"

---

① 室参军:官名,也称记室参军事,掌管文书、参谋军务。
② 成皋关:又名虎牢关、汜水关、古崤关,为东都洛阳东边门户和重要关隘。

随后，李世民立即令谋臣房玄龄给窦建德写了一封书信，称唐军根本不惧怕郑、夏联兵，以此来刺激窦建德出战。随后，李世民又命齐王李元吉和蒋国公屈突通率军继续围困洛阳，但只围不攻。晚上，李世民率领三千精骑直奔成皋关。几天后，王世充的属将、成皋关守将沈悦主动投降李世民，唐军得以顺利进驻成皋关。

唐军占据成皋关天险后，掌握了阻击夏军的主动权。唐军在成皋关稳住阵脚后，李世民命李勣、程咬金（名知节，字义贞）、秦叔宝等将领率部沿途设伏，自己亲自率领五百精骑东出成皋关直奔仅有20多里远的窦建德大营。

窦建德得知李世民前来交战，而且所带兵马不多，正是捉拿李世民的大好机会，就命五千余铁骑立即出击，不惜一切代价捉拿李世民。面对夏军的出击，李世民和尉迟敬德率领队伍且战且退，成功将夏军引入了唐军的伏击圈。拼命追击的夏兵进入李勣等将领设下的包围后，遭遇唐军伏击，损伤惨重，殷秋、石瓒等将领被唐军生擒。

初战失利，让窦建德恼怒不已。但唐军已占据成皋关天险，夏军无法攻克，窦建德也只能命夏军与唐军打持久战，始终无法接近洛阳城。武德四年（621年）四月，王世充频频派人给窦建德送信告急，还派侄子王婉、内史令长孙安世、属将郭士衡到窦建德大帐中哭诉，请夏军尽快救援洛阳城。而此时，窦建德与唐军的小规模交战不仅连连失败，唐将王君廓还在李世民的安排下切断了夏军的粮道，并俘虏了窦建德的属将张青特。

五月，唐军利用夏军被阻无法救援郑军的间歇期，在汜水北岸牧马休整。窦建德觉得此时坚守成皋关的唐军一定薄弱，是偷袭的最佳时机，便偷偷地命手下将士做好攻击准备。李世民得到密报后将计就计。白天，唐军依然在汜水北岸牧马，而夜间将马群分批牵回成皋关。

一天，窦建德一大早就派出了长达20余里的队伍陈兵汜水南岸，准备大举进攻成皋关。李世民觉得与夏军决战的时刻终于到来了，便对自己手下的诸将说："夏军全军出动前来攻打成皋关，窦建德认为夏军人数众多一定能够取胜，心里非常鄙视我军将士。现在，只要我军按兵不动，等对方士卒饥饿疲劳时，对方士气必然衰落，攻势自然减退，到那时我们再乘机出击，便可一举打败夏军。"

窦建德见李世民不敢出战，就派出三百名精骑蹚过汜水，很快来到距唐军仅有不足一里路的地方，然后派人在成皋关下叫阵。李世民将计就计，命唐将王君廓带领二百名使用长槊的士兵前去应战。长槊是十八般兵器的一种，多为力大无比的猛将使用。这些使用长槊的士兵与夏军周旋，双方一直没分出胜负。

临近中午时，窦建德的部队也没能获得与唐军交上手的机会，情绪逐渐低落，人马都显现出疲惫的状态。李世民觉得出击的时机已经成熟，命秦王府骠骑将军宇文士及率三百骑兵从窦建德阵前西端向南飞驰。将士出发前，李世民对宇文士及说："你率部去冲击敌阵，主要目的是试探夏军虚实。如果冲击受阻，你就带兵回来；如果冲击能让敌军阵脚大乱，你就带兵继续向东猛攻。"

宇文士及率部刚冲到夏军阵前，夏军阵脚就骚乱起来。李世民大喜，立即命令唐军骑兵向夏军发起猛烈攻击。面对勇猛的唐军骑兵，夏军来不及抵抗就全线溃散。李世民亲自率领精锐骑兵如入无人之境，在敌阵中来回冲杀。两军交战中，窦建德被长枪刺中，在撤退至黄河与汜水交汇口牛口渚（今河南省荥阳市西北时，被李世民的部下俘获。窦建德被俘后，他的妻子曹氏立即率领夏军余部返回河北。

窦建德被押进李世民的大帐后，李世民立即命兵士解开窦建德身上的绳索，并亲自为窦建德包扎伤口。他便包扎边说，只要夏军与唐军合作攻破洛阳，平定王世充所部，就会保全他家人的性命。听了李世民的话，又看到李世民屈身为他包扎伤口，感动之余立即给妻子曹氏写信劝降。接到窦建德的书信后，曹氏随即率领夏国百官归顺唐朝。

夏军投降唐朝后，李世民暂时让窦建德委屈一下，与王世充属将王琬、长孙安世、郭士衡等人一起，每人坐一辆囚车前往洛阳城。李世民的目的是以窦建德被俘作为现身说法，来瓦解王世充的心理防线。

在洛阳城下，李世民特意让窦建德坐在囚车，与站在城墙上的王世充见了一面，随后派他的属将长孙安世入城劝降。李世民的攻心战术，很快摧毁了王世充和手下百官的心理防线。武德四年五月十九日，自封郑王的王世充率领郑国官吏两千余人归顺唐朝。

李世民率领唐军在洛阳及成皋关一带征战了将近一年的时间，接连平定了郑王王世充所部、夏王窦建德所部两股强大实力，为唐朝的统一大业做出了巨大贡献，一举奠定了唐朝一统天下的格局。

随后，李世民进入洛阳城，为久被围困的洛阳百姓派发粮食，让洛阳百姓真心实意地归附大唐。李世民除了论功行赏、犒劳三军外，还将吃里爬外、卖友求荣的王世充属将段达、有"杀人魔王"之称的王世充属将朱粲、有"飞将"之称的王世充属将单雄信等恶贯满盈的人尽数处斩。其中的单雄信非常有名，单雄信武艺高强，能征善战，但为人极不忠诚。他原是瓦岗军首领翟让的心腹，后来翟让被李密所杀，他投靠了李密。瓦岗军消亡后，他投降了王世充。在李世民的眼里，单雄信是一个没有气节的人，尽管李世民的手下大将李勣再三为他求情，但李世民还是毫不犹豫地杀了他。同时，李世民还力排众议，打开洛阳的牢房，释放了一批被王世充关押的犯人，并公开祭奠那些被王世充迫害致死的人。

武德四年七月初九，唐高祖李渊为凯旋的秦王李世民举行了盛大的庆典仪式。

窦建德和王世充二人在长安进行了一番当众游街后，因为窦建德在河北一带威望太高，留在世上对唐朝是一种威胁，因此李渊决定将其斩首，时年49岁；王世充因率郑国官吏两千余人归顺唐朝，虽然被李渊免于一死，但在流放蜀地的途中，被仇人害死。

5. 河北之乱引警觉

自封夏王的窦建德被李世民平定后，其旧部散归乡里。但一些人心有不甘，加之地方官吏对这些人大肆抓捕，并施以严刑，让他们无法安心生活，导致矛盾迅速激化。武德四年（621年）七月，窦建德的一些旧部在忍无可忍的情况下，一致推举窦建德自幼的好友刘黑闼为元帅，再次举起了起义大旗。

刘黑闼原是瓦岗军骨干成员，处事果断，骁勇多谋。瓦岗军失败瓦解后，刘黑闼被王世充俘虏，不久他率部逃到河北追随幼时的好友窦建德。窦建德称帝后，刘黑闼被封为东汉公。窦建德兵败被斩，刘黑闼回到漳南（今河北省故城县东北）故里隐居。这次举起反唐大旗，很快就组织起了以窦建德余部为主的数百人的队伍。

武德四年（621年）七月十九日，刘黑闼率部袭击并占领了漳南县。随后，刘黑闼筑坛祭奠了窦建德亡灵，并昭告他们的起兵意图。刘黑闼的起义行动，得到了河北一带很多人的支持和拥护，队伍迅速扩大到近千人。队伍虽然不大，但几乎每个兵士都拥有比较丰富的战斗经验。在刘黑闼的率领下，这支队伍势如破竹，接连攻克了唐朝的一些州县，斩杀了许多唐朝官吏。随后，刘黑闼自称大将军，并率军向东部进发。

武德四年八月十二日，刘黑闼攻占霸县（今河北省霸州市）后，唐朝属地贝州（今河北省东南部一带）刺史戴元祥、魏州（今河北省魏县）刺史权威率军攻打刘黑闼，结果双双战败身亡。刘黑闼把贝州、魏州两地的武器装备和百姓，全部收归自己的麾下，手下人数增加到两千人。

八月二十二日，刘黑闼率部攻陷了历亭县（今山东省武城县东部），并斩杀了唐朝屯卫将军王行敏。曾被窦建德任命为深州刺史的崔元逊，带领数十人袭击了深州城（今河北省衡水市西北）州府衙门，斩杀了唐朝任命的深州刺史。十月六日，刘黑闼率部攻破瀛洲（今河北省河间市），斩杀了唐朝派驻瀛洲的刺史卢士叡。而观州（今河北省东光县）百姓听说刘黑闼率领的起义军来了，将唐朝任命的刺史雷德备捉拿交给刘黑闼，并献城归降。毛州（今山东省冠县境内）百姓听说刘黑闼来了，在董灯明等人的带领下杀死唐朝任命的刺史赵元恺，并献城归降。

十一月十九日，刘黑闼率部攻克定州（今河北省定州市），俘虏了唐朝定州总管李玄通。刘黑闼知道李玄通是个有勇有谋的将领，想任命他为大将，可多次亲自劝降李玄通都坚决不从。李玄通的旧部去狱中为他送酒肉时，他说："如今我身受囚禁之辱，所幸诸位还感念旧情给我送来酒肉，今天我要与各位一醉方休。"酒至半酣时，李玄通对看守说："我善于舞剑，希望能借刀一用，以助酒兴。"李玄通舞完剑后剖腹自尽，气节实在令人敬叹。

十一月二十七日，原瓦岗军属将周文举响应刘黑闼的起义号召，杀死杞州（今河南省安阳市境内）刺史王文矩。

在与刘黑闼相呼应的起义军中，有一支队伍的首领叫徐圆朗。徐圆朗最初在兖州（今山东省济宁市兖州区）聚众为盗，隋大业十三年（617年）起兵反隋，队伍迅速发展壮大，一度拥兵两万余人。不久，徐圆朗率部加入瓦岗军，瓦岗军失败后归顺了王世充，王世充兵败后归降了唐朝，被封为鲁国公并担任兖州总管。刘黑闼起兵后，唐高祖李渊派将军盛彦师率兵到河南一带进行安抚，途经兖州时，决定呼应刘黑闼起兵反唐的徐圆朗，袭击了盛彦师率领的唐军，并将毫无准备的盛彦师擒获。徐圆朗随即自称鲁王，并正式宣布起兵反唐。刘黑闼得知徐圆朗举起反唐大旗，随即任命徐圆朗为大行台元帅。

徐圆朗对唐朝大将盛彦师非常看重，接连几天劝他投降刘黑闼，但都被忠诚于唐朝的盛彦师严词拒绝。后来，徐圆朗又让盛彦师写信给担任虞城（今河南省虞城县）县令的弟弟，劝弟弟举城投降。可盛彦师却在纸上写道："我被反贼活捉，未能完成皇上交给的使命，身为人臣，既然不能为皇上尽忠，只能以死谢恩。以后你要好好照顾老母。"徐圆朗看了盛彦师写的信，气得浑身发抖，但他为显示自己胸怀宽广，没有斩杀盛彦师。盛彦师后来从徐圆朗的队伍里逃脱,被李世民任命为宋州(今河南省商丘市)总管。

在刘黑闼的号令下,窦建德昔日的部将纷纷行动起来,肆意屠杀唐朝官员。武德四年腊月初三,刘黑闼攻陷了唐朝冀州(今河北省衡水市冀州区),并斩杀了刺史麹棱。此时,驻守崇城(河北省邯郸市涉县)的黎州(今河南省浚县)总管李勣听说刘黑闼即将来攻,自知不是刘黑闼的对手。为保存力量,他带领五千士兵向洺州(今河南省洛阳市)方向撤退。刘黑闼得知后,立即率部追击,结果五千唐军全部丧命,只有李勣一人逃脱。几个月之内,刘黑闼便收复了窦建德故地。

武德五年(622年),刘黑闼自封为汉东王,改年号为天造,并宣布定都洺州(今河北省邯郸市永年区)。

慑于刘黑闼的强大实力,洺州附近州县的唐朝官员都有些不安起来。济州(今山东省聊城市境内)别驾刘伯通率先行动,抓住刺史窦务本后,向徐圆朗投降献城;东盐州(今河北省黄骅市西南)治中从事①王才艺斩杀了刺史田华,然后向刘黑闼投降献城。

一时间,河北一带形成了大乱之势,让唐朝各州的主将惶惶不可终日。河北一带出现的乱局,尤其是刘黑闼的异军突起,引起了秦王李世民的高度警觉。因此,李世民以非常急切的心态建议父皇立即派兵,征伐河北一带活动越来越猖獗的起义军。他的建议正中高祖的下怀,父子二人可谓是一拍即合。

---

① 治中从事,官职,州刺史麾下的佐官,负责诸曹文书的管理。

6. 洺水击败刘黑闼

武德五年（622年）正月，高祖李渊再次派秦王李世民、齐王李元吉率领唐军东征河北一带，讨伐以刘黑闼为首的起义军。

李世民率领大军很快就抵达获嘉（今河南省获嘉县）。刘黑闼得知李世民率领唐朝大军前来讨伐，立即命令属将避开李世民的主力。李世民首先收复了相州（今河南省安阳市境内），而刘黑闼选择退守洺州（今河北省邯郸市永年区）。武德五年正月十四日，李世民率军进军肥乡（今河北省邯郸市肥乡区），随后在洺水（今河南省曲周县境内）南岸驻扎，与洺水北岸的刘黑闼军营形成了隔水相望之势。

此时，唐朝燕郡王、幽州（今北京市及周边一带）总管李艺率领数万大军由北向南而来，意欲与李世民合兵攻打刘黑闼。刘黑闼立即率领手下将士向北拦截李艺所部。李世民见刘黑闼率部北上，立即命令属将程名振率兵带着六十面战鼓出发。队伍到达洺州城西二里外的长堤时，将士们使劲擂起了战鼓。战鼓震天动地地响起来，洺州城守城将领范愿连忙派人向刘黑闼报告，说洺州城遭到唐军主力进攻。刘黑闼听到洺州城被唐军主力进攻，情急之下把阻截李艺的重任交给了仅有一万兵力的弟弟刘十善和行台张君立，自己率军驰援洺州城。

李世民略施小计，就把刘黑闼所率起义军弄得晕头转向。就在此时，洺水县（今河北省邯郸市永年区）守将李去惑向唐军投降。为巩固胜利成果，李世民派属将王君廓率领一千五百名骑兵，增援李去惑坚守洺水城池。

武德五年二月，急于救援范愿的刘黑闼所部，在列人县（今河北省邯郸市肥乡区东北）遭到李世民属将秦琼所率唐军的伏击，刘黑闼大军被打得晕头转向，队伍伤亡惨重。二月十七日，李艺率领唐军先后夺取利了定州（今河北省定州市）、栾州（今河北省唐山市境内）、廉州（今河北省石家庄市藁城区）、赵州（今河北省石家庄市境内），还俘获了刘黑闼的大臣刘希道。同时，李世民还派兵收复了邢州（今河北省邢台市）。随后，李世民与李艺在洺州城附近会师。

刘黑闼被秦琼所部打败后，听说李世民和李艺在洺州会师，觉得是攻打洺水城的好时机，便亲率主力大军对洺水城发动猛烈进攻。

洺水只是个小县城，城墙不算坚固，尤其是城内只有唐将王君廓率领少量人马驻守。李世民担心王君廓不能坚持太久，就对手下将领说："洺水城已无法再守，不如让王君廓突围，再商量破敌办法。"李世民的话音刚落，属将罗士信便请战说："我愿换回王君廓坚守洺水城。"罗士信还坚定地表示："城存吾存，城亡吾亡。"李世民见罗士信态度坚决，就答应了罗士信的请求。

随后，李世民举旗让王君廓突围。就在王君廓杀出突围之时，罗士信率部闯入城中。但罗士信坚守八昼夜后，城池最终被刘黑闼所部攻陷，罗士信身受重伤并被俘虏。刘黑闼多次劝说罗士信投降起义军，但年仅二十三岁的罗士信坚决不肯，最终被杀。

刘黑闼攻破洺水后，与李世民率领的唐军进入一个相持阶段。而随着相持时间的延长，刘黑闼渐渐放松了对唐军的警惕性。武德二年三月十一日，刘黑闼对起义军内部的官员职位进行了调整，任命窦建德旧部高雅贤为左仆射，取代之前担任这一职位的范愿，并为高雅贤摆设酒宴以示庆贺。而就在当晚，李世民派大将李勣率军偷袭起义军军营，醉酒的高雅贤仓促迎战，被李勣的副将潘毛刺中，跌落马下。这位刚刚上任的左仆射，还没过一天就一命呜呼。

几天后，李世民就觉得刘黑闼率领的起义军的粮草已经告急。实际也正如李世民所料。刘黑闼为了保证起义军的后勤供应，从冀州、贝州、沧州（今河北省沧州市东南）、瀛洲等地水陆并进，运送粮草。李世民得到可靠消息后，命属将程名振率兵击沉起义军的水上粮草运输船，烧毁陆上的粮草运输车，断绝了起义军的粮道。随后，李世民派人在洺水上流筑了一道堤坝。堤坝筑好后，他对看守堤坝的军官说："这几天刘黑闼一定会率领起义军来攻打我军，到时我会命你决堤放水。"

武德五年三月二十六日，正像李世民所预料的那样，刘黑闼率领两万人马向南渡过洺水，紧逼着唐军营栅摆下阵势。中午时分，李世民才率领精锐骑兵向刘黑闼的骑兵发动攻击。两军从正午一直杀到黄昏，刘黑闼的队伍渐渐支持不住。这时，刘黑闼的属将王小胡急切地对他说："唐军攻势太猛，我军已经用尽全部力量，还是走为上策。"刘黑闼当即表示同意。二人在没有通知部下的情况下，率先从军阵后面杀出一条血路，一直逃往东突厥。

就在双方打得难解难分之际，看守堤坝的唐朝军官接到李世民的命令，迅速掘开堤坝，咆哮而下的洺水完全切断了刘黑闼起义军的后路，几千人随即被水淹死，一万多人死在唐军的刀枪之下。

打败刘黑闼率领的起义军后，李世民随即率军南下征讨徐圆朗。徐圆朗这次起义虽然占领了唐朝的几十个城池，但他的实力并不很强大。在刘黑闼逃走东突厥的情况下，徐圆朗根本无法抵挡李世民的进攻。

李世民顺利收复了十几座城池后,威震淮州(今江苏省淮安市)和泗州(今江苏省盱眙县一带)。随后,以杜伏威为代表的一批反唐将领纷纷主动归顺唐朝,徐圆朗很快成为难以发号施令的孤家寡人。

武德五年七月初六,李世民觉得徐圆朗对唐朝已经构不成威胁,任命从徐圆朗逃脱的唐将盛彦师为宋州(今河南省商丘市)总管,并留下淮安王李神通、管国公任瑰和大将李勣继续征讨徐圆朗,他与齐王元吉一道班师回朝。

李世民返回西安后,盛彦师带领齐州总管王薄攻打许昌(今河南省许昌市)。潭州(今湖南省长沙市境内)刺史李义满因对负责征集粮草的王薄心存不满,关闭粮仓拒绝供给粮食。盛彦师攻下许昌后,以违抗军令罪将李义满关进齐州大牢。唐高祖李渊得到李义满被关进大牢的报告,下诏释放李义满。而诏令未到时,李义满已死在大牢之中。战争结束后,王薄从潭州经过时被李义满的侄子斩杀。而盛彦师受此株连被高祖李渊下令斩首。

徐圆朗所部在唐朝大军连续的攻击下,节节败退,最后被地方乡勇斩杀,其所占地盘全部被唐军收复。

到武德七年(624年)春,各地起兵反唐的起义军势力基本被平定,大唐王朝逐步呈现出江山一统、政治稳定的局面。

第三章 兄弟相争，兵变喋血玄武门

1. 心腹谋士被斩杀

唐武德二年（619年），发生了一件举国轰动的案件：开国功臣刘文静被杀。而此时，距离李渊在晋阳起兵不过两年，距离建立唐朝不过一年，年仅五十二岁的开国功臣刘文静，以莫须有的罪名被赐死。刘文静临刑时，最后发出了这样的感叹："飞鸟尽，良弓藏，果不妄。"（《新唐书·列传》）意思是说，自古以来，都是功成事定之后，出力的人反而被弃，没有好下场，这话确实不假！

在大唐王朝刚刚诞生之初，刘文静之死的确非同寻常，预示着朝廷的内部矛盾已经非常激烈，甚至到了难以调合的地步。

刘文静在隋大业十三年（617年）李渊起兵反隋时，立下了不可替代的"首谋之功"。李渊自晋阳起兵后，刘文静就被委以重任，担任大将军府司马。随后，又担负重任出使东突厥，说服东突厥单于按兵不动，为李渊兵发长安解除了后顾之忧。为保证李渊顺利进军关中（今陕西省中部地区）攻取长安，当河东城（今山西省运城市）的隋军守将屈突通，率领数万隋军奔赴长安阻击李渊义军时，刘文静率部在屈突通大军的行军途中伏击隋军。屈突通战败后，只好率领人马退守河东城。刘文静成功阻击屈突通，再次为李渊攻取长安建立唐朝立下了汗马功劳。后来，刘文静因在讨伐西秦霸王薛举时作战不力，被李渊处以除去名籍。

在各地起义军得到平定后，李渊在论功行赏时，想起了刘文静的晋阳首谋、说服东突厥按兵不动、阻击屈突通奔赴长安的重大功劳，诏令刘文静为民部尚书[①]，并领陕东道行台左仆射，成为大唐朝廷的重臣。

与刘文静同时称为唐朝开国功臣的人还有裴寂。裴寂也是李渊晋阳起兵反隋的策划者，当初就被李渊任命为大将军府长史，并赐爵闻喜县公。唐朝建立后，李渊诏令裴寂为右仆射，并封为魏国公。毫无疑问，刘文静和裴寂都是高祖李渊的心腹大臣，是建立大唐王朝不可或缺的谋臣。可唐朝建立后，刘文静自觉官职赶不上裴寂。尤其是刘文静总感觉裴寂与高祖私交很好，高祖对裴寂也是宠信至极，甚至到了言无不从的地步。每次上朝，高祖都不叫裴寂的名字，而是称他为"裴监"，还时常亲自给裴寂安排座位，还允许裴寂出入自己的卧室。这一切，都让感觉自己是唐朝第一功臣的刘文静很不舒畅，也很不服气。

刘文静觉得，自己在高墌城（今陕西省长武县境内）之战中打了败仗，被"除去名籍"，是一件不光彩的事。可是，裴寂也在讨伐刘武周时，在虞州（山西省运城市境内）和泰州（山西省永济市境内）一带遭到惨败，丢掉了晋州（今山西省临汾市

[①] 民部尚书：官名，尚书省六部长官之一，执掌文书奏章，正三品。

以北的大部分地区。而李渊不但没有处罚裴寂，还特意对他好言安慰，并让他镇抚河东。同是唐朝的开国功臣，刘文静总是认为自己的才干和功劳都在裴寂之上，可自己的待遇却远远赶不上裴寂，这让他常常感到闷闷不乐。由于心存不满，每次上朝廷议时，刘文静便与裴寂喋喋不休地互相争斗，渐渐成了名副其实的死对头。

据《新唐书·列传》中记载："尝与弟散骑常侍文起饮酣，有怨言，拔刀击柱曰：'当斩寂！'会家数有怪，文起忧，召巫夜被发衔刀为禳厌。文静妾失爱，告其兄上变，遂下吏。帝遣裴寂、萧瑀讯状，对曰：'昔在大将军府，司马与长史略等。今寂已仆射，居甲第，宠赉不赀。臣官赏等众人，家无赢，诚不能无少望。'帝曰：'文静此言，反明甚。'李纲、萧瑀明其不反；秦王亦以文静首决非常计，事成乃告寂，今任遇弗等，故怨望，非敢反，宜赐全宥。帝素疏忌之，寂又言：'文静多权诡，而性猜险，忿不顾难，丑言怪节已暴验，今天下未靖，恐为后忧。'帝遂杀之，年五十二。文起亦死，籍其家。"

这段话的意思是，刘文静曾与弟弟刘文起一起喝酒，几杯酒下肚后，便想起了裴寂的职位高于自己的事，当场拔刀击柱，并大声喊道："非斩裴寂不可！"谁知就这么一句酒后之言，却被刚刚失宠于他的小妾告发到朝廷，因此被逮捕入狱。高祖李渊知道这件事后，马上派裴寂、萧瑀进行调查。刘文静向萧瑀说出了自己心中的不平，但对自己要杀死裴寂一事，刘文静坚决予以否认，并当场向高祖李渊上奏申辩说："对于裴寂如此受宠，我的确有些不服气，但要杀死裴寂只是醉话，请皇上宽恕。"审理案件的萧瑀等人与刘文静相识多年，都知道他的为人，认为刘文静无罪，便帮刘文静向李渊求情。然而，李渊看完萧瑀等人的求情奏章后，丝毫不为所动，反而对大臣们说："刘文静既然能这样说，肯定有谋反的心思。"而李纲、萧瑀等人都一直认为刘文静不会谋反。秦王李世民见父皇的态度对刘文静不利，极力想为刘文静开脱，就对父皇说："晋阳起兵前，刘文静先定非常之谋，然后告知裴寂。大唐建立后，因为跟裴寂待遇悬殊，刘文静确实心有不满，但儿臣敢保证他绝无谋反之心。"而裴寂暗自觉得此时正是除掉刘文静的绝佳机会，揣摩李渊的心意后便说："刘文静的确才略过人，但他是个性情奸恶之人，如今出此恶言，说明他对皇上心怀愤恨，谋反迹象已经显露。如今天下局势未定，如果赦免他，肯定会留下后患。"李渊向来对裴寂偏听偏信，于是以谋反的罪名，于武德二年（619年）九月将刘文静处死，时年五十二岁。他的弟弟刘文起也同时被杀，其家也遭到籍没①。这位才略过人的大唐开国元勋，无论如何也没想到自己竟会以谋反之罪而被诛杀。

　　刘文静之死，显然不是高祖李渊的一时糊涂，也不是他意气用事。李渊作为深谋远虑、处事慎重的政治家，对处死刘文静，有着自己的想法。

　　唐朝建立后，李渊时刻注意着对开国功臣的防范。在李渊的眼里，裴寂一直仰仗着他，因此裴寂不会背叛自己。但刘文静却大不相同。刘文静自恃功高，多次表达自己的不满情绪，这种情绪显然是冲着皇帝来的，李渊因此对刘文静一直存有戒心。尤其是刘文静是李世民的心腹，与李世民私交甚好。李世民恰恰在征

---

① 籍没：登记所有的财产加以没收。

讨地方起义军势力的过程中，笼络了大批贤能之才，势力足以和太子抗衡，这正是李渊最不愿意看到的。一旦太子与李世民发生权力斗争，势必造成兄弟相残的局面。而雄才大略的刘文静与实力强大的李世民结成同盟，无疑将对太子构成更大的威胁。

李渊认为，太子之位的稳定，关系到江山社稷，关系到朝政未来。太子无疑是国之根本，如果太子这个国之根本出现动摇，其他皇子必将产生非分之想。李渊深知，眼下只有限制和削弱李世民势力，才能稳住李建成的太子之位。处死刘文静，就等于让李世民失去最得力的助手。所以，当李世民为刘文静求情时，更加坚定了高祖诛杀刘文静的决心，以阻止李世民觊觎太子之位。但高祖这样做，不但没能起到阻止的作用，反而让李世民加快了夺取太子地位的步伐。

高祖坚决处死刘文静的另一个原因，是因为刘文静与东突厥的关系过于密切。高祖晋阳起兵时，刘文静为了让李渊没有后顾之忧，坚定起兵的信心，曾建议李渊向东突厥示好称臣，李渊一直将此事记在心里。在讨论起兵后所用旗帜的颜色时，刘文静建议使用与东突厥保持一致的白色旗帜，但李渊没有采纳，而是使用了绛白杂色旗。李渊需要东突厥帮助时，便派刘文静前往疏通。李渊和东突厥交好，只是出于一时的政治和军事的考虑，内心一直以与东突厥苟且为耻。而刘文静恰恰了解李渊与东突厥的诸多内幕，处死刘文静也就一了百了。

刘文静之死，让李世民及其心腹感受到了前所未有的心理压力。

2. 暗中觊觎帝王位

高祖以谋反之罪处死了唐朝开国功臣刘文静，主要目的就是阻断刘文静与李世民形成联盟，也是通过这种办法来警示实力强大的李世民不要觊觎太子之位，从而形成秦王尽心竭力辅佐太子的政治局面。

武德七年（624年）的一天晚上，高祖李渊看到大唐王朝江山一统，政治稳定，便在都城长安的乾元殿内，兴致勃勃地与李建成、李世民、李元吉三个儿子共进晚宴。李渊的左侧坐着太子李建成和齐王李元吉，兄弟二人交头接耳，谈笑风生，似乎总有说不完的话题；而在李渊的右侧坐着秦王李世民，他独自沉思，一言不发，似乎有着沉重的心事。在父亲的眼里，三个儿子的远近亲疏，在家宴上已经展示得淋漓尽致。这样的局面，让李渊的内心不免感到有些酸楚。他作为父亲，本应该让兄弟三人和谐相处，相互关爱。但他偏偏是皇帝，三个皇子哪个都想成为皇位的继承人，各自怀揣心腹事，暗中斗智斗勇。李渊原有四个儿子，三子李玄霸是李世民的同母弟，传说在隋大业十年（614年）因意外落马而亡，年仅十六岁。

唐王朝建立后，刘弘基、殷开山、刘文静、长孙顺德等开国功臣都曾强烈劝说高祖立李世民为太子，可高祖却按照自己的想法，遵循"立嫡立长"的惯例立长子李建成为太子，并封李世民为秦王并担任尚书令，封四子李元吉为齐王。

大唐王朝建立之初，李世民一直在听从父亲的诏命征战四方，为平定薛仁杲、刘武周、王世充、窦建德、徐圆朗等强大的起义军势力，做出了不可替代的贡献。由于屡立战功，李世民自然而然地产生了继承皇位的想法。

其实，高祖也不止一次想过改立李世民为太子，但在他的心目中，一直信奉自古立长不立幼的惯例，轻易改立太子会动摇朝廷政局的根本。高祖还清楚记得隋文帝废了杨勇的太子位而改立杨广为太子，最终造成了朝廷内部的重大分裂，严重损耗了隋朝的人才力量，尤其导致了皇子之间的骨肉相残，致使天下大乱。杨广是李渊的姨娘表弟，后来继承皇位成为隋炀帝，但这样一个血淋淋的教训，让李渊铭刻在心，他不想重蹈这样的覆辙。

而此时，太子李建成早就对李世民有了猜忌和防备之心。他虽然不具备李世民骁勇善战的军事能力，也没有显赫的战功，但他为人仁义宽厚，处事温和，始终被高祖认定为太子的合适人选。

李世民深知自己并不具备争夺皇位的绝对优势，但他在长期的征战中积累的人脉和威望，为他争夺皇位增添了许多筹码。早在李渊晋阳起兵之前，胸怀大志的李世民就倾心结交贤能之士，为自己将来有所作为网罗人才。后来，当他逐渐产生了与太子李建成争夺皇位继承人的想法时，更加注重吸纳贤才，为自己积蓄力量。在长期的领兵作战的过程中，李世民逐步招揽了像尉迟敬德、程咬金、秦叔宝、张士贵、屈突通、李君羡、薛万彻、张公瑾、戴胄这样的将帅之才。这些人对李世民忠心耿耿，为李世民后来争夺皇位提供了强大的人才保障。

在李世民的心目中，谋略是占得先机并最终取胜的王道，他因此非常注重网罗智谋之士，房玄龄、杜如晦等人就是其中的杰出代表。房玄龄曾在隋朝末年担任隰城（今山西省汾阳市境内）县尉，后来迁居上郡（今陕西省绥德县）。李渊率军进入关中（今陕西省中部地区）后，房玄龄冒着大雪，在渭北（今陕西省大荔县境内）拄杖拜见李世民。李世民与他一见如故，任命他为渭北道行军记室参军，成为李世民的心腹谋士。他忠心耿耿，一直追随在李世民左右。

武德四年（621年），太子李建成向高祖提出，请求调秦王府的兵曹[①]杜如晦任陕州（今河南省三门峡市境内）总管府长史。得知这个消息，谋士房玄龄对李世民说："秦王府中虽然调走了很多人，但这些人大都不可惜。可杜如晦跟这些人不一样。此人通达事理，聪慧贤明，是个王佐之才。如果大王只想做一个毫无建树的王爷，杜如晦调离也无所谓；如果大王有夺取天下的志向，则离不开杜如晦的辅佐。"

当时，杜如晦在秦王府只是一个不起眼的属官。听到房玄龄如此评价杜如晦，李世民很感慨地说："如果不是先生建言，我可能就会失去这位贤人！"于是，李世民马上去见高祖，请求父皇将杜如晦留在秦王府中。从此，李世民开始让杜如晦参与谋划军中大事，并深得李世民的赏识。后来，登上皇位的李世民，诏令房玄龄为左仆射，诏令杜如晦为右仆射，协助他处理朝廷政务，二人的默契组合被朝中的文武大臣称为"房谋杜断"。

关于李世民萌生做皇帝的想法，《新唐书·列传》中有着这样的记载："武德中，平王世充，秦王与房玄龄微服过之，远知未识，迎语曰：'中有圣人，非王乎？'乃念以宝。远知曰：'方为太平天子，愿自爱。'"

这段话意思是，武德年间，李世民平定王世充后，与房玄龄

[①] 兵曹：古代官名，负责掌管兵事等。

穿着便服访问上清派茅山宗道士王远知。而王远知并不认识李世民一行，便迎上去说："你们当中有圣人，怕不是王吧？"房玄龄只好以实情相告。王远知说："将要当太平天子，希望自爱。"

在回来的路上，长孙无忌对李世民说："王远知是一位未卜先知的神人，他的话通常能够应验，如此说来殿下日后可以登上帝位，所以希望殿下今后加倍爱惜自己的身体，不要再亲自冲锋陷阵了。"李世民以十分惊诧的表情，呵斥长孙无忌口无遮拦，随后叮嘱他千万别把这件事说出去。而一旁的房玄龄说："以殿下的功绩，就像当初的周公一样，登上帝位也是众望所归，如果没有周公，周朝怎么会有八百年的基业呢？"

武德四年十月，高祖李渊给从东都洛阳班师回京的李世民，"加号天策上将、陕东道大行台，位在王公上。增邑二万户，通前三万户。赐金辂一乘，衮冕之服，玉璧一双，黄金六千斤，前后部鼓吹及九部之乐，班剑四十人"。（《旧唐书·本纪》）李渊还允许天策府设置属官，配备长史、司马各一人，从事中郎二人，军咨祭酒二人，典签四人，主簿二人，录事二人，记室参军事二人，功、仓、兵、骑、铠、士六曹参军各二人，参军事六人，总计三十四人。此外，还允许设置熔炉铸造钱币，并享有潼关以东的治理权。这样，李世民的秦王府无论在政治上，还是在经济上，都拥有了很大的特权。

但不管高祖怎么犒封李世民，如果他不能成为可以继承皇位的太子，他也始终是个臣子，而且将来还有性命之忧。于是，房玄龄等谋士借李世民加封天策将军之机献计说："既然皇上许可将军府可置属官三十四名，殿下可以把往日追随自己的武将文臣安置在天策将军府内，组成自己的军事决策机构。"

李世民采纳了房玄龄等谋士的建议。据《资治通鉴·唐纪》中记载："世民以海内浸平，乃开馆于宫西，延四方文学之士，出教以王府属杜如晦、记室房玄龄、虞世南、文学褚亮、姚思廉、主簿李玄道、参军蔡允恭、薛元敬、颜相时、咨议典签苏勖、天策府从事中郎于志宁、军咨祭酒苏世长、记室薛收、仓曹李守素、国子助教陆德明、孔颖达、信都盖文达、宋州总管府户曹许敬宗，并以本官兼文学馆学士，分为三番，更日直宿，供给珍膳，恩礼优厚。世民朝谒公事之暇，辄至馆中，引诸学士讨论文籍，或夜分乃寝。又使库直阎立本图像，褚亮为赞，号十八学士。士大夫得预其选者，时人谓之'登瀛洲'。"

这段话意思是，李世民因为国家逐渐平定，于是在宫殿西侧设馆，接待四方的博学之人，发布亲王教令任命秦王府属杜如晦，记室房玄龄、虞世南，文学褚亮、姚思廉，主簿李玄道，参军蔡允恭、薛元敬、颜相时，谘议典签苏勖，天策府从事中郎于志宁，军谘祭酒苏世长，记室薛收，仓曹李守素，国子助教陆德明、孔颖达，信都人盖文达，宋州总管府户曹许敬宗，均以本人官职兼任文学馆学士，分三班每日轮值，供给珍馐美味，礼遇恩宠格外优厚。李世民上朝、办公之余，总是来到文学馆，找各位学士讨论文章典籍，有时到半夜才就寝。李世民又让库直阎立本分别给各位画像，由褚亮作赞，号称"十八学士"。士大夫能够成为文学馆学士人选，当时人就称为"登瀛洲"，比喻他们一步成仙。

李世民对文学馆"十八学士"尊敬有加，遇到重大问题总是向他们请教，文学馆实际成了李世民的决策机构，而他的思想也逐渐由崇尚军事转变为注重政治。同时，由于李世民还身兼朝廷的尚书令，在处理军国大事的过程中，治国理政的经验也得到了极大的丰富。

3. 兄弟矛盾尖锐化

李渊晋阳起兵后，成立了大将军府，任命李建成为左领军大都督，李世民为右领军大都督，兄弟二人跟随父亲从晋阳一路杀到关中（今陕西省中部地区）长安，共同为大唐王朝的建立立下了赫赫战功。

唐朝建立之初，李渊急需一个帮手来处理繁杂的朝廷事务。作为隋朝袭封的唐国公，后来又出任太原留守，李渊深知朝廷事务的处理关系江山社稷。尤其是唐朝刚刚建立根基未稳，高祖还不敢完全相信朝廷重臣，就把帮助他处理朝廷事务的重任交给了太子李建成。从此，李建成在朝廷的声誉逐步建立起来，朝廷重臣越来越习惯于听命太子。

但是，李世民在统率大军平定各地起义军势力的过程中，充分展示了大智大勇的将帅风范，为唐朝统一江山做出了突出的贡献，个人威望明显高于在朝廷辅政的太子李建成。这样的一个局面，让李建成感到一种难以名状的不安与焦虑。他知道，胸怀大志、威望渐高的李世民，绝不会心甘情愿地居于属臣地位。于是，李建成拉拢聚合了一些谋士，开始刻意谋划如何提高自身的威望，同时如何压制李世民的势力。而就在这个当口，刘黑闼的二次起兵成为李建成扭转局面的一个难得契机。

武德五年（622年）六月，曾被李世民在洺水（今河北省曲周县境内）击败的自称为汉东王的刘黑闼，借助东突厥的力量再次起兵，攻打河北等地的唐朝郡县。

此时，太子的属官中允王珪、洗马魏征对太子建议说："殿下被立为太子，是因为您是嫡长子，与战功显赫的秦王相比，您没有骄人的战绩，因此很难让人信服。现在刘黑闼部已是人心散乱，资粮匮乏，势力微弱，如果殿下这次率军出征，定能取得令世人信服的大胜，而且还可以结交各路山东豪杰，这些人今后或许对殿下会有很大的帮助。"王珪和魏征之所以向太子提出这样的建议，是他们觉得李建成只是因为是嫡长子才被立为太子，而他的功绩和声望根本无法与李世民相比，只有通过建立军功才能维持和巩固太子的地位。

李建成觉得王珪和魏征说得非常有道理，就向父皇提出了带兵征讨刘黑闼的请求。李建成的请求，正是高祖所希望的，李渊一直在寻找机会增强太子的影响力。于是，武德五年十二月，高祖诏令李建成为陕东道大行台及山东道行军元帅，并节度河南、河北诸州，出兵河北征讨刘黑闼。同时，高祖还诏令齐王李元吉辅助太子出兵作战。

李建成率领大军抵达河北后，连战连捷，仅用一个多月的时间就击败了刘黑闼率领的起义军。唐武德六年（623年）正月，走投无路的刘黑闼被自己的部下、饶州（今江西省鄱阳县）刺史诸葛德威诱捕，并交给李建成。随后，李建成将刘黑闼在洺州（今河北省邯郸市永年区）处死，刘黑闼之乱彻底平息。

李建成这次东征，不但成功平叛了刘黑闼，而且还按照王珪、魏征的建议，结交了燕郡王、幽州（今北京市及周边一带）总管李艺、庆州（今甘肃省庆阳市）都督杨文干等许多英雄豪杰，拉开了李建成向李世民势力强势施压的序幕。

随后，李建成利用自己的太子身份，广泛结交父皇的宠妃，经常向张婕妤、尹德妃等后宫妃子送礼，让她们在父皇面前说李世民的坏话。这种办法果然奏效，李渊听了宠妃的话，对李世民越来越猜疑，而对李建成越来越信任。同时，李建成还想方设法与朝中大臣搞好关系，争取并获得了右仆射裴寂和密国公、中书令封德彝等诸多大臣的支持。除此之外，李建成还极力争取齐王李元吉的支持。李元吉多次参加征讨各地起义军的战争，从中得到了很好的历练。回到长安后，李元吉与两位哥哥各自拥兵自重，在朝中形成三位皇子势力相持的局面。在太子与秦王明争暗斗的格局之下，李元吉倒向或者偏袒哪一方，哪一方就必然强势起来。李建成在平定刘黑闼的过程中，成功将齐王李元吉拉入了自己的阵营。

李元吉加入李建成的阵营，有他自己的特殊想法。他觉得，李建成是太子，将来登上皇位的可能性要比李世民大。尤其是父皇偏爱太子，如果他与太子联手，李世民就没有继承皇位的可能。只要太子顺利继承皇位，他就可以从中获得更大的利益。同时，李元吉也考虑到自己行为浪荡，常常不守法纪，如果执法严明的李世民继承皇位，他肯定没有好日子过。因此，李元吉选择了与李建成联手。

而此时，李世民已探听到李建成在后宫给自己做手脚，便让自己的妻子长孙氏也深入到父皇的后宫之中，把自己在外征战时获得的珍宝，送给各位妃子。李世民与长孙氏还经常在李渊面前展示孝顺，来弥补太子背后的调拨离间。

李世民得知太子争取裴寂和封德彝的支持，也积极争取了萧瑀、陈叔达等朝廷重臣的支持与帮助。后来，登上皇位的李世民为了表达对萧瑀的感谢之情，特意写了一首诗赐给萧瑀："疾风知劲草，板荡识诚臣。勇夫安识义，智者必怀仁。"针对李建成有意结交地方豪杰，李世民也采取办法加以应对，据《旧唐·书列传》中记载："遣亮之洛阳，统左右王保等千余人，阴引山东豪杰以俟变，多出金帛，恣其所用。元吉告亮欲图不轨，坐是属吏，亮卒无所言。事释，遣还洛阳。及建成死，授怀州总管，封长平郡公。"意思是，李世民委派大将张亮统率左右王保等亲兵一千多人，前往洛阳结交当地豪杰。为结交计划得以顺利实施，李世民拿出大量的钱财让张亮随便使用。这件事被齐王李元吉知道后，马上向高祖奏报说张亮要图谋不轨。张亮被抓下狱后，没查出他有图谋不轨的证据，就被高祖释放了。李世民登基后，任命张亮为怀州（今河南省沁阳市）总管，并被封为长平郡公。除了张亮之外，李世民又命大将温大雅驻扎在洛阳，长期招募士卒，大力发展私人武装势力。

李世民还采取策反收买的办法，将李建成身边的人变成自己的人。太子率更丞[①]王晊、玄武门守卫将领常何等人，都曾是李建成的亲信，而在李世民的积极争取下，这些人先后投靠秦王府。后来在玄武门事变时，正是他们立下了功劳。

武德六年七月，李世民被派往并州（今山西省太原市）驻扎。据《资治通鉴·唐纪》中记载："遣太子将兵屯北边，秦王世民屯并州，以备突厥。"武德六年十二月，李世民完成驻守任务回到长安后，便开始遭受李建成和李元吉阵营的打压和欺辱，秦王阵营与太子阵营之间的矛盾开始呈现白热化。

[①] 率更丞：官名，太子宫的内属官，掌管皇族次序、礼乐、刑罚事务。

此时，太子洗马魏征多次向李建成建议："与其这样争缠不休，不如直接派人杀掉秦王，秦王一死，他的手下自然四散奔逃，其势力便不足为患了。为大唐的长久利益杀死秦王，是非常值得的事情。"齐王李元吉也规劝李建成除掉李世民，甚至要亲自带人暗杀李世民。

据《资治通鉴·唐纪》中记载："齐王元吉劝太子建成除秦王世民，曰：'当为兄手刃之！'世民从上幸元吉第，元吉伏护军宇文宝于寝内，欲刺世民；建成性颇仁厚，遽止之。元吉愠曰：'为兄计耳，于我何有！'"

这段话是说，齐王李元吉曾经劝太子李建成除掉秦王李世民，他说："我定当为兄长亲手杀掉他！"李世民跟高祖李渊驾临元吉府第，李元吉派护军宇文宝埋伏在卧室里，想趁机刺杀李世民。李建成为人仁厚，马上阻止了他。李元吉恼怒地说："这都是为兄长打算罢了，又关我什么事呢！"

李建成认为，自己身为太子，继承皇位是早晚的事，没有必要刺杀李世民。况且如果刺杀失败，还会给李世民找到公开与自己对抗的借口，这对自己将来继承皇位不利。

后来，李世民知道李元吉要暗杀自己的动机后，不禁哀叹道："吾不为兄弟所容矣！"

4. 太子生变迎转机

高祖李渊不忍心看到太子与秦王之间的明争暗斗，总想从中加以调节。他一直坚持嫡长制，竭尽全力地维护李建成的皇太子地位，不准包括秦王李世民在内的任何人染指。同时，他又考虑李世民为大唐王朝的建立与统一立下了赫赫战功，想方设法为李世民提供执政舞台和利益空间，不准包括太子李建成在内的任何人图谋打压李世民。无论在父子亲情方面，还是在江山社稷方面，高祖的立场都是客观、公正的，既体现了一位父亲的博爱，也彰显了一个帝王的担当。李建成虽然被立为太子，但只要有不对之处，高祖对他绝不姑息。他虽然有意偏袒李建成，但对李世民一直没有打压到底。他贵为帝王，也身为人父，总希望三个儿子能够和睦相处，共商国策，共谋大业。

其实，李世民根本无法与身为太子的李建成相提并论。李世民虽然为唐朝的诞生和统一做出了突出的贡献，树立了很高的威望，但他不是皇太子，不是大唐王朝的合法继承人。而李建成却大不相同。平时，李建成就在京城拥有辅政的权力，尤其是高祖外出时，更是扮演留守监国的角色，负责处理朝中的大小事务。因此，李建成在皇位争夺中占据着绝对的主动地位。李建成曾说过，如果李世民在京城，也只是一个没有任何号召力的普通人而已。

李建成的话，让李世民非常心酸地认识到，无论自己曾经取得多么辉煌的功绩，一旦在继承皇位这场争斗中失败，就注定落得一个身败名裂的下场，甚至连性命都无法保全。对此，李世民及秦王府的僚属都怀有一种焦虑和不安。一天，李世民问自己的谋士房玄龄："危险已经悄悄临近了，我们应该怎么办才好呢？"房玄龄似乎早就胸有成竹，口气十分坚定地说："现在太子的势力比我们强大，而且他们已经开始对我们发起进攻，我们稍有不慎就会陷入万劫不复之地。如今，我们要想解除危险，只有先发制人，一举除掉太子。"

听了房玄龄的话，李世民不禁打了一个冷战。这个房玄龄怎么和他想到一块去了？李世民让房玄龄千万不要声张，而他自己却默默地行动起来。

李世民首先找到灵州总管李靖和河南道总管李勣商议对策。这两个人都曾是他的手下将领，对他也是忠心耿耿。李世民把自己的想法先后说给了李靖和李勣，可二人都没答应助李世民一臂之力。李世民心里非常清楚，二人拒绝他并不是为了向太子李建成示好，而是他们知道做这样的事情稍有不慎就会殃及九族，置身事外应该是最好的结局。他们不愿意冒这种被灭门九族的风险，自然是人之常情，李世民没有过分为难二人。

而李世民身边的谋士房玄龄、长孙无忌和杜如晦，都宁愿冒着被杀头的危险帮助李世民，这三个人，与李靖和李勣的处境完全不同。他们是李世民最亲近、最信赖的人，李建成一旦当上皇帝，他们三人就会遭到清洗，不但官做不成，甚至连性命都保不住。他们必须竭尽全力地把李世民推上皇位，只有这样，他们才会在保全性命的前提下获得荣华富贵。因此，他们都向秦王建议要先发制人除掉太子。

不幸的是，李世民与房玄龄、杜如晦的密谋尚未实施，高祖就下令，将房玄龄、杜如晦二人逐出秦王府。虽然没牵扯李世民，但长孙无忌、高士廉以及秦王府将领侯君集、尉迟敬德等人，都感到一种巨大的威胁，他们力劝秦王早做决定，掌握谋求皇位的主动权。

此时，李建成因为本身就具有太子地位，加之朝廷官员的谄媚讨好以及齐王李元吉的联手相助，在朝廷的势力越来越强大。

不仅如此，李建成秘密招募卫士增加军力。据《资治通鉴·唐纪》中记载："建成擅募长安及四方骁勇二千余人为东宫卫士，分屯左、右长林，号长林兵。又密使右虞候率可达志从燕王李艺发幽州（今北京市及周边一带）突骑三百，置东宫诸坊，欲以补东宫长上，为人所告。上召建成责之，流可达志于巂州。"这段话是说，太子李建成擅自招募了长安和各地的骁勇之士二千余人为东宫卫士，分别驻守在左、右长林门，称为长林兵。又秘密地派了右虞候率可达志从燕郡王李艺那里征发的幽州三百精锐骑兵，安置在东宫诸坊，想将这些骑兵补充东宫长上，被人告发。高祖责备李建成，将可达志流放到巂州（今四川省西昌市）。

这种局面，无疑让李世民感觉到自己的处境则越来越危险，因此，他急需寻找一个反击太子的机会。一旦出现这样的机会，对于在大战中善于捕捉战机的李世民来说，绝对不会放过。

武德七年（624年）六月初，长安城的天气异常炎热。高祖李渊一直有出宫避暑的习惯，这一年自然也会照例出宫。

据《资治通鉴·唐纪》中记载："上将幸仁智宫，命建成居守，世民、元吉皆从。建成使元吉就图世民，曰：'安危之计，决在今岁！'又使郎将尔朱焕、校尉桥公山以甲遗文干。二人至豳州，上变，告太子使文干举兵，使表里相应；又有宁州人杜风举亦诣宫言状。上怒，托他事，手诏召建成，令诣行在。建成惧，不敢赴。太子舍人徐师謩劝之据城举兵；詹事主簿赵弘智劝之贬损车服，屏从者，诣上谢罪，建成乃诣仁智宫。未至六十里，悉留其官属于毛鸿宾堡，以十余骑往见上，叩头谢罪，奋身自掷，几至于绝。上怒不解，是夜，置之幕下，饲以麦饭，使殿中监陈福防守，遣司农卿宇文颖驰召文干。颖至庆州，以情告之，文干遂举兵反。上遣左武卫将军钱九陇与灵州都督杨师道击之。"

这段话是说，高祖将往仁智宫，命李建成留守长安，李世民、李元吉随驾。李建成让李元吉图谋除去李世民，说："安危之计，就决定在今年了！"又派郎将尔朱焕、校尉桥公山将盔甲送给杨文干。二人到了豳州（今陕西省彬州市），就向皇帝禀报了太子的图谋，告发太子派杨文干起兵，和太子内外呼应；又有宁州人杜风举也到仁智宫举报太子的事。高祖大怒，借口别的事，下手诏召见李建成，让他到仁智宫来。李建成害怕，不敢去。太子舍人徐师謩劝他干脆占据长安城起兵；詹事主簿赵弘智则劝他不用车马，贬损服饰，不带随从，单独进见皇帝谢罪。于是，李建成赶去仁智宫。还没走到六十里，太子就将官属全部留在毛鸿宾堡，只带了十余人骑马去见皇帝，向皇帝磕头请罪，拼命磕头表自责之意，几乎要没命了。高祖怒气不消，当夜，将太子安顿在幕下，供应粗糙的麦饭，派殿中监陈福防守，又派司农卿宇文颖驰召杨文干。宇文颖到了庆州，将太子的情况告诉了他，杨文干就起兵造反。高祖派左武卫将军钱九陇与灵州都督杨师道迎战。

《资治通鉴·唐纪》中记载："上召秦王世民谋之，世民曰：'文干竖子，敢为狂逆，计府僚已应擒戮；若不尔，正应遣一将讨之耳。'上曰：'不然。文干事连建成，恐应之者众。汝宜自行，还，立汝为太子。吾不能效隋文帝自诛其子，当封建成为蜀王。蜀兵脆弱，他日苟能事汝，汝宜全之；不能事汝，汝取之易耳！'"

这段话是说，高祖召秦王李世民商议杨文干叛乱之事，李世民说："杨文干这小子，竟然敢犯下这样狂妄谋逆的事，想来他手下的属员应当已经将他捉拿或是杀死了；如果不是这样，那么朝廷就应该派一员将领讨伐他。"高祖说："不是这样的。杨文干的事牵连着李建成，恐怕响应的人很多。你应该自己出征讨伐，得胜回朝，我就立你做太子。我不能效法隋文帝诛杀其子，到时候封建成为蜀王。蜀兵脆弱不善征战，这样的话，将来他要是能够忠心事你为主，你就应当保全他；如果他做不到忠心事你为主，你也容易制伏他。"

李世民亲率大军平叛，还未到达前线，杨文干就被部下斩杀，而给杨文干通风报信的司农卿宇文颖被李世民捉拿诛杀，叛乱很快被平定。

《资治通鉴·唐纪》中记载：李世民出征以后，李元吉与后宫妃嫔都相继为李建成求情，封德彝又在外面营救他，高祖的想法就改变了，重新派李建成返回长安留守。只是责备他与兄弟不和，归罪于太子中允王珪、左卫率韦挺、天策兵曹参军[①]杜淹，将他们流放到巂州。韦挺是韦冲之子。起初，洛阳平定以后，杜淹很久都不得调任，想侍奉李建成。房玄龄认为杜淹狡猾多计，担心他教唆李建成，对李世民更加不利，于是就向李世民进言，将杜淹引入天策府[②]。

至此，太子李建成与杨文干都督造反事件画上句号。

---

① 兵曹参军：官名，也称兵曹参军事，掌管军防的烽火、驿马传送、门禁、田猎、仪仗等事务。

② 天策府：官署名，又称"天策上将府"，武德四年（621年），唐高祖封秦王李世民为天策上将后所置官署。

5. 被逼无奈谋先机

武德七年（624年）七月，李世民平定了庆州都督杨文干的谋反事件后，高祖李渊并未兑现他立李世民为太子的承诺，李世民与太子李建成之间的矛盾愈演愈烈。而就在此时，东突厥大军突然来犯唐朝边郡。

其实，大唐王朝建立以来，东突厥不断侵扰唐朝的边郡，但大多都是小打小闹。而这次入侵，东突厥颉利可汗和突利可汗几乎是带来了全部人马，队伍规模之大，兵力之强盛，实属罕见。得知东突厥大军入侵，李渊急令边关守将做好迎战东突厥人马的准备，命右仆射裴寂动员百姓共保长安，并下令长安城进入战争状态。

唐朝的文武大臣都知道东突厥铁骑的强悍，因此每次东突厥来犯，唐朝都采取妥协和谈的策略，用钱财来平息边患。这次听说东突厥来犯，朝廷诸多大臣也是全无战意，甚至提出了迁都江南的建议。

据《资治通鉴·唐纪》中记载："或说上曰：'突厥所以屡寇关中者，以子女玉帛皆在长安故也。若焚长安而不都，则胡寇自息矣。'上以为然，遣中书侍郎宇文士及逾南山至樊、邓，行可居之地，将徙都之。太子建成、齐王元吉、裴寂皆赞成其策，萧瑀等虽知其不可，而不敢谏。秦王世民谏曰：'戎狄为患，自古有之。陛下以圣武龙兴，光宅中夏，精兵百万，所征无敌，奈何以胡寇扰边，遽迁都以避之，贻四海之羞，为百世之笑乎！彼霍去病汉廷一将，犹志灭匈奴；况臣忝备藩维，愿假数年之期，请系颉利之颈，致之阙下。若其不效，迁都未晚。'上曰：'善。'建成曰：'昔樊哙欲以十万众横行匈奴中，秦王之言得无似之！'世民曰：'形势各异，用兵不同，樊哙小竖，何足道乎！不出十年，必定漠北，非敢虚言也！'上乃止。"

意思是说，有人劝高祖说："突厥之所以屡次侵犯关中地区，是由于我们的人口与财富都集中在长安的缘故。如果烧毁长安，不在这里定都，那么胡人的侵犯便会自然平息下来了。"高祖认为所言有理，便派遣中书侍郎宇文士及越过终南山（陕西省秦岭山脉中段），来到樊州（今湖北省襄阳市）、邓州（今河南省邓州市）一带，巡视可以居留的地方，准备将都城迁徙到那里去。太子李建成、齐王李元吉和右仆射裴寂都赞成这一策略，而萧瑀等人虽然知道不应当如此，但没有谏阻的胆量。秦王李世民劝谏说："戎狄造成祸患，从古时候起，就时有发生。陛下凭着自己的圣明英武，创建新的王朝，统辖着中国的领土，拥有上百万的精锐兵马，所向无敌，怎么能够因有胡人搅扰边境，便连忙迁徙都城来躲避他们，给举国臣民留下羞辱，让后世来讥笑陛下呢？那霍去病不过是汉朝的一员将领，尚且决心消灭匈奴，何况我还愧居藩王之位呢！希望陛下给我几年时间，请让我把绳索套在颉利的脖子上，将他送到宫阙之下。如果不能获得成功，那时再迁徙都城，也为时不晚。"高祖说："讲得好。"李建成说："当年樊哙打算率领十万兵马在匈奴人中间纵横驰骋，秦王的话该不会是与樊哙相似的吧！"李世民说："面对的情况各有区别，采取军事行动的方法也不相同。樊哙那小子有什么值得称道的呢！不会超过十年时间，我肯定能够将沙漠以北地区平定下来，这可并不是凭空妄言的啊！"于是，高祖不再迁徙都城。

李渊诏令秦王李世民、齐王李元吉共同督军出豳州（今陕西省彬州市），抗击东突厥，并明令严禁商议迁都之事。

李世民率领大军抵达豳州前线后，却遭遇了连雨天，双方都按兵不动。李世民虽然知道东突厥颉利可汗短期内不会对唐军形成多大的威胁，但连日阴雨却导致唐军将士苦不堪言，长此以往士气必将受到很大影响，因此，速战速决对于唐军来说至关重要。

李世民让尉迟敬德率领一百余骑人马到颉利帐前叫阵，而他率领一队人马紧随其后。颉利可汗和突利可汗听到尉迟敬德的临阵叫骂，立即率军出了大营。李世民看到颉利就大声喊道："我用这一百多人与你的整个大军对抗，你可有胆量与我对战？"颉利以为这是李世民的激将之法，便要求李世民带来全部大军后再行决战。李世民不再理会颉利可汗，而是看着突利可汗说："突利可汗，我对你有话说，请到这边单独交谈。"说着，李世民就用马鞭指向旁边的空旷之处，示意突利可汗到那里谈话。二人在空旷处站定后，李世民故意凑到突利可汗的耳边，小声说了一些"颉利志大才疏，贪财狡诈，何必为他卖命"等离间的话语。突利可汗对李世民的话感到疑惑，一直小声追问所言何意。远处的颉利可汗见李世民与突利可汗聊了这么长时间，心中产生了疑惑，忙命突利可汗返回营帐。

李世民的举动，果然让颉利可汗和突利可汗之间产生了嫌隙，两人开始相互猜忌，导致东突厥军队内部分裂成两派，无法再向唐朝的纵深进军。颉利可汗随即率领东突厥大军返回漠北，唐朝也暂时解除了东突厥的入侵之患。

武德九年（626年）夏天，贼心不死的东突厥再次派出数万军队侵犯唐朝的河套地区（今内蒙古和宁夏一带）。这次东突厥来犯，高祖没像以往那样派李世民率军迎击，而是采纳了太子李建成的建议，派齐王李元吉和燕郡王李艺率领唐军抗击东突厥。李元吉出发前，高祖再次采纳李建成的建议，诏令抽调秦王府中的尉迟敬德、程咬金、段志玄、秦叔宝等大将辅佐李元吉。其实，李建成是想用这种办法，将秦王府的精兵良将控制在他和齐王的手中，从而架空李世民，从而为谋杀李世民扫清障碍。

据《旧唐书·列传》中记载："建成谓元吉曰：'既得秦王精兵，统数万之众，吾与秦王至昆明池，于彼宴别，令壮士拉之于幕下，因云暴卒，主上谅无不信。吾当使人进说，令付吾国务。正位以后，以汝为太弟。敬德等既入汝手，一时坑之，孰敢不服？'"意思说，李建成对李元吉说："已经夺取了秦王的精锐部队，你统帅着几万兵众，我和秦王到昆明池，在那里为你饯行，命令勇士把他折杀在帷幕后边，就说是暴病死去，估计父皇不会不信。我再派人劝说父皇，要他把朝政交给我。登位以后，把你立为皇太弟。尉迟敬德等人已经落到你的手中，到时活埋掉，谁敢不服？"

两个人的秘密谋划，被太子率更丞王晊知道了，王晊立即将这个谋划密报给李世民。得到王晊的密报后，李世民立即召集高士廉、长孙无忌、侯君集、尉迟敬德等府中大将商议对策。

据《资治通鉴·唐纪》中记载："世民叹曰：'骨肉相残，古今大恶。吾诚知祸在朝夕，欲俟其发，然后以义讨之，不亦可乎！'敬德曰：'人情谁不爱其死！今众人以死奉王，乃天授也。祸机垂发，而王犹晏然不以为忧，大王纵自轻，如宗庙社稷何！大王不用敬德之言，敬德将窜身草泽，不能留居大王左右，交手受戮也！'无忌曰：'不从敬德之言，事今败矣。敬德等必不为王有，无忌亦当相随而去，不能复事大王矣！'"

意思是，李世民叹息地说："骨肉相互残杀，是古往今来的大丑事。我诚然知道祸事即将来临，但我打算在祸事发动以后，再仗义讨伐他们，这不也是可以的吗！"尉迟敬德说："作为人之常情，有谁能够舍得死去！现在大家誓死拥戴大王，这是上天所授。祸患的机括就要发动，大王却仍旧态度安然，不为此事担忧。即使大王把自己看得很轻，又怎么对得起宗庙社稷呢！如果大王不肯采用我的主张，我就准备逃身荒野了。我是不能够留在大王身边，拱手任人宰割的！"长孙无忌说："如果大王不肯听从尉迟敬德的主张，事情现在便没有指望了。尉迟敬德等人肯定不会再追随大王，我也应当跟着他们离开大王，不能够再事奉大王了！"

大家都对李世民说："齐王凶恶乖张，是终究不愿意事奉自己的兄长的。近来听说护军薛实曾经对齐王说：'大王的名字，合起来可以成为一个唐字，看来大王终究是要主持大唐的祭祀的。'齐王欢喜地说：'只要能够除去秦王，捉拿太子就易如反掌了。'李元吉与太子谋划作乱还没有成功，就已经有了捉拿太子的心思。作乱的心思没个满足，又有什么事情做不出来呢！假使这两个人如愿以偿了，恐怕天下就不再归大唐所有。凭着大王的贤能，捉拿这两个人就像拾取地上的草芥一般容易，怎么能够为了信守平常人的节操，而忘记了国家大计呢！"

在众人的反复劝说下，李世民最终下定决心发动政变。为此，他立即下令召回被迫离开秦王府的房玄龄和杜如晦，与他共谋大事。听说秦王下定决心采取行动，房玄龄和杜如晦顿觉心中期盼的一天终于到来了。他们立即穿上早已准备好的道士服装，急匆匆地赶往秦王府。

经过秘密商议，李世民决定在玄武门伏杀李建成和李元吉。

6. 玄武兵变成太子

李世民决定在玄武门采取军事行动，袭击太子李建成和齐王李元吉，是因为玄武门在长安城中的地位非常重要。玄武门是长安宫城的北门，处于宫廷卫军的中枢位置，把守兵力雄厚，城防工事坚固。在李世民及身边谋士的心目中，控制了玄武门，就等于控制整个皇宫，甚至控制了整个长安城，控制了大唐王朝的整个天下。

当时，负责守卫玄武门的将领是中郎将常何。常何早年参加瓦岗起义，被李密授上柱国、雷泽公。后来劝李密降唐，被李渊授清义府骠骑将军、上柱国、雷泽公。李密企图叛唐时，常何曾劝说李密，但未果。被王世充所擒后，常何又寻机劝说王世充左右归唐，但被王世充察觉，随即率领王世充内营左右逃回唐朝，被高祖授清义府骠骑将军、雷泽公。后来参加了唐初的统一战争，战后在外镇守。武德七年（624年），常何调入京城，被任命为中郎将，负责守卫玄武门。

其实，常何应该是李建成的旧将。李建成率军平定刘黑闼第二次起兵时，常何就曾跟随李建成出征，并立下战功。因此，李建成于武德七年建议高祖将常何调入长安，守卫玄武门。

为行事方便，李世民暗自收买了常何，赐给他金刀子一枚，黄金三十挺，相当于在李建成的内部安排了一颗隐秘的棋子。同时李世民又给常何金刀子三十枚，让他收买了敬君弘、吕世衡等玄武门其他将领。让李世民没有想到的，他在平时稍加留意的未雨绸缪，在关键时刻竟然起到了极其关键的作用。

武德九年（626年）六月初三，李世民和他的谋士们觉得一切准备停当后，"世民密奏建成、元吉淫乱后宫，且曰：'臣于兄弟无丝毫负，今欲杀臣，似为世充、建德报仇。臣今枉死，永违君亲，魂归地下，实耻见诸贼！'上省之，愕然，报曰：'明当鞫问，汝宜早参。'"（《资治通鉴·唐纪》）意思说，李世民告发李建成和李元吉与后宫的嫔妃淫乱，而且说："儿臣丝毫没有对不起皇兄和皇弟，现在他们却打算杀死儿臣，这简直就像要替王世充和窦建德报仇。如今我快要含冤而死，永远地离开父皇，魂魄归于黄泉，如果见到王世充诸贼，实在感到耻！"高祖望着李世民，惊讶不已，回答道："明天朕就审问此事，你应该及早前来参见朕。"

在召见太子、秦王和齐王之前，高祖首先召见了裴寂、萧瑀和陈叔达等人，听取对李世民密奏事件的处理建议。众大臣和高祖一样，对皇子之间的矛盾早已知晓。这次，众大臣仍认为是兄弟三人在闹矛盾，他们只是提出协调解决的建议。

而此时，太子和齐王也得到了高祖妃子张婕妤的密报。张婕妤是李渊最为宠爱的妃子之一，她早已被李建成收买，一直是李建成的忠实支持者。"张婕妤窃知世民表意，驰语建成。建成召元吉谋之，元吉曰：'宜勒宫府兵，托疾不朝，以观形势。'建成曰：'兵备已严，当与弟入参，自问消息。'乃俱入，趣玄武门。上时已召裴寂、萧瑀、陈叔达等，欲按其事。"（《资治通鉴·唐纪》）意思是，张婕妤暗中得知了李世民密奏的大意，急忙告诉李建成。李建成将李元吉找来商议此事，李元吉说："我们应当管好东宫和齐王府中的士兵，托称有病不去上朝，以便观察形势。"李建成道："宫中的军队防备已很严密了，我与皇弟应当入朝参见，亲自打听消息。"

武德九年六月初四，"建成、元吉至临湖殿，觉变，即跋马东归宫府。世民从而呼之，元吉张弓射世民，再三不彀，世民射建成，杀之。尉迟敬德将七十骑继至，左右射元吉坠马。世民马逸入林下，为木枝所佳，坠不能起。元吉遽至，夺弓将扼之，敬德跃马叱之。元吉步欲趣武德殿，敬德追射，杀之。"（《资治通鉴·唐纪》）意思是，李建成、李元吉来到临湖殿，察觉到了变化，立即掉转马头，准备向东返回东宫和齐王府。李世民跟在后面呼唤他们，李元吉心虚，先张弓搭箭射向李世民，但由于心急，一连两三次都没有将弓拉满，箭没有射中。李世民却搭弓射向李建成，将他射死了。尉迟敬德带领骑兵七十人相继赶到，他身边的将士用箭射中了李元吉，李元吉跌下马来。可就在此时，李世民的坐骑受到了惊吓，带着李世民奔入玄武门旁边的树林，李世民又被林中的树枝挂住，从马上摔下，倒在地上，一时爬不起来。李元吉迅速赶到，夺过弓来，准备勒死李世民，就在这时尉迟敬德跃马奔来大声喝住了他。李元吉知道不是对手，赶紧放开李世民，想快步跑入武德殿寻求父皇庇护，但尉迟敬德快马追上他，放箭将他射死。

李建成的部下、翊卫车骑将军冯立得知太子身死，悲愤地叹息道："难道能够在太子生前蒙受恩惠，而太子一死便逃避祸难吗？"于是，他与副护军薛万彻、屈直府左车骑谢叔方一起，率领太子府和齐王府的精锐兵马两千人，急驰赶到玄武门，准备为太子和齐王报仇。此时，埋伏在玄武门附近的秦王属将张公谨，以过人的臂力独自关闭了大门，挡住冯立等人来路，冯立等人根本无法进入。掌管着宿卫军的云麾将军敬君弘也挺身而起，准备出战冯立率领的太子部属。与敬君弘亲近的人阻止他说："事情未见分晓，姑且慢慢观察事态的发展变化，等到兵力汇集起来，结成阵列再出战，也为时不晚。"敬君弘不听劝阻，与中郎将吕世衡一起大声呼喊着冲向冯立所部，结果全部战死。

把守玄武门的士兵与薛万彻所部奋力交战，持续了很长时间。薛万彻擂鼓呐喊到："这里我们攻不进去，不如去攻打秦王府，只要能杀掉他的妻子和孩子，也是我们立了大功。"秦王府的将士听说薛万彻要带兵攻打秦王府，不禁大惊失色。因为此时秦王府中兵士虽精，但人数实在少得可怜，一旦太子府将士进攻秦王府，仅有房玄龄、杜如晦守卫的秦王府肯定会失守，这将关系到全局的成败。就在这时，尉迟敬德提着太子李建成和齐王李元吉的首级给薛万彻等人看，太子府和齐王府的人马顿失战心，迅速溃散，薛万彻与骑兵数十人逃入终南山（陕西省秦岭山脉中段）中。冯立杀死敬君弘后，对部下说："这也算是略微报答太子殿下了。"于是，他丢掉兵器，落荒而逃。至此，政变以秦王李世民的胜利而告终。

战斗结束后，李世民一边命令手下将士清扫战场，一边派尉迟敬德向高祖汇报情况。当尉迟敬德手持长矛、身穿铠甲出现在高祖面前时，高祖就知道事情已经无法挽回，便有些惊慌失措地问裴寂等人该如何应对处理。向来支持秦王李世民的裴寂、萧瑀和陈叔达等人见太子大势已去，心情非常平静地对高祖说："太子和齐王本身就对天下没有什么贡献，而且他们出于对秦王为天下统一所做杰出贡献的嫉妒，多次在一起商量谋害秦王，有些事陛下也是非常清楚的。现在秦王这样做，肯定是被逼无奈之举。秦王对大唐居功至伟，深得人心，陛下如果下令立他为太子，命他处理今日之事，这次事件很快就会平息。"

高祖见事已至此,只好同意裴寂等大臣的建议,诏令李世民为皇太子,玄武门之变就此尘埃落定。

7. 接受禅让登皇位

武德九年(626年)六月初的玄武门之变,秦王李世民在秦王府众多谋士的鼎力支持下,一举杀了太子李建成和齐王李元吉。同时,李建成的儿子安陆王李承道、河东王李承德、武安王李承训、汝南王李承明、钜鹿王李承义,李元吉的儿子梁郡王李承业、渔阳王李承鸾、普安王李承奖、江夏王李承裕、义阳王李承度等幼儿都悉数被杀,并在宗室的名册上删除他们的名字。

唐高祖李渊虽然感到震惊不已,但也不得不接受这个事实。武德九年六月初五,高祖采纳裴寂等大臣的建议,诏令李世民为皇太子。他在《立秦王为太子诏》中说:"储贰之重,式固宗祧,一有元良,以贞万国。天策上将太尉尚书令陕东道大行台尚书令益州道行台尚书令雍州牧蒲州都督领十二卫大将军中书令上柱国秦王世民,器质冲远,风猷昭茂,宏图夙著,美业日隆。孝惟德本,周于百行,仁为重任,以安万物。王迹初基,经营缔构,戡翦多难,征讨不庭,嘉谋特举,长算必克。敷政大邦,宣风区奥,功高四履,道冠二南,任总机衡,庶绩惟允。职兼内外,彝章载叙,遐迩属意,朝野具瞻,宜乘鼎业,允膺守器。可立为皇太子。所司具礼,以时册命。"(《全唐文》)

随后,高祖又写下手诏,命令京城所有机要事务暂由太子李世民统一管理，这实际就是将朝廷事务的处理大权交给了李世民。他在《令皇太子断决机务诏》中说："朕君临率土，劬劳庶政，昧旦求衣，思宏至道。而万机繁委，成务殷积，当宸日昃，实疲听览。皇太子世民，夙禀生知，识量明允，文德武功，平一宇内。九官惟叙，四门以穆。朕付托得人，义同释负，遐迩宁泰，嘉慰良深。自今以后，军机兵仗仓粮，凡厥庶政，事无大小，悉委皇太子断决，然后闻奏。既溥天同庆，宜加惠泽。为父后者，若有封爵，皆令袭继。诸赤牒拟授职事官，见任者并即为真。其已得替者，参选之日，听依阶叙。亡官失爵者，量加擢用。逋租宿赋，及先负官钱物，悉从蠲免。文武官人，节级颁赐，务存优洽，称朕意焉。"（《全唐文》）高祖在手诏中，用"文德武功"四个字来概括李世民所具备的素质和能力，这也体现了高祖对李世民的高度认可。

过了一个月，高祖多次向身边大臣表达自己想早些退位的意愿。本来，高祖有试探大臣的意思，看看身边的大臣能不能阻止他禅位。可结果让他大失所望，几乎没有大臣劝他不要禅位，还说他禅位给李世民是英明之举。

武德九年八月初九，六十一岁的唐高祖李渊终于下定了决心，诏令天下将大唐王朝的皇位传给太子李世民。高祖在《禅位皇太子诏》中说："乾道统天，文明于是驭历；大宝曰位，宸极所以居尊。在昔勋华，不昌厥绪，揖逊之礼，旁求历试。三代以降，天下为家，继体承基，裔嗣相袭。故能孝飨宗庙，卜世长远，贻庆后昆，克隆鼎祚。朕膺期受命，握图阐极，大拯横流，载宁区夏。然而昧旦丕显，日昃坐朝，驭朽兢怀，履冰在念，忧勤庶政，九载于兹。今英华已竭，耄期倦勤，久怀物表，高蹈风云。释累遗尘，有同脱屣，深求闲逸，用保休和。""皇太子世民，久叶祥符，凤彰奇表，天纵神武，智韬机深。自云雷缔构，霸业伊始，义旗之举，首创成规，京邑克平，莫非其力。乃皇极已建，天步犹艰，内发谋猷，外清氛祲。英图冠世，妙算穷神，伐暴除凶，无思不服。薛举负西戎之众，武周引北狄之兵，蝟起蜂飞，假名窃号，元戎所指，折首倾巢。王世充藉府库之资，凭山河之固，信臣精卒，承闲守险；建德因之，同恶相济，金鼓才震，一纵两擒。师不踰时，戎衣大定，夷刘闼于赵魏，覆徐朗于谯兖。功格穹苍，德孚宇宙，雄才宏略，振古莫俦，造我大唐，系其是赖。既而居中作相，任隆列辟，百揆时总，三阶以平。地属元良，实维固本，万邦咸正，兆庶乐推。晷纬呈象，休徵允集，华夏载伫，讴颂知归。今传皇帝位于世民，所司备礼，以时册授。公卿百官，四方岳牧及长吏，下至士民，宜悉祇奉，以称朕意。""夫政惟通变，礼贵从宜；利在因民，义存适要。条章法度，不便于时者，随事改易，勿有疑滞。昔汉祖拨乱，身定大功，群臣推奉，光宅帝位，而事父资敬，五日一朝，备礼尊崇，号称太上。朕方游心恬淡，安神元默，无为拱揖，宪章往古，称谓之仪，一准汉代。庶宗社之固，申锡无疆；天禄之期，永安勿替。布告天下，咸使知闻。"（《全唐文》）高祖自武德元年登基称帝，正式建立大唐王朝，到武德九年退位成为太上皇，共在位九年。

玄武门之变发生后不久，高祖就非常明智地把皇位禅让给李世民，自己退出了政治舞台。这个决策，英明果断，影响重大。此后一直到至贞观九年五月逝世，当上太上皇的李渊基本不干预朝政，没有造成新的势力纠葛。他让年轻有为、精力旺盛、励精图治的李世民执掌朝政，对大唐王朝的巩固与发展，无疑产生了深远的历史影响。

高祖举兵反隋时，已年过五十，可他仍不失为一个有雄心壮志而又生气勃勃的杰出帝王。他有着不凡的抱负，正是他策划并主导了太原起事，从而引领唐军进入隋都西安。后来，他实施的大赦、封官和赏赐政策，再加上李世民的勇猛善战，给新建立的大唐王朝赢得了很多必要的支援，并促成了唐朝江山天下一统。高祖所建立的武德之治，从任何现实标准来衡量，都算得上一个非常突出的成就。高祖执掌下的唐王朝，为李世民开创"贞观之治"的辉煌，无论在政治上、经济上，还是在军事上，都打下了一个比较坚实的基础。

高祖诏告禅位后，太子李世民随即在东宫显德殿即位，是为唐太宗。第二年正月，李世民诏令改元贞观。"贞观"取于《周易·系辞下》中的"天地之道，贞观者也"，用意在于以正道示人。李世民执掌朝政后，就此拉开了中国历史上著名的"贞观之治"的序幕。

第四章　稳定局势，建章立制兴基业

1. 宽容接纳拢人心

　　武德九年（626年）八月初九，李世民接受了唐高祖李渊的禅让，正式登上皇帝位，是为唐太宗。太宗即位后，所面临的首要问题是稳定局势，建立以自己为核心的最高领导集团。

　　其实，李世民在高祖李渊颁布了《令皇太子断决机务诏》后，作为太子的李世民就已经掌握了朝廷机要事务的处理大权。此时，太子李建成和齐王李元吉都已在玄武门之变中身亡，但属于李建成和李元吉的残余势力仍然存在，不安定因素随时都可能威胁着太宗的执政根基。为稳定朝政，太宗对于太子和齐王的残余势力实行了非常严酷的打击政策。玄武门之变的当天，他就毫不留情地杀掉太子的四个儿子以及齐王的五个儿子。为更好地迎合太宗的心理，太宗身边的谋士以及朝中的一些大臣，都建议把太子和齐王属下的百余名幕僚全部斩杀，以绝后患。太宗觉得这些人的建议很有道理，准备安排手下将士开始行动。

　　而大将尉迟敬德得到太宗要采取杀戮行动的消息后，立即找到太宗当面提出了反对意见，他说："现在李建成、李元吉这二位有罪之人都已经被杀，而且还株连了他们的儿子，长安城内刚刚经历了一场大乱。此时，如果杀人太多，不利于天下安定和朝廷稳定。"

尉迟敬德的一番话，让太宗猛然醒悟过来。太宗非常感慨地对尉迟敬德说："我诛杀太子和齐王的余党，目的就是为了安定局面。然而，除恶之余如果株连太广，反而无法让局面得以安定。我忽略了这个道理，实在令人汗颜。今天，要不是尉迟将军及时提醒我，我必然会犯下大错了！"

太宗皇帝在尉迟敬德"杀人太多，不利于天下安定"的话语中醒悟后，采取了宽大安抚和任用太子属僚的政策，赦免了太子和齐王的党羽，坚决制止手下滥杀无辜的行为，迅速平息了太子集团残余势力的"叛乱"活动，并且起用太子府的重要谋臣魏征、王珪、韦挺为谏议大夫，使他们变成了自己的人，变成了朝廷重臣。同时，太宗下诏大赦天下，宣布有罪之人仅限于李建成、李元吉二人，与二人的追随者毫无牵连，一概不再加以追究处理。太宗下诏当天，曾率领太子府和齐王府卫兵进攻玄武门的冯立和谢叔方，都来向太宗请罪。

冯立曾是太子府翊卫车骑将军，也是太子的心腹部下。玄武门之变时，他率领太子府卫军攻打玄武门，并在玄武门下杀死了屯营将领敬君弘，尤其是他提出的反攻秦王府的计策，差点导致太宗发动的玄武门之变失败。

显然，冯立在玄武门之变中给太宗带来了很大麻烦。冯立向太宗请罪时，太宗厉声问道："汝在东宫，潜为间构，阻我骨肉，汝罪一也。昨日复出兵来战，杀伤我将士，汝罪二也。何以逃死！"

(《旧唐书》)意思说，你在东宫离间我和太子的关系，致使他们兄弟相残，这是第一条罪状。在玄武门事变中，你杀害了我的将领，这是第二条罪状。有这么多罪行，他怎么能逃过一死？

冯立听了太宗的话，趴在地上大哭着说："出身事主，期之效命，当职之日，无所顾惮。"(《旧唐书》)意思说，以前我侍奉太子，在该为太子而战的时候根本没有考虑这么多。如果殿下能重新给我报效的机会，我肯定竭尽全力报答殿下的不杀之恩。

太宗亲自上前，扶起跪在地上的冯立说："作为东宫翊卫车骑将军，你的所作所为完全是正确的，我不但不会怪罪于你，反而还应该奖励你誓死卫主的忠义之心。如果你能像过去忠于太子一样忠诚待我，我即升任你为左屯卫中郎将。"冯立不住地向太宗叩头说："逢莫大之恩，幸而获济，终当以死奉答。"(《旧唐书》)

作为齐王属将的谢叔方，在玄武门之变中与冯立带着的卫兵合力冲击玄武门，并亲手斩杀了屯守玄武门的武官吕世衡。这次来向太宗请罪，谢叔方同样得到了太宗的重用。

太子府另一位大将薛万彻率兵攻打玄武门和秦王府失败后，一直认定秦王太宗不会饶恕他。为保全性命，薛万彻带领几十名手下逃到了终南山（陕西省秦岭山脉中段）。

冯立归顺后，太宗希望薛万彻也能像冯立一样归顺于他，朝廷也就此得到一位无比忠诚的勇将。为此，太宗派人极力邀请薛万彻到长安来，并转达自己的意思说："当初将军的主人是太子李建成，将军所作所为是忠诚的表现，我绝不怪罪你！"薛万彻对太宗的邀请半信半疑，但他觉得自己不可能久居终南山，便决定去长安试一试。他总觉得太宗是在诱骗他，因此做了最坏的打算。

而他到达长安后,太宗不但没有为难他,还按事先承诺那样,任命他为右领军将军。对此,薛万彻非常感慨地说:"真是言而有信的圣君,但我之前却以小人之心度君子之腹,总有死要临头的感觉。"太宗笑着说:"薛将军的举动可以理解。知人知面不知心,此事关系到你的身家性命,不管是谁都会有所防备。今天你能来告诉我这件事,说明对我很信服,我还得感谢你对我的信任呢!"从此,薛万彻成了太宗的忠实拥护者。

王珪是一个博学多才的人,他个性耿直,善于谋略,忠心耿耿地追随太子李建成多年,是朝廷公认的太子党。李建成被杀之前,曾多次和他一起商议谋害李世民的大计。但玄武门之变发生后,太宗不计前嫌,任命王珪为谏议大夫。王珪对太宗的宽宏大量敬佩不已,竭尽全力地为大唐王朝的江山社稷出谋划策,为太宗创造"贞观之治"的宏伟大业做出了应有的贡献。

就在李世民集中精力处理太子李建成和齐王李元吉余党之时,意外发生了庐江郡王李瑗举兵叛乱一事。

李瑗是隋朝柱国、备身将军李哲之子,也是高祖李渊的堂侄。高祖称帝后,任命李瑗为刑部侍郎,不久改任信州总管,进封庐江王。后来,又升迁至山南东道行台右仆射。武德四年(621年),李瑗奉命从襄阳道出兵,与河间王李孝恭、行军总管李靖、黔州刺史田世康合兵攻打萧铣。李瑗虽然没有建立功勋,但仍然被任命为幽州(今北京市及周边一带)都督。高祖担心李瑗怯懦无能,没有将帅之才,便派右领军将军王君廓辅佐他。李瑗非常信赖王君廓,还和他结成了亲家。

太子李建成为了加害李世民,曾暗中与李瑗相互交结。李建成死后，高祖派通事舍人①崔敦礼诏令李瑗入京。李瑗心中有鬼，担心事有不测，便与王君廓商议起事反唐。王君廓趁机捉拿了李瑗，并将他勒死，然后传首京师。太宗觉得王君廓立了大功，便任命他为左领军大将军，兼幽州都督，同时加封左光禄大夫。

李瑗被除掉后，太宗宣布李瑗同党如无大恶，一律既往不咎，各级官员不得私下故意为难他们。这一宽大的政策，不仅挽回了不少人心，还使太宗成了众望所归的一代帝王。

更值得一提的是魏征。魏征曾为太子李建成策划过无数针对李世民的毒辣计谋，无疑是李世民和秦王府上下最痛恨的人。在玄武门之变中，魏征拒绝在太子府撤退，最后被秦王府将士在太子府内俘获。事变平息后，李世民派人把魏征找来，非常严厉地责问他："你为什么要离间我们兄弟的关系？"李世民的愤怒，让在场的官员无不为之心惊胆战，都以为魏征这次肯定性命不保。可魏征偏偏面无惧色，非常淡定地回答道："皇太子若从臣言，必无今日之祸。"没想到，李世民听了魏征的话，竟然转怒为喜，立即宣布魏征无罪，并封他为詹事主簿，后来又改任谏议大夫。对于李世民的宽容接纳，魏征非常感动，随后便真心地归顺于李世民。后来，魏征为李世民献上了很多有益于社稷的妙计。贞观十七年（643年）魏征病死时，李世民非常伤心地说："夫以铜为镜，可以正衣冠；以古为镜，可以知兴替；以人为镜，可以明得失。魏征没，朕亡一镜矣！"（《旧唐书·魏征传》）

---

① 通事舍人：官名，始于东晋，主要掌管诏命及呈奏案章等事务。

2. 虔诚安抚显皇恩

　　李世民登上帝位后，贞观初年的形势并不乐观。隋末唐初，各地农民起义风起云涌，中原大地群雄逐鹿，朝廷把主要精力都用在了平定各路起义军。到唐太宗改元贞观时，唐朝统一战争刚结束不久，社会矛盾还没有完全缓和，民心还不十分安定，全国各地的自然灾害不断发生，社会经济仍然凋敝不堪。如何治理这个国家，成为太宗面临的重要问题。隋朝由盛转衰、由衰而亡的惨痛经历，时时让太宗陷入深思。太宗和他身边的大臣和谋士，都认为是三个原因造成了隋朝的灭亡：一是隋炀帝广修宫室，到处巡幸；二是美女珍玩，征求不已；三是东征西讨，穷兵黩武。隋朝末期，由于隋炀帝恃其富强，不顾后患，徭役无时，干戈不停，使老百姓无法生活，终于激起反抗，以至身戮国亡，为天下人耻笑。而这一切，几乎都是唐太宗耳所闻眼所见的亲身经历，因此，不能不使他引以为戒，成为影响他制定统治政策的重要因素。面对隋朝灭亡的历史教训和贞观初年百废待兴、百乱待治的局面，太宗经过反复深入的思考，决定以大治天下作为自己的施政方针。但大乱以后能否迅速实现大治，太宗还有些缺乏信心。为此，他亲自召集群臣进行讨论，集思广益，使太宗坚定了信心，从而确立了大治天下的治国策略。

　　唐朝初年，高祖承袭魏晋以来崇武轻儒的风气，各级政府机构大都由武将充任。这些人参与过经纶帝业，是唐王朝的有功之臣，但却缺乏处理政务的能力。靠这些人是不能够实现天下大治的。但是，要从根本上改变这种情况，就必须选拔大批真正懂得治政方法的人才，充实各级政权机构。

　　高祖执政后期，太子李建成为了争取地方郡县的支持，重点在河北和山东两地积极扩大自己的势力范围，逐步使这两个地区被他牢牢控制。太宗继位后，为保持唐朝政权的整体稳定，经过反复研究，最终决定派魏征去安抚被李建成拉拢培植的山东势力。

　　在太宗的心目中，山东对大唐王朝的政治格局和经济发展都有着不可或缺的重要影响。李唐皇室家族出身于关陇一带的地主集团，虽然在关陇地区拥有比较坚实的统治根基，但争取山东、河北一带英雄豪杰、社会名士大力支持，对实现全国范围的繁荣稳定至关重要。太宗觉得，山东不但是人才荟萃之地，更是全国财政命脉之所在，全国六分之一的财政收入来源于山东。太宗曾这样说："山东人物之所，河北蚕绵之乡，而天府委输，待以成绩。今一旦见其反复，尽戮无辜，流离寡弱，恐以杀不能止乱，非行吊伐之道。"（《资治通鉴·考异卷》）

　　太宗"及践祚，擢拜谏议大夫，封钜鹿县男，使安辑河北，许以便宜从事"。（《旧唐书·魏征传》）魏征带着太宗的圣旨从长安出发，去各州县安抚。他一路舟车劳顿、风尘仆仆，走到磁州（今河北省磁县）时，恰好遇到一队官兵，用囚车将原太子府侍卫李志安和军官李思行押解长安。魏征看到这种情况后，便想起了太宗刚刚下达的对太子和齐王旧部"示以至公"的诏令。他觉得，太宗已经明确诏令一律赦免这些人，可现在却兴师动众地把李志安和李思行二人押解长安，如果消息一旦传开，肯定有人对太宗的诏令心存疑虑。于是，他和副使李桐客商量说："知无不为，宁可虑身，不可废国家大计。今若释遣思行，不问其罪，则信义所感，无远不臻。古者，大夫出疆，苟利社稷，专之可也。

况今日之行，许以便宜从事，主上既以国士见待，安可不以国士报之乎？"（《旧唐书·魏征传》）意思说，我们动身时刚得到皇上的诏命，前东宫、齐王府的旧人都一律赦免不问。现在又把李思行等押送京师，这样做，其他的人谁还再相信皇上的诏令而不疑虑呢？朝廷派我们安抚山东，人们一定不会相信，这岂不是差之毫厘，失之千里？况且有关国家利益，明白了没有不去做的，宁可自己承担责任，也不能损害国家大计。现在如果释放李思行他们，不再追究他们的罪责，那么信义的感召就会远达天下。古时大夫出使，只要是对国家有利，就可以自己做主。况且我们这次出使，皇上给予我们灵活行事的权力。皇上既然对我们以国士相待，我们怎能不以国士相报呢？

　　副使李桐客也非常赞同魏征的意见，便下令释放了李志安等人。许多从太子府和齐王府逃亡山东的人，都不再提心吊胆，并被太宗的宽宏大量所感动。

　　此时，一些地方官员并没真正理解太宗宽容接纳的政策。这些官员为了邀功请赏，大肆搜捕原太子和齐王的余党，使得这些余党终日惴惴不安。为了求得生存，他们甚至过起了打家劫舍、胡作非为的生活。谏议大夫王珪知道这种情况后，立即向太宗奏报，太宗随即下令："如违宽容之策者，反坐。"就是以诬告谋反之罪论处。

　　李世民正式即位后，诏令天下免关东赋税一年。得知太宗的免税诏令，关东百姓从老到小，都以唱歌跳舞的方式进行庆祝，感谢太宗的皇恩浩荡。后来，太子李建成的死党、燕郡王李艺准备在泾州（今甘肃省泾川县境内）起兵谋反时，还未起事，就被拥戴太宗皇帝的部下斩杀，并把他的首级送到京城。

同时，太宗为了消除玄武门事件在道德伦理方面的不良影响，即位后不久就追封哥哥李建成为息王，谥号"隐"；追封弟弟李元吉为海陵王，谥号"刺"。鉴于李建成已无后嗣，太宗诏令皇子赵王李福为李建成的后嗣。太宗还按照皇室礼节，改葬了李建成和李元吉。在安葬李建成时，太宗亲自送棺，一直到千秋殿西门才停下来，然后以失声痛哭表达自己痛失手足的哀伤。

礼葬李建成的前一天，谏议大夫魏征恰好从山东返回长安。太宗皇帝诏令魏征迁尚书右丞兼谏议大夫，诏令王珪为黄门侍郎。据《贞观政要》中记载，魏征和王珪联名向太宗皇帝上了一道奏章，内容为："臣等昔受命太上，委质东宫，出入龙楼，垂将一纪。前宫结衅宗社，得罪人神，臣等不能死亡，甘从夷戮，负其罪戾，寘录周行，徒竭生涯，将何上报？陛下德光四海，道冠前王，陟冈有感，追怀棠棣，明社稷之大义，申骨肉之深恩，卜葬二王，远期有日。臣等永惟畴昔，忝曰旧臣，丧君有君，虽展事君之礼；宿草将列，未申送往之哀。瞻望九原，义深凡百，望于葬日，送至墓所。"意思说，我等受命于太上皇，在东宫做事，出入东宫将近十二年。隐太子与皇室中的一些人勾结叛乱，得罪了百姓和神灵，我们都甘愿受罚受死，担负罪过，但却没有如愿。陛下既往不咎，反而赐予官职，臣等怎样报答呢？陛下德义广播，道义超过历代国君，想着过去之情，能够明晓国家大义，展示骨肉间的深情，重新安葬二王。现在离安葬的日子不远了，我们是二王旧臣，旧君死后又侍奉新君，已施行了侍奉新君的礼节，而旧君的坟上长满了野草，万事尽毕，可是我们还没表达送葬的哀思。瞻望墓地，希望在安葬的当天，我们能送二王的灵柩到墓地。

这篇奏章，从李建成"结衅宗社，得罪人神"入笔，表明李

第四章 稳定局势，建章立制兴基业

建成被杀是活该。同时，称赞唐太宗"明社稷之大义，申骨肉之深恩"，以礼改葬二王。然后，又陈述了以礼送葬的道理，声情并茂，入情入理，从道义上弥补了李世民骨肉相残所留下的遗憾。

唐太宗看过奏章后，诏令原太子府和齐王府的僚属全部为二王送葬。隆重的礼葬活动，加上太宗一通饱含深情的痛哭，使秦王府与太子宫、齐王府之间原来极为激烈的矛盾基本得以消除。

3. 决策机构大改组

唐高祖建立唐朝后，承袭魏晋以来崇武轻儒的风尚，朝廷和地方郡县的机构，大都由武将来充任。这些人参与过经纶帝业，是唐朝的有功之臣。这些勇猛之士虽然在战场上所向披靡，却缺乏处理朝廷和地方郡县行政事务的能力。靠这些人，是难以实现天下大治的。要从根本上改变这种状况，就必须从改组朝廷重要机构的组成人员，选拔任用一大批真正懂得行政事务管理方面的人才。

据《贞观政要·崇儒学》中记载："太宗初践阼，即于正殿之左置弘文馆，精选天下文儒，令以本官兼署学士，给以五品珍膳，更日宿直，以听朝之隙引入内殿，讨论坟典，商略政事，或至夜分乃罢。又诏勋贤三品以上子孙为弘文学生。"意思说，唐太宗刚刚即位不久，就在正殿左侧设置了弘文馆，精心挑选天下通晓儒学的人士，保留他们现任的官职，并兼任弘文馆学士，供给他们五品官员才能享用的精美的膳食，排定当值的日子，并让他们在宫内歇息留宿。唐太宗在上朝听政的间隙时间，就把他们引进内殿,讨论古代典籍,商议谋划政事,有时到半夜才停歇。后来,他又下诏让三品以上的皇亲贵族、贤臣良将的子孙充任弘文馆学生。

《贞观政要·崇儒学》还记载:太宗谓侍臣曰:"为政之要,惟在得人。用非其才,必难致治。今所任用,必须以德行、学识为本。"谏议大夫王曰:"人臣若无学业,不能识前言往行,岂堪大任?汉昭帝时,有人诈称卫太子,聚观者数万人,众皆致惑。隽不疑断以蒯聩之事。昭帝曰:'公卿大臣,当用经术明于古义者,此则固非刀笔俗吏所可比拟。'上曰:'信如卿言。'"意思说,太宗对侍从的大臣说:"治国的关键,在于使用合适的人才。用人不当,就必然难以治理好国家。如今,任用人才必须以德行、学识为本。"谏议大夫王珪说:"臣子如果没有学问,不能记住前人的言行,怎能担当大任呢?汉昭帝时,有人冒充卫太子,围观的人达到好几万,大家都不知道该怎么办。后来,大臣隽不疑用古代蒯聩的先例来处理,将那个人逮捕。对此,汉昭帝说:'公卿大臣,应当由通晓经术、懂得古义的人来担任,这本不是俗吏之辈所能相比的。'"太宗说:"确实像你所说的那样。"

太宗认为,只有选拔那些具有真才实学的人来充任各级官吏,才能确保实现天下大治。因此,太宗把举贤荐能、广罗人才作为朝廷刻不容缓的事务来落实,一再叮嘱朝廷重臣不要埋头于浩繁的日常事务,要广开耳目,求访贤哲,选拔和推荐人才。尤其是朝廷的最高决策机构,必须尽快加以调整和补充。在太宗的心目中,高祖时期设立的决策机构,已经不能适应当时形势发展的需要,如果不进行及时的调整和改组,就无法保证朝廷重要政务的顺利高效处理。

太宗首先罢免了高祖时期被重用的一些老臣。第一个被罢免的高官就是右仆射裴寂。

据《旧唐书·裴寂传》中记载，高祖曾经这样对裴寂说："我李氏昔在陇西，富有龟玉，降及祖祢，姻娅帝室。及举义兵，四海云集，才涉数日，升为天子。至如前代皇王，多起微贱，劬劳行阵，下不聊生。公复世胄名家，历职清显，岂若萧何、曹参起自刀笔吏也！唯我与公，千载之后，无愧前修矣。"当初，裴寂家里很穷，只在晋阳宫当一个副监。由于裴寂与高祖交情不错，并参与了晋阳起兵，拥有佐命之勋，所以，在武德时期崇贵有加。但裴寂与太宗之间经常发生矛盾。晋阳起兵后，裴寂多次因政见不同而产生分歧。武德二年（619年），裴寂就曾与太宗在刘文静问题上发生了严重的争执。在太宗与太子李建成斗争时期，裴寂一直站在李建成一边。太宗即位后，就当面斥责裴寂说："计公勋庸，不至于此，徒以恩泽，特居第一。武德之时，政刑纰缪，官方弛紊，职公之由。但以旧情，不能极法，归扫坟墓，何得复辞？"（《旧唐书·裴寂传》）显然，太宗把武德时期的所有错误都归罪到了裴寂身上。这对于裴寂来说虽然不太公平，但裴寂在为人上确实存在很大的缺陷：颇不自爱、贪于酒色、荒于政事，专事挑拨离间，制造了不少纠纷。

但在罢免裴寂的过程中，太宗非常讲究策略，给予了裴寂前所未有的待遇。贞观元年（627年），裴寂食封一千五百户，这个标准高于所有功臣。之后，剥夺了他手中的全部实权，不再让他参与政事。贞观三年（629年），长安城发生了沙门法雅妖言惑众事件。经过调查，裴寂居然与和尚法雅有来往。太宗为此大怒，果断地罢免了裴寂的官职，并削去一半食邑，放归故乡。但裴寂上表乞求留在京城,一直不愿离去。"太宗大怒,长安令王文楷坐不发遣,令笞三十。公进谏曰:'裴寂所为事合万死,令陛下念其旧功,不置于法,唯解其官,止削半封,合流之人尚自给假,况寂放还乡宅。古人云:进人以礼,退人以礼。臣愚以为,文楷识陛下恩贷,见寂是大臣,不时蹙逼,论其此情,未合得罪。'太宗曰:'朕令寂拜埽,岂非礼邪!'乃释文楷不问。"(《魏郑公谏录》)

后来,裴寂唆使他人杀人灭口的事被太宗知道后,勃然大怒,随即给裴寂定了四大罪状:位居三公,竟然与妖人法雅亲近;事情败露后,心怀不满怨恨朝廷,说国家拥有天下,是由你所谋划的;妖人说你有天分,你隐瞒不上报;暗中杀人灭口。唐太宗还非常愤怒地对身边大臣说:"朕杀他不是没有理由。但参议的人多建议流放发配,朕就听从众人的意见吧!"于是,太宗将裴寂贬到静州(今四川省旺苍县)。

罢免裴寂后不久,太宗又罢免了曾经支持自己的礼部尚书陈叔达、尚书左仆射萧瑀、中书令宇文士及等人。这三个人虽然一直跟随支持太宗,但他们思想守旧,跟不上太宗大力振兴大唐王朝的思想,因此,被太宗罢免也是迟早的事。

太宗即位后,罢免了出身于隋朝宗室的中书令杨恭仁,宇文士及接替了他的职位。同时,诏令萧瑀为尚书左仆射,诏令封德彝为尚书右仆射。武德九年(626年)十月,萧瑀和封德彝发生矛盾,不久又当着太宗的面和陈叔达发生了激烈的争吵,于是,太宗以对皇上不恭敬的罪名,同时罢免了萧瑀和陈叔达。

贞观元年(627年),封德彝去世后,太宗诏令太子少师萧瑀为尚书左仆射。九月,中书令宇文士及被罢为殿中监。十二月,尚书左仆射萧瑀因事犯罪被免职。其实,萧瑀、陈叔达、宇文士及三人被罢免，看似犯了错误的原因，而实际上是他们跟不上形势发展的需要，不能胜任本职工作。

太宗虽然罢免了这些旧臣，但对他们依然是礼遇有加。他经常慰劳陈叔达，与陈叔达一起重温过去的情谊。他亲自去慰问生了重病的宇文士及，流着眼泪安慰宇文士及，死后还让宇文士及陪葬昭陵。他称颂萧瑀"守道耿介"，后来将萧瑀的画像安置于凌烟阁，拜为太子太保。

由于罢免旧臣腾下了岗位，太宗因此提拔重用了一批新人。

当初，李世民被高祖立为太子后，就挑选秦王府的一些旧属组建了自己的人才班底。宇文士及为太子詹事，杜如晦、长孙无忌为太子左庶子，房玄龄、高士廉为太子右庶子，尉迟敬德和程咬金为左、右卫率，虞世南为中舍人，褚亮为舍人，姚思廉为太子洗马。这些人，名义上是太子府的属僚，但由于高祖已经宣布，京城所有机要事务暂由太子李世民统一管理，意味着李世民已经掌控了朝政大权，太子府的官员，实际也成了朝廷的官员。

李世民在登基前的武德九年（626年）七月，就宣布调整了朝廷三省六部、禁卫军将领和御史台长官。尉迟敬德、程咬金、秦叔宝等一批秦王府武将，都被任命为禁军十二府将领。李世民又以朝廷的名义，任命房玄龄为中书令，任命高士廉为侍中，任命萧瑀、封德彝为尚书左、右仆射，任命颜师古、刘林甫为中书侍郎，任命杜如晦为兵部尚书，任命长孙无忌为吏部尚书，任命侯君集为左卫将军，任命薛万彻为右领军将军，任命段志玄为骁卫将军，任命张公谨为左武候将军，任命李客师为左领军将军，任命长孙安业为右监门将军。贞观二年（628年）正月，长孙无忌主动请辞后，太宗诏令杜如晦为侍中、摄吏部尚书，诏令李靖为中书令。

十二月，太宗诏令原太子府旧属王珪为守侍中。贞观三年（629年）二月，太宗诏令房玄龄为尚书左仆射，诏令杜如晦为尚书右仆射，诏令李靖为兵部尚书，诏令魏征守秘书监①，共同参与朝政。

经过几年的不断运作，太宗皇帝逐渐完成了对朝廷高层决策机构的调整和改组，为高效处理朝廷的军政大事奠定了人事基础。

4. 改革官制除旧弊

唐太宗登上大唐王朝的皇帝宝座后，便开始思考改革朝廷的官制问题。高祖建立唐朝以来，太宗就开始不由自主地思考一些国家的治理问题。

太宗觉得，自东汉末年以来，整个社会一直处于动荡不安之中，虽然经历了三国、两晋及南北朝等无数次的政权更迭，历朝历代都没实现真正的大治。隋文帝建立隋朝后，积极选拔任用贤能之人，在政治、军事、经济、文化、法律等领域进行了一系列改革，国家开始由战乱不止逐步走向太平繁荣，他所统治的二十年开皇时期被称为"开皇之治"。可隋文帝没把这种改革作为长期的治国方略以制度的方式坚持下去，到了隋炀帝时期，隋文帝的改革成果不断遭到破坏，隋朝的政治、经济和文化等各个方面，都迅速陷入了混乱状态，大隋王朝也由此走向了灭亡。隋炀帝刚刚登基时，隋朝还处于兴盛时期，仅全国储备的粮食，就足够全国人民吃十年。

---

① 秘书监：官名，掌管藏书与编校事务。

但仅仅过了十三年，隋朝就在风起云涌的农民起义的冲击下土崩瓦解，最终落得了灭国的下场。

太宗在总结隋朝灭亡的教训时，归结出两点：一是因为君主昏庸；二是政治体制存在种种弊端。为此，太宗即位后，将确保大唐王朝的长治久安为目标，开始探索和实施顺应社会发展需要的改革策略。

太宗知道，高祖建立唐朝后，就对隋朝的各项制度进行了一些改革。高祖继承了隋朝的制度，朝廷实行尚书、中书、门下三省制，尚书省主要负责行政事务，最高长官是尚书令，尚书省下设吏、户、礼、兵、刑、工六部；中书省主要掌管军国政令，最高长官是中书令；门下省主要掌管出纳王命，长官为侍中。尚书令、侍中和中书令都是宰相，而尚书令的地位最为高贵。高祖的门第观念很重，对贵族出身十分看重，看不起布衣出身的朝臣。因此，唐高祖时期的朝廷重臣，大部分都是贵族，像裴寂、裴矩、萧瑀、封德彝、杨恭仁、陈叔达、窦威等，只有刘文静一个人出身庶族。其实，刘文静的父亲也是官员，勇猛善战，后来战死沙场，刘文静袭任了父亲的官职，被授仪同三司，只是显贵的程度不够。

而太宗即位后，全面对朝廷和地方郡县的机构实施改革。太宗选拔重用了一些资历较浅、品位较低的官员，使宰相班子的人员构成发生了很大变化。太宗的出身虽然显贵，也有比较根深蒂固的门第观念，但他经历了长期的战争洗礼，了解百姓的苦难，同时，又接触和结交了许多来自底层社会的贤能人才。因此，太宗摒弃了高祖的门第观念，按照唯才是举的原则，只要是贤德之人，无论出身贵贱，他都会给这些人安排合适的职位，让他们发挥才干。

太宗即位后重用的张玄素就是庶族出身。张玄素曾被夏王窦建德委任为黄门侍郎，后来归顺唐朝被任命为景城都督录事参军。太宗知道张玄素是一个忠义之人，即位后就向他征询为政之道。张玄素对太宗说："隋朝灭亡的主要原因，是君主亲理政务。而君主亲理政务，口断十事有五条错误即不好办。一日之中，君主不止断十件事，往往口理万机，这样日积月累错误就积存多了，而错误多了国家就要灭亡的。所以，圣上要广用贤良，使各官吏奉职守法，并能安抚百姓，小心谨慎，就会成为一个尧舜也无法相比的君主。"听了张玄素的话，太宗顿觉视野大开，受益匪浅。于是，太宗诏令张玄素为侍御史，不久又擢升为给事中。

另一位庶族出身而被重用的人是张亮。张亮出身贫寒，曾务农为生。参加瓦岗军时为徐世勣部下，归顺大唐后被授定州（今河北省定州市）别驾。后来在房玄龄的推荐下，担任秦王府车骑将军。太宗继位后诏令张亮为怀州（今河南省沁阳市）总管，册封长平郡公。后来历任御史大夫、光禄卿、豳夏鄜三州都督、相州长史、工部尚书、太子詹事、洛州都督，册封郧国公。张亮善于行政，颇得太宗的信任。

太宗注重选拔真正懂得治国方略的人才，然后将他们充实朝廷和地方郡县的行政机构。他总是到处寻求有才之士，一旦发现就破格录用。他没有受到关中思想的影响，在贞观时期位居相位的有二十五人，不是关陇贵族出身的多达十八人。关陇贵族是北魏时期主要籍贯位于陕西关中和甘肃陇山周围的门阀军事集团的总称，当时为了保障首都平城的安全，在今天的河北北部、内蒙古南部建立了六个军镇，合称六镇。在最初的时候，六镇将士大部分都是鲜卑的贵族，还有一部分是汉族的豪强，到了后期，汉族慢慢成了六镇中数量最多的民族。这些人定居关中，各种民族互相通婚，慢慢地就形成了关陇贵族集团。西魏、北周、隋、唐四代的皇帝都出自于这个集团。

太宗大力推行改革官制方略，充分借鉴了高祖的改革经验。太宗也像高祖一样，沿用了自魏晋以来形成的三省制度，但对这一制度进行了适当的改革。他设立了新的宰相制度，重新对三省的职权及相互制约关系做出了明确规定，使君权得到进一步加强，各部门之间互相监督、互相促进的制度更加完善。这种新的宰相制度，有效割除了朝廷权力机关的种种弊端。

太宗重新确立的三省制度，包括尚书省、中书省和门下省。尚书省是行使朝廷权力的最高行政机构，长官为尚书左、右仆射，下辖吏、户、礼、兵、刑、工六部。太宗组建的最初班底中，尚书省由素有"房谋杜断"之称的房玄龄、杜如晦二人分任尚书左、右仆射。这二人对太宗非常忠诚，也深得太宗信任，对他们的重用，有力保证了太宗的旨意能够得以顺利传达和贯彻。

中书省主要负责领受皇帝旨意，制定国家大政方针，因此称"中书出诏令"。中书省的长官为中书令，下属中书舍人数名，主要负责草拟诏敕策命，进奉章表供皇帝审阅。由于皇帝不可能考虑到每一项政策的细节问题，中书省在制定国家大政方针时起着非常重要的作用，尤其涉及新颁布的政策是否顺应人心。因此，中书令往往由德贤兼备者担任，隋末幽州（今北京市及周边一带）司马温彦博就曾担任这一职务。

门下省属于监督机关，主管封驳审议中书省所拟定的诏敕。门下省的长官是侍中，下属由若干名给事中组成。门下省有权对中书省制定的诏敕提出不同意见，甚至有对皇帝诏书奏还的权力，因此称"门下掌封驳"。三省之中，中书省与门下省既相互配合又相互制约，被太宗称为"机要之司"。

三省制度经过太宗的改革，尚书左右仆射、中书令和侍中均为宰相。为防止大臣专权，保证政策的公平合理，太宗还主张通过增加宰相人数来达到集思广益、分散权力的目的。由多人组成的宰相集团，在议事时往往会各抒己见，这样便很难在讨论国家大事时形成统一，最终只能形成多种意见，上报皇帝裁决。这样，讨论、封驳、执行功能各司其职，有效减少了决策的失误。太宗的官制改革，不仅保证了国家大事的决定权牢牢控制在皇帝手中，也巧妙地解决了君权与相权的争端问题，使朝廷作出的决策更具全面性和正确性。

太宗在大力改革朝廷行政机构的基础上，对地方郡县也不失时机进行了相应的改革。太宗采取了大加并省的措施，下令省并州县，地方只设州、县二级，取消郡一级。实施并县策略，有效增加了每个州县的辖区和人口数量，减少了官吏人数，因此大大减少了朝廷行政开支，提高了地方官府的工作效率。

太宗还根据山川形势，将全国划分为十道，分别是关内、河南、河东、河北、山南、陇右、淮南、江南、剑南、岭南。朝廷经常派出黜陟大使、风俗使、观察使去各地巡察，来考察地方官员的政绩得失，确保朝廷的政令畅通。

5. 静民重农强根基

李世民即位后，曾心情非常沉重地对尚书左仆射萧瑀说："国家未安，百姓未富，且当静以抚之。"（《资治通鉴·唐纪》）意思说，国家尚未安定，百姓并不富足，暂且应当休养生息，安抚他们。由此，太宗制定了一系列抚民政策，想方设法发展生产、恢复经济。

当时，人口过少是太宗面临的重大问题。隋朝开皇年间的最兴盛时期，全国户数达九百多万户，人口达四千六百多万人。而据《旧唐书》中记载，隋朝末期，受农民起义此起彼伏、连年争战不已的严重影响，人口出现了急剧减少的状况，在唐武德七年（624年）的人口调查中，唐朝仅有二百一十九万户，还不足隋朝鼎盛时期的四分之一。即使是生产最发达的黄河下游地区，也出现千里无人烟的惨状；而人口最集中的关中（今陕西省中部一带）地区，户数也减少近一半。

太宗深知人口是发展农业生产的根本保障，为此，他积极采取多项措施增加大唐王朝的人口数量。贞观元年（627年），唐太宗诏令颁布《令有司劝勉民间嫁娶诏》，奖励婚嫁，鼓励生育。诏令规定法定的婚配年龄为男子二十岁，女子十五岁。鼓励丧期已过的寡妇再次婚嫁，失去妻子的鳏夫再次婚娶。对于达到法定年龄但因经济困难而无法成婚的男女，亲属、邻居以及当地富裕人家都有对其资助的义务。太宗还规定：将户口增加和婚嫁是否及时，作为考核地方官员政绩的一项指标，对那些能促使婚配及时、鳏寡数少、户口增加的官员，考核时的政绩列为上等。贞观三年（629年），太宗诏令颁布《赐孝义高年粟帛诏》，其中规定，如果妇女生男孩，赐粟一石。

除了诏令颁布鼓励生育政策外，太宗还鼓励外流人口返乡，并以金帛来赎买被掠人口。这一政策的实施，很快从周边少数民族地区招回了大量人口。贞观三年，户部上奏的资料显示，唐朝人口增加了一百二十多万人。这些增加的人口，大多是从塞外归来的中原百姓。这些回归的人口，由朝廷统一在边境地区新设州县进行安置，鼓励他们安心从事农业生产。贞观四年（630年），太宗不惜花费重金，赎回了当初因隋末大乱而流落东突厥的八万人口，让他们回家团圆。后来，又陆续从薛延陀部、乌罗护部等西部部族中，赎回了大量被掠去的中原地区人口，并积极争取周边各少数民族归附唐朝。

太宗即位之初，还释放了长安城和洛阳城宫中的三千多宫女出宫，鼓励她们成家生子。贞观二年（628年）九月，太宗诏令大理少卿戴胄、给事中杜正伦等在掖庭①西门再次释放宫女近两千人。所释放的宫女能够自由婚配，对人口的增长起到了积极的促进作用。同时，太宗还提倡僧尼还俗参与嫁娶，并鼓励逃户回归家乡，想方设法增加人口数量。

这些政策的实施，有效促进了人口的快速增长。到贞观二十三年（649年）时，全国在册户籍数已达三百八十万户，比贞观初年增加了约一百六十万户。太宗在《赐孝义高年粟帛诏》中说："登九五，不许横役一人，惟冀遐迩休息，得相存养。""帝王所欲者，放逸；百姓所不欲者，劳弊。""劳弊之事，不可施于百姓。""朕终日孜孜，非但忧怜百姓，亦欲使卿等长守富贵。"从这些诏令可以看出，太宗非常重视实施"静为农本"的治国方略。

太宗不仅是"静民"政策的制定者，更是"静民"政策的落实者。太宗在大力增加人口数量的同时，又积极推行并改革了均田制和

---

① 掖庭：也称掖廷，意为宫中旁舍，就是妃嫔居住的地方。

拓殖垦荒政策。太宗清楚地认识到，要想抚民以静，就必须让百姓有田可种。百姓有足够的农田可以耕种，才能让农民真正实现衣食无忧。

唐初时期，由于人口锐减，土地闲置过多，为实行均田制创造了条件。武德七年（624年）四月，高祖颁行新律令，积极鼓励狭乡人口迁往宽乡居住、耕种。新律令还包括了均田令，规定国家分配给每位男丁耕田一顷，这一顷田有十分之二的产权归个人所有，其余十分之八为口分。男丁死后，他所拥有的十分之二的产权可以让家人继承，而口分的十分之八归国家所有，再由官府分给其他人耕种。但因当时高祖封赏太滥，产生了官职田过多的现象，导致农民往往授田不足或根本没有授田，均田令虽然颁布了，但没有真正施行起来。

太宗即位后，开始真正落实均田令。为防止施行均田令后，再出现农民无田可耕的现象，太宗还下令禁止民间私自大量倒卖耕地。为奖励农民拓殖垦荒，扩大均田范围，太宗以身作则，多次主动废弃皇家苑囿，把这些土地分给当地农民耕种。

贞观二年（628年），太宗诏令，无论是灾民流民，还是那些有少量耕田但又不够耕种的农民，在迁居宽乡后，地方官必须妥善安置，并把安置情况作为政绩考核的一项内容记录在案，作为今后升迁或降职的依据。

贞观十一年（637年），重新修订颁布的《唐律》明文规定：凡是移民垦荒，可以得到减免租税的优待。宽乡占田超过限制者，可以不按违反律令处理。《唐律》还规定，如果官员不按赋役令执行，就要受到"徒二年"的刑律处分。

在注重恢复和发展农业生产的同时，太宗还非常重视实施"屯田制"。屯田制就是在和平时期利用士兵或农民耕种荒废田地的制度。屯田制的有效实施,确保了并州(今山西省太原市)、代州(今山西省代县)、朔州(今山西省朔县)等边境地区的军粮供应。

太宗即位后,采取了轻徭薄赋的政策。太宗以身作则,提倡去奢省费,注重节俭,不但不在农业生产的农忙时节抽调农户服役,还提出如果没有特殊需要,不再兴建大型工程。《贞观律》中规定:凡是因为国家建设而必须征用人力的行为,必须依照《营缮令》提前做出征用人数的预算,然后上报尚书省批复同意才能征役。如果没有上报,私自征役或者在人数上弄虚作假,官员和贪污受贿同等获罪。太宗曾对身边的大臣说:"自古帝王凡要大兴土木,必须合乎人民的意愿。以前大禹开凿九山、浚通九江,耗费巨大人力,却无人埋怨,就是因为合乎人民的共有利益与意愿。秦始皇营造宫室而招致非议,就是因为他为了满足私欲,而不与民众共享。我最近想建造一座宫殿,材料已经准备齐全,但想到秦始皇的教训,又不得不作罢。大凡雕镂器物、珠玉服玩之类,如果肆意追求、骄奢淫逸,那么离灭亡就为期不远了。因此,自王公以下,住宅、车服、婚嫁、丧葬等,凡是按照官位品级规定不该享用,应一律禁止。"

贞观二年(628年),关中发生大旱,太宗看到农田中的庄稼几近干枯,不由心急如焚。为鼓励农民抗旱救灾,他带上农具,亲自参加了引渭水灌溉农田的生产劳动。旷日持久的旱情又引发了遮天蔽日的蝗灾,百姓苦不堪言。太宗得知蝗灾导致庄稼颗粒无收,又亲自来到田间视察受灾情况。他随手捉住一只蝗虫说道:"百姓辛苦种田,就是为了收取这些稻谷,但现在这些稻谷都被你们吃了，你们这不是坑害百姓、要百姓的性命吗？百姓有什么过错？假如真有过错就让我一人来承担吧！你们如果有灵性，哪怕来吃我的心都行，但不要再坑害百姓了。"说完，他把这只蝗虫吞入腹中。

这场旱灾，让太宗认识到兴修水利是实现粮食丰产丰收的根本保证。为了以法律手段保护江河与堤防的合理使用，太宗诏令专门制定了《水部式》，将水利与水运以法律形式加以规范。太宗诏令，凡违反《水部式》规定的失职官员，必须严肃从重处理。

贞观二年（628年），大理少卿戴胄建议说："人口大量减少，百姓上交的粮食仅仅能够维持平衡，国家仓库很难有余粮，一旦遇到灾荒之年，将没有粮食可用。应该效仿隋文帝的做法兴办社仓，每年秋收时根据田亩抽取一定数量的粮食，储存在社仓中。一旦遇到灾荒之年，再由所在州县下发，用以救济灾民。"太宗采纳戴胄的建议，诏令在每个州县都设置义仓，对耕田之农按照每亩每年征收义粮两升的办法征收义粮，储存于义仓之内，以备灾年之需。

太宗大力推行的静民、重农政策，为创造"贞观之治"的辉煌伟业奠定了坚实的物质基础。

6. 兴办学校育贤才

唐太宗积极倡导和大力支持兴办各类学校，加快人才的培养步伐。由于太宗的高度重视，贞观年间的办学之风颇为盛行，有力地推进了唐朝的学校教育逐渐走向完备。

贞观年间兴办的学校,主要分为官学和私学两大类。官学又分为朝廷下属的学校、州县下属的学校和特殊教育学校。据《旧唐书·列传》中记载:"于国学增筑学舍一千二百间,太学、四门博士亦增置生员,其书算合置博士、学生,以备艺文,凡三千二百六十员。其玄武门屯营飞骑,亦给博士,授以经业;有能通经者,听之贡举。是时四方儒士,多抱负典籍,云会京师。俄而高丽及百济、新罗、高昌、吐蕃等诸国酋长,亦遣子弟请入于国学之内。鼓箧而升讲筵者,八千余人。济济洋洋焉,儒学之盛,古昔未之有也。"就是说,在太宗的支持下,朝廷为扩充国学增建校舍一千二百间,学生总数三千二百六十多人。后来,学员还包括大量的高句丽、百济、新罗、高昌、吐蕃等周边国家的子弟,总数达八千余人。因此,长安成了国内教育中心和文化传播基地。为繁荣办学,太宗还诏令"许百姓任立私学",就是允许百姓任意办学,不加禁止。

太宗即位伊始,就诏令将国子学从太常寺中独立出来,改为"国子监",主要负责为国家培养人才。国子监号称三监[①]之首,是全国的最高学府,其下又设国子学、太学、四门学、律学、书学、算学等六种学校。学校的差别,与学生资荫身份有关。能够进入国子学、太学、四门学三种学校的学生,分别是三品、五品、七品以上官员的子弟;能够进入律学、书学、算学三种学校的学生,是八品以下官吏的子弟,但名额不多。同时,朝廷还在门下省设置弘文馆,在东宫设置崇文馆,专门招收皇亲国戚及朝中重臣的

---

① 三监:官署名,指国子监、少府监、将作监。

子弟入学。

国子监的课程有明确的规定。国子生、太学生、四门生学习儒家经典；律学、书学、算学学生则学习专门技术。国子监招收的生员有明确的规定。国子学生员有三百人，太学有五百人，四门学有一千三百人，律学有五十人，书学、算学各有三十人。国子监生员的年量有明确规定。国子学、太学、四门学的入学年龄为十四岁至十九岁，律学、书学、算学的入学年龄为十八岁至二十五岁。国子学生、太学生、四门学生入学后，要根据将来考进士科还是考明经而分科学习。学习的儒家经典分为大中小三种：《礼记》《左传》为大经；《诗经》《周礼》《仪礼》为中经；《易经》《尚书》《公羊传》《谷梁传》为小经。通三经者，大、中、小经各一；通五经者，大经皆通，余经各一；《孝经》《论语》则都要掌握。这与进士、明经科的考试要求，基本一致。学校每年向礼部荐送参加科举考试者。如学业不佳而多年不堪荐送，或荐送后屡年落第，则往往要被学校解退除名。

为推进科学有序地办学，太宗为学校建立健全了监督制度。国子监设祭酒一人、司业二人，掌管全国各种教育政策，是教育部门的最高官员。国子监长官为国子祭酒，主持政务。为保证国子学、太学、四门学、律学、书学、算学等六种学校教学活动能够真正实施，均设有博士、助教多人。在地方开办的学校中，还有京都、都督府、州、县等级别区分，朝廷主要设立州学和县学。如果学生在县学成绩优良，就可由地方保送参加常举考试。如果经州学考试合格，则直接送到中央参加常举考试，俗称"乡贡"。只要在"乡贡"中合格，就可获得候补做官的资格。

太宗还将医学作为了办学的重要学科，推进医学健康发展。

太宗即位后便诏令，置"医学博士一人，从九品上。掌疗民疾。"（《新唐书》）贞观三年（629年），太宗又诏令："贞观三年，置医学，有医药博士及学生。"（《新唐书》）太宗下令在各州均置医学，掌管医药博士，负责培养医药学生。

太宗是一个尊医知医的皇帝，也是一个以医理来医国的皇帝。太宗读医书知医理，改律令废严刑。《新唐书》中记载：贞观四年，"太宗尝览《明堂针灸图》，见人之五脏皆近背，针灸失所，则其害致死，叹曰：'夫棰者，五刑之轻；死者，人之所重。安得犯至轻之刑而或致死？'遂诏罪人无得鞭背。"

当时，有一部非常有名的中医针灸著作叫《明堂人形图》，作者为甄权。甄权是隋末唐初时期的著名医学家，善于针灸。唐高祖武德四年（621年），当时的秦王李世民派李袭誉出任潞州（今山西省长治市）总管。当时，朝廷聘请一些医生为征士，甄权就是李袭誉随行的征士之一。一天，甄权把他精心绘制完成的《明堂人形图》拿给李袭誉看，但因为李袭誉不懂针灸，就没当一回事。一次，鲁州刺史深受风患之苦，手臂无法拉弓，遍寻名医无人能治。后来找到甄权为他诊治，甄权在刺史的肩隅穴一针扎下，立即能拉弓射箭了。另一位深州刺史突然患病，脖子肿大且喉管闭塞，三日水米无法下咽，甄权在其右手次指之端扎针，气息即通，隔天饮食正常。此后，他的《明堂人形图》一下子出了名，也让李袭誉对针灸的神效印象深刻。

贞观初年，太宗诏令李袭誉为少府监。一天，李袭誉向太宗详述了《明堂人形图》之妙。太宗听了，非常高兴，便诏令李袭誉对甄权的《明堂人形图》加以校订、充实。贞观四年（630年），由《明堂人形图》修订而来的图文并茂的《明堂针灸图》呈到太宗手中。

太宗看了《明堂针灸图》后，发现人体的胸、背部是五脏经脉穴道集中之处，而臀部穴位则较少。太宗由此联想到，鞭打的刑法中，在隋唐时有五刑，分为死、流、徒、杖、笞。其中笞刑是最轻的，是以竹板或小荆条抽打背部或臀部，从十下至五十下，分为五等。笞刑虽最轻，却隐藏危机，鞭背有可能将犯人误打致伤残或死亡。因此，仁厚的太宗皇帝为避免打死罪犯，就下令衙门中只可打臀部，不可以打胸、背部。从此，公堂之上责打犯人都只棒打臀部。

贞观五年（631年）后，太宗在闲暇之余多次到国子监参加每年春秋的"释奠"大典，并亲自听讲经义。贞观十四年（640年），太宗在国子监参加大典时，特意邀请国子监祭酒孔颖达讲解《孝经》。孔颖达还为唐太宗敬献了《释奠颂》，得到了太宗的称赞。

太宗倡导大力兴办医学，就是为满足人们的看病治病需求提供医学方面的专业人才保证。

为提高国子监的影响力，太宗任命众多的儒学名家担任学官。太宗诏令经学大师孔颖达为国子监司业，后来又拜为国子监祭酒，成为国子监的最高学官，掌教长达十年之久。太宗又诏令经学家马嘉远为太学博士，后又拜为国子博士。太宗还诏令名儒王恭为太学博士。王恭最初只是一名私塾教师，太宗听说他的名声后，立即重用了他。经学家马才章通过房玄龄的推荐，被太宗诏令为国子助教。

贞观时期，太宗诏令将《五经定本》《五经正义》定为全国统一教材，免费在国学内使用，从而解除了国学师生无本可依、无所适从的尴尬局面。

在太宗的重视支持下,儒学得到空前发展。当时的长安城内,不仅有数目庞大的唐朝学生,还有相当数量的高句丽、百济、新罗、高昌、吐蕃等周边国家派来的留学生。太宗统治下的贞观时期,形成了学风大盛、贤才云集、文治勃兴的繁盛局面。

7. 选人推行科举制

为扩大选拔人才的渠道,使更多的有才之士参加政权,唐太宗沿用并且发展了隋朝的科举制,通过科举考试来选拔人才。

其实,科举制源于汉武帝时期的察举制。察举制是由公、卿、列侯、刺史、郡守、国相经过考察,将一些符合朝廷要求的人才推荐出来,供朝廷直接任用或经过一定形式的考核再加以任用。察举制任用官吏,先由皇帝下诏,令三公九卿、地方郡守等高级官吏,按照一定的标准,把各地品德高尚、才干出众、学识渊博的平民或下级官吏推荐给朝廷,由朝廷直接任官,或经过某种形式的考核直至皇帝亲自策问后择优录用。察举制中的"策问",就是中国最早的用科举制选拔人才的方式。据《汉书·董仲舒传》中记载:"武帝即位,举贤良文学之士前后百数,而仲舒以贤良对策焉。"就是说,元光元年(前134年)五月,汉武帝诏贤良对策,全国各地所推举的贤良共一百人到京城参加对策。其间,有一个叫董仲舒儒生表现极其优异。汉武帝策问三次,董仲舒对策三次,汉武帝一次非常满意,将董仲舒划定为一百人中的第一名。汉武帝与董仲舒之间的策问和对策,后来成为著名的《天人三策》。

在《天人三策》中，董仲舒系统地提出了"天人感应""大一统学说"和"诸不在六艺之科、孔子之术者，皆绝其道，勿使并进""罢黜百家，独尊儒术"的主张，并被汉武帝所采纳，使儒学成为大汉王朝的正统思想。董仲舒也因此成为科举制选拔人才的第一个受益者。

但从东汉开始，科举制一度销声匿迹。到了隋开皇七年（587年），隋文帝才重启利用科举制选拔人才。文帝诏令，各州每年可选送华美文章若干，从中选拔三名贡士，由州保荐应秀才科，接受特别考试进入仕途。开皇十九年（599年），文帝又诏令五品以上文官、地方总管刺史举荐德才兼备之人入朝为官。尤其是大业三年（607年），隋炀帝诏令按照十科举荐人才，其中一项就是文才秀美，也称进士科，完全按照考试成绩来选拔人才，标志着科举制的正式诞生。

太宗即位后，在崇尚儒学选拔任用人才的同时，又秉承隋朝经验，开始实行科举制。从此，科举制逐渐代替门阀制，成为选拔人才的唯一标准。

太宗推行的科举制，是在隋朝科举制的基础上加以改革和完善而形成的，主要分为常举和制举两种。常举每年举行一次，除进士科以外，还设置秀才、明经、明法、明字、明算等多种科目。不在学的儒生可自行向州县报考，学馆的生徒则可以直接报考，经州县选拔合格后再送朝廷参加考试。常举的应试者通常为进士、明经两科。进士考试内容侧重诗赋和时务策论，明经考试则侧重儒家经典的记诵。

贞观八年（634年），太宗诏令进士加试读经史一部，说明在诸科中，进士科的地位开始突出。

制举主要是试策，考题通常由皇帝临时决定。科举制名目繁多，包括直言极谏科、文辞清丽科、贤良方正科、武足安边科、博学通艺科、军谋越众科等。科举制是一种网罗非常人才的考试，平常人和官吏都可以应考。考中者，原是官吏的立即升迁，未入仕的则由吏部授予官职。

为选拔出更多的人才补充官缺，太宗改革了隋朝的考试时间制度，采取四季均开科考的办法。由于一年四季都考试过于劳苦，贞观十九年（645年），中书令马周向太宗提出建议，应该仿照隋朝科举制，将考试时间定为每年冬天十一月开始，第二年三月结束。太宗采纳了马周的建议，并诏令在洛阳开设考点，为关东士子就近考试提供方便。

贞观年间实行的科举制，是进士科发展的重要时期。到贞观后期，太宗又提高了进士科的晋身之阶，增加了进士科入选名额。这些措施，对唐朝前中期的科举制起到了重要的推动作用，进士科也成了当时的热门科目。虽然进士科录取非常严格，录取率仅为1%—2%，而明经科的录取率高达20%，相当于进士科录取率的十倍，但考生都愿意参加进士科的考试。由于参加进士科考试的人数多，而且录取率比例较低，人们就把考取进士比作"登龙门"。当时，学子中流行"三十老明经，五十少进士"的说法，意思是在考上明经科学子的人中，三十岁已经显得很老了，但对于进士科来说，五十岁在被录取的人中还算是年轻的。由此可见，考取进士的难度非常高。对于进士科来说，从少年考到白头，终生未中、老死科场的大有人在。

为顺利考取进士，当时有"求知己"和"行卷"的做法。所谓"求知己"，就是在考前或者考试期间四处拜访公卿王侯，以便得到这些公卿王侯的赏识，让他们向主考官推荐自己。但这些公卿王侯不是谁想见就能见的，那些没有熟人的考生，就干脆跑到官僚的车马前跪献文章。所谓"行卷"，就是考生把自己的文章制成精美画轴，然后献给名流学者或达官贵人，让他们通过各种途径向主考官推荐自己。

当时，"行卷"的做法很管用，因"行卷"而飞黄腾达的大有人在。唐朝著名诗人白居易到长安应考时，就曾向著名诗人顾况"行卷"。据说，当时顾况根本没有听说过白居易的名字，他打开画轴时，看到白居易的姓名开玩笑地说："米价方贵，长安居大不易。"可当顾况看到白居易"行卷"的第一篇《赋得古原草送别》时，非常吃惊。尤其他读到"野火烧不尽，春风吹又生"一句时，情不自禁地称赞道："能做出如此锦绣诗篇，'居'长安也是非常'易'的事情啊！"从此，他四处赞扬白居易的才华。"行卷"的做法虽有徇私舞弊的嫌疑，但不可否认的是，这种做法只有靠考生努力创作高水平的作品才能生效。

贞观时期，考中了进士叫"及第"。第一名叫状元，第二名叫榜眼，第三名叫探花。但是，考取进士并不能代表真正做官。在唐朝考中进士，只能说明你取得了做官的资格，要想真正走入仕途，还需要通过吏部的考试，即通过"选试"。"选试"内容有四项：一是五官端正，身材挺拔；二是言词清楚，条理分明；三是文字美观，书写流畅；四是见解独到，能力出众。"选试"合格的进士，才有资格呈请皇帝授予官职。

进士考试，主要考察考生的文章诗赋。考生考取进士后，须经复试。如果考生不通经史，也会被考官淘汰，不能成为朝廷官员。相对于进士科来说，明经考的内容比较简单。考试时，考官先把经书中的一些字句遮住，然后让考生填空，只要填对就能录取。

贞观二十二年（648年），已经考取进士的张昌龄、王公瑾等考生参加复试时，吏部考功司员外郎王师旦主持此次考试。当时，张昌龄、王公瑾的名气很大，甚至连太宗皇帝都知道他们。可出人意料的是，张昌龄、王公瑾却因答不上经史的题目而被淘汰。考试结束后，太宗特意向王师旦询问张昌龄、王公瑾落榜的原因，王师旦非常严肃地回答说："他们虽然善写诗赋，但文笔轻薄浮艳，今后肯定成不了大才。如果录取他们，后面的考生将争相仿效，这样就会改变陛下提倡的朴实文风。"

太宗认为，科举制虽然有许多弊端，但普及性强，相对公平，对读书人来说算是有了奋斗的目标。许多出身贫寒的人，都通过科举制得到了高官厚禄，甚至还有机会担任尚书、宰相这样的高官，改变了魏晋以来国家选才由贵族垄断的局面。这种选人用人机制，有力地促进了以才选官局面的形成。太宗大力推行科举制，使天下贤才公平地得到了为唐朝效力的机会，从而巩固了朝廷集权。

由于科举制的有效实施，贞观时期出身寒门的宰相人数也迅速增加。贞观后期的宰相李义府就出身于贫寒。他一度担心自己出身贫寒而无法参与政事，因此写了一首《咏乌》："日里飏朝彩，琴中伴夜啼。上林如许树，不借一枝栖。"太宗看到李义府的这首诗后，非常严肃地回答他说："我愿意把整棵树都借给你，权力哪里只是一枝啊！"后来，李义府果然通过科举考试成为宰相，进入了朝廷的权力中心。

由于太宗皇帝的强力推行科举制，科举出身成了人人追求的目标，也成为官员值得炫耀的资本。那些位极人臣的高门贵族，如果不是进士出身，反而会觉得脸上无光，也会在社会上遭到人们的白眼。这种不拘一格任用人才的做法，无论关陇贵族、还是草莽英雄，无论山东贵族、还是民间寒士，都有了施展自身才华的机会。一次，唐太宗登临端门，看到新科进士结队而出，不禁笑逐颜开，高兴地说："天下英才都落入我的手中了。"毫无疑问，科举制为开创"贞观之治"的宏伟大业打下了坚实的人才基础。

第五章　知人善任，贤臣良将来聚首

1. 魏征为镜明得失

　　提起魏征，许多人都会想起唐太宗评价他的经典话语："夫以铜为镜，可以正衣冠；以古为镜，可以知兴替；以人为镜，可以明得失。魏征没，朕亡一镜矣！"（《旧唐书·魏征传》）就是这样的评价，将魏征和唐太宗紧紧地联系在了一起，为后人津津乐道。

　　魏征，字玄成。早年参加瓦岗起义，归顺唐朝后，被高祖诏令为太子洗马，辅佐太子李建成。

　　太宗即位后，非常爱惜他的才能，又觉得他是一个正直的人，便诏令他为尚书右丞。不久，有人告魏征结党营私，太宗随即诏令御史大夫温彦博进行调查，确认为诬告，查无此事。不过，温彦博向太宗上奏时说："征为人臣，不能著形迹，远嫌疑，而被飞谤，是宜责也。"（《新唐书·列传》）意思说，魏征作为一个臣子，应该使自己的行为显明，他不能远避嫌疑，以致遭受这些没有根据的诽谤。虽然没有私情，也应当受到责备。

太宗觉得温彦博说得有道理，就让他给魏征传话："从今以后不得行迹不明。"魏征收到太宗的口谕后，立即入朝对太宗说："臣闻君臣同心，是谓一体，岂有置至公，事形迹？若上下共由兹路，邦之兴丧未可知也。"（《新唐书·列传》）意思说，臣听说君臣一心，如同一个整体。置国家大事于不顾，一味追求行为显露痕迹，如果君臣上下都共同遵循这条道路，那么国家的兴衰就难以预料了。太宗听后，面带愧疚地说："唉，我已经知道我不该这样做！"魏征向太宗行礼说："愿陛下俾臣为良臣，毋俾臣为忠臣。"（《新唐书·列传》）意思说，愿陛下让臣做良臣，不要让臣做忠臣。"太宗不解地问："忠臣、良臣有不同的地方吗？"魏征说："稷、契、咎陶就是良臣，龙逢、比干就是忠臣。良臣使自身获得美名，君主得到光耀的称号，子孙世代相传，福禄无边。忠臣自身遭祸被杀，君主陷于愚昧、凶暴的境地，国破家亡，只得到一个忠臣的空名。从此说来，忠臣、良臣相差就远了。"太宗深受感动，随即赐给魏征绢五百匹。

贞观三年（629年），太宗诏令魏征为秘书监。魏征上任后，发现各种典章书籍混杂不堪，便奏请太宗同意，招徕学者进行修订。经过多年的努力，最终完成了《隋书·经籍志》，从而确立了典章书籍的经、史、子、集四部分类法，成为继《汉书·艺文志》后，中国现存最古老的第二部史志目录。

贞观三年（629年），高昌王麴文泰准备入京朝见唐太宗，西域各国都想乘麴文泰入朝的机会，派使者给太宗进贡。太宗命麴文泰的使臣厌怛纥干前去迎接西域各国使臣。魏征得知太宗的安排后规劝道："天下刚刚平定，战乱的创伤还未恢复，如果稍有劳役，自己就不得安宁。往年麴文泰入京朝见皇上，所经过的州县，尚且疲于供给，何况又加上西域各国的使臣。假如让西域的人以商人的身份来往，边地百姓就会因此得利。如果作为宾客前来，朝廷就会消耗大量资财而深受其害。东汉光武帝时期，天下已经安定，西域请求设置都护、派遣王子入京侍奉皇上，光武帝不准许，是不愿因为异族而使中原消耗劳力资财受害。现在如果答应十国使者入京进贡，它们的使者不下千人，将使边地各州怎么应付？人的心性各异、头绪万端，过后即使后悔，恐怕就来不及了。"太宗认为魏征提出的意见非常有远见，便追回并取消了迎接西域使臣的诏令。

贞观十年（636年），太宗诏令魏征接替王珪担任侍中，并命他秉公处理那些尚书省久拖不决的诉讼案件。魏征并不精通律法，但他能根据实际情况抓住主要矛盾进行处理，很快将全部积案处理完毕。不久，太宗诏令他为左光禄大夫、郑国公。但魏征感到自己体弱多病，很难应付侍中所担负的事务繁杂，便奏请辞去侍中。太宗巧妙地以金属和工匠作比，恳请魏征留任。太宗说："公独不见金在矿何足贵邪？善冶锻而为器，人乃宝之。朕方自比于金，以卿为良匠而加砺焉。卿虽疾，未及衰，庸得便尔？（《新唐书·列传》）"但魏征还是恳请辞职，太宗只得诏令魏征为特进[①]，但仍负责门下省事务，俸禄、属吏、卫士也与侍中相同。

太宗有一天巡幸洛阳，途中住在昭仁宫。由于对物资供奉不满意，太宗多次批评负责供应的官吏。魏征劝谏道："隋惟责不献食，或供奉不精，为此无限，而至于亡。故天命陛下代之，正当兢惧戒约，奈何令人悔为不奢。若以为足，今不啻足矣；以为不足，万此宁

---

① 特进：官名，位同三公，属于加官，常赐予列侯中有特殊地位的人。

有足邪？"（《新唐书·列传》）意思说，隋朝因为责备郡县不进食物，或是供物不够精美，为此事而无节制，以致灭亡。所以上天命陛下取而代之，正应谨慎戒惧，约束自己，怎能让人因供应不奢侈而悔恨呢！如认为充足，如今就很充足了；如认为不足，比这多一万倍也会不知满足！太宗听了，非常惭愧地停止了这种行为，并真诚地对魏征说："如果没有爱卿，朕根本不可能听到这样的话。"

一天，太宗有些得意地问魏征："现在朝廷比以前的政治如何？"魏征见天下太平已久，皇帝不像以前那么谨慎了，于是说："陛下在贞观初年，引导臣下提出谏议，三年以后，见到前来劝谏的人都能很高兴地听从他的劝谏。可最近一二年，对待有些谏议就有些勉强，甚至有些愤愤不平。"太宗非常吃惊地说："你从哪些事情看出来的？"魏征说："陛下初即位，论元律师死，孙伏伽谏以为法不当死，陛下赐以兰陵公主园，直百万。或曰：'赏太厚。'答曰：'朕即位，未有谏者，所以赏之。'此导人使谏也。后柳雄妄诉隋资，有司得，劾其伪，将论死，戴胄奏罪当徒，执之四五然后赦。谓胄曰'弟守法如此，不畏滥罚。'此悦而从谏也。近皇甫德参上书言'修洛阳宫，劳人也；收地租，厚敛也；俗尚高髻，宫中所化也。'陛下恚曰：'是子使国家不役一人，不收一租，宫人无发，乃称其意。'臣奏：'人臣上书，不激切不能起人主意，激切即近讪谤。'于时，陛下虽从臣言，赏帛罢之，意终不平。此难于受谏也。"（《新唐书·列传》）太宗恍然大悟地说："不是爱卿，没人能说出如此道理，人都是很难自察自己失误的。"

一次，唐太宗违反他制定的十八岁成年男子才须服兵役的规定，诏令征召十六岁以上，十八岁以下，身材高大的男子从军。

魏征表示极力反对，他十分严肃地进谏说："您现在把强壮的男性都抽去服兵役，那么田由谁来种？工由谁来做？您常常讲，我当国君，首先要讲信用，可是国家的法律明明规定，男丁中的强壮者才需要服兵役，您为什么不遵守呢？您这样做，在老百姓面前不是失去信用了吗？"魏征的这一番话，让太宗心悦诚服地说："先生真是我和国家的一面镜子啊！政令前后不一，百姓不知所措，国家是无法治理得好的。"于是，唐太宗立刻下令停止征召十六岁以上、十八岁以下的男子服役，从此对魏征更加信任。

太宗贞观中期，唐朝呈现出经济繁荣、政治安定的太平景象。但魏征始终保持着清醒的头脑，居安思危。他处处为国家利益着想，批评起太宗来毫不客气，太宗对他既尊敬又畏惧。一次，太宗退朝后怒气冲冲地说："总有一天，我要杀了这个乡巴佬！"长孙皇后忙追问怎么回事。太宗说："魏征常常当众顶撞我，使我下不了台，真可恶！"长孙皇后闻言退了出去。过了一会儿，只见她穿着礼服，恭恭敬敬地向太宗道贺。太宗很奇怪，问她贺什么。长孙皇后说："我听说君主圣明，臣子才敢直言进谏。今天魏征敢于直言，就是因为陛下圣明，我怎么能不向陛下道贺呢？"太宗听后，内心一下子明白了。

太宗贞观后期，大唐王朝已趋于大治。群臣为称颂太宗的功德，纷纷上书请太宗到泰山封禅，太宗在一片歌功颂德声中准备前行。这时，又是魏征犯颜直谏道："自从隋末天下大乱以来，直到现在，户口并未恢复，仓库尚未充盈，而车驾东巡，千骑万乘，耗费巨大，沿途百姓承受不了。就好像一个人患病十年，虽已治好，但体力尚未恢复，这时如让他背一石米日行百里，显然是不行的；现在天下的百姓也是一样，隋朝的横征暴敛和隋末的大乱，使天下元气大伤，陛下虽然对他做了悉心治疗和照顾，病情也稳定了好多，身体也开始好转，但依然虚弱，元气还没有恢复。陛下封禅，外国使臣必来祝贺，而如今中原一带，人烟稀少，灌木丛生，万国使者和远夷君长看到中国如此虚弱，岂不产生轻视之心？这种只图虚名，不顾实际危害的事情，陛下怎么能做呢？"听了魏征的劝谏，太宗放弃了泰山封禅的之举。

太宗贞观十七年（643年），魏征病重，卧床不起，太宗亲临魏府探视。不久，魏征病故，时年六十四岁。

2. 长孙无忌是心腹

唐太宗贞观年间，太宗依靠身边的一班文臣武将，把国家治理得井井有条。为让这些功臣得以流芳百世，也好为后世官员树立学习效仿的榜样，贞观十七年（643年），太宗诏令在凌烟阁①画上了他们的肖像，共有二十四人。其中，位列榜首的便是大唐名相、齐国公长孙无忌。

长孙无忌，字辅机。先人最初姓拓跋，是北魏时期的皇室，居宗室之长而又功勋卓著，被北魏孝文帝赐姓长孙。长孙无忌的父亲长孙晟是隋朝的传奇将领，曾担任右骁卫将军。长孙无忌由舅舅、治礼郎②高士廉抚养成人。太宗的父亲李渊还是唐国公时，

---

① 凌烟阁：唐代为表彰功臣而建筑的绘有功臣图像的高阁，位于唐京师长安城太极宫东北隅。

② 治礼郎：官名，掌管礼仪事务。

长孙无忌就与太宗成为"布衣之交",而且来往密切。后来,李渊的二儿子李世民娶了长孙无忌的妹妹为妻,长孙无忌就成了李世民的大舅哥,建立了亦亲亦友的关系。李世民即位后,长孙无忌也就名正言顺地成了国舅。

长孙无忌不仅出身高贵,而且博古通今;不仅精通谋略,而且极擅权变。高祖在太原起兵之后,长孙无忌以会亲为由,前往长春宫(今陕西省大荔县境内)拜谒太宗,而后在李世民的推荐之下,被李渊任命为渭北道行军典签①。从此,长孙无忌开始跟随李世民征战四方。建立唐朝后,被高祖封为上党县公,担任兵部郎中。

高祖武德九年(626年),长孙无忌得知太子和齐王密谋杀害李世民时,立即向李世民报告并强烈建议抢先下手。在得到李世民的同意后,长孙无忌秘密召集房玄龄、杜如晦一起谋划发动事变。玄武门之变当天,长孙无忌与尉迟敬德、张公瑾、侯君集、公孙武达、刘师立、杜君绰、独孤彦云、郑仁泰、李孟尝等支持李世民的众多将士,一起埋伏在玄武门内,一举斩杀了李建成和李元吉,迅速取得了玄武门之变的胜利。李世民被立为皇太子后,随即任命长孙无忌为太子左庶子。李世民即位后,诏令长孙无忌为左武候大将军,并与房玄龄等人一起,被封为一等功臣。不久,长孙无忌又被太宗诏令为吏部尚书,封为齐国公,食邑一千三百户。太宗对长孙无忌礼遇有加,甚至特许他出入内宫。贞观元年(627年)七月,太宗再次擢升长孙无忌为尚书右仆射。

据《旧唐书》中记载:"或有密表称无忌权宠过盛,太宗以表示无忌曰:'朕与卿君臣之间,凡事无疑。若各怀所闻而不

---

① 典签:官名,在各州刺史或诸王身边职掌佐助兼监视等事务。

言,则君臣之意无以获通。'因召百僚谓之曰:'朕今有子皆幼,无忌于朕,实有大功,今者委之,犹如子也。疏间亲,新间旧,谓之不顺,朕所不取也。'"就是说,贞观年间,有些大臣嫉妒长孙无忌,便向太宗密奏他恃宠专权。太宗不但没有怀疑长孙无忌,还把这个密奏直接拿给长孙无忌看,并说:"我与你君臣之间没有一点儿猜疑,如果各人把听到的话放在心里不说,这就会受蒙蔽了。"随后,太宗对大臣们公开说:"我的儿子年幼,无忌为我立过大功,我把他看得跟我儿子一样重要。关系疏远的人离间关系亲密的人,新朋友离间老朋友是不合情理,我不会听取。"

　　太宗的一番话,让长孙无忌备受感动,也让他得以自省,随即奏请辞去尚书右仆射之职,但太宗不允。此时,长孙皇后知道哥哥的奏请后,也劝说太宗准许自己的哥哥辞职。太宗在无奈之下,只得同意长孙无忌辞去尚书右仆射之职,但诏令他为开府仪同三司①。

　　贞观七年(633年)十月,太宗诏令长孙无忌为司空,长孙无忌推辞不受,太宗没有应允。不久,长孙无忌又向太宗奏请道:"臣幸居外戚,恐招圣主私亲之诮,敢以死请。"(《旧唐书》)太宗说:"朕之授官,必择才行。若才行不至,纵朕至亲,亦不虚授,襄邑王神符是也;若才有所适,虽怨仇而不弃,魏征等是也。朕若以无忌居后兄之爱,当多遗子女金帛,何须委以重官,盖是取其才行耳。无忌聪明鉴悟,雅有武略,公等所知,朕故委之台鼎。"(《旧

---

① 开府仪同三司:官名,文散官的最高官阶,从一品。"三司"就是三公三师。太尉、司徒、司空,是为三公;太师、太傅、太保,是为三师;皆正一品。

唐书》）太宗意思是说，我授予官职，一定是要选择才能和品行的。如果才能和品行不满足，即使是我的最近的亲戚，也不会授职给德才不相称的人，襄邑王李神符就是个例子；如果德才满足，即使是与我有怨仇的也不会放弃，魏征就是个例子。我如果因为长孙无忌是皇后的哥哥而喜欢他，那应当会多赏赐他儿女金钱，有什么必要委任他重要官职？这是因为取用他的才能和品行罢了。长孙无忌精于审查明察事理，素来有行兵打仗的才能，各位都是知道的，因此我才委任他重职。

不久，长孙无忌又上表请求辞去司空一职。太宗说："昔日黄帝得力牧而为五帝先，夏禹得咎繇而为三王祖，齐桓得管仲而为五伯长。朕自居藩邸，公为腹心，遂得廓清宇内，君临天下。以公功绩才望，允称具瞻，故授此官，无宜多让也。"（《旧唐书》）太宗是说，我授予你司空之职并不是因为你是外戚，而是因为你的功绩才望堪当这一重任，所以你不必谦让。

贞观十一年（637年），太宗诏令长孙无忌、房玄龄等十四位功臣世袭刺史职位。长孙无忌和房玄龄得知太宗的诏令后，立即上书说："从前我们在一起披荆斩棘，侍奉陛下。现在四海统一，实在不愿远离陛下，让我们世代治理外地州郡，跟流放一样。"长孙无忌和房玄龄等人均推辞不受，太宗只好作罢。贞观十七年（643年），太宗诏令将长孙无忌的画像挂在凌烟阁第一功臣的位置上。

贞观十七年（643），太子李承乾在大将侯君集、汉王李元昌、已故右仆射杜如晦的儿子杜荷等的撺掇下发动政变，试图刺杀三弟李泰，并起兵逼宫。政变失败了，李承乾被贬为庶民。李承乾被废后，太宗与长孙无忌、房玄龄、李勣商议立太子事宜。太宗说：

"我有三个儿子一个弟弟,不知立谁为太子,我心里烦乱得很。"长孙无忌问太宗想立谁为太子,太宗说想立晋王。长孙无忌说:"谨奉诏命,持异议者斩!"太宗对晋王李治说:"你舅舅已答应你当太子了,应该拜谢。"晋王拜谢长孙无忌后,成为皇太子。随后,太宗又委任长孙无忌为太子太师、同中书门下三品①。

贞观中期,太宗对长孙无忌说:"我听说国君圣明则臣子就刚直,人常常苦于不了解自己,你应该当面批评我的过失。"长孙无忌说:"陛下的文治武功超过千古帝王,禀性亲和天道,不是我们臣子比得上的,的确没有看到皇上有什么过失。"太宗说:"我希望指出我的过失,各位爱卿都奉承我让我高兴,我可要评论各位爱卿的优缺点,来告诫各位。"在评价长孙无忌时,太宗说:"爱卿回答问题机警敏锐,会避嫌疑,在古人中,也没有比得上的,但不擅长统帅军队打仗。"

贞观十九年(645年),太宗亲征高句丽时,任命长孙无忌为侍中。太宗班师回朝时,长孙无忌坚决辞去了太子太师一职。贞观二十三年(649年),太宗病危之际,长孙无忌和中书令褚遂良一起书写太宗遗令,并被太宗任命为顾命大臣。太宗弥留之际,对褚遂良说:"我能得到天下,跟长孙无忌的帮助有很大关系。长孙无忌是忠臣,你们二人辅政之后,你决不能听信谗言做出对长孙无忌不利的事情。否则,你就不是朕的臣子。"

太宗驾崩后,太子李治即位,是为唐高宗,诏令长孙无忌为

---

① 同中书门下三品:官名,太宗定制,以中书令、侍中、尚书左右仆射为宰相。从次,宰职不轻以授人,常令他官居相职,给以"参与朝政""参知政事"等名义。

太尉，位居辅政大臣之首。显庆四年（659年），礼部尚书许敬宗等大臣诬告长孙无忌谋反，高宗偏听偏信，罢黜了长孙无忌的官爵，流放黔州（今四川省黔江流域），三个月后被许敬宗逼迫自杀，惨死在宫廷争斗之中。

3. 尉迟敬德好猛将

尉迟敬德，名恭，字敬德。武艺高强、英勇善战，是太宗手下的心腹猛将。尉迟敬德戎马一生，不仅多次易主，还曾是太宗的一个难以降服的对手，但归降唐朝后，对唐朝尤其是对太宗，都表现得忠心耿耿。尉迟敬德堪称穷则独善其身、达则兼济天下的典范。他心怀天下，一度以天下大乱达到天下大治为己任，不断寻找良主，终于遇到了后来成为唐太宗的李世民。

隋大业末年，尉迟敬德在高阳（今河北省保定市境内）参军，为朝廷讨伐暴乱兵众，以勇猛闻名，后被提升为朝散大夫[①]。马邑（今山西省朔州市境内）校尉刘武周起兵反隋，任用尉迟敬德为偏将，跟随宋金刚一起向南进军，攻陷了晋州（今山西省临汾市）、浍州（今山西省翼城县境内）。尉迟敬德推进到夏县（今山西省运城市境内）接应吕崇茂，突袭打败了唐将永安王李孝基，捉拿了独孤怀恩、唐俭等人。

[①] 朝散大夫：官名，授给有声望的文武官员，从五品下，文官第十三阶，至明朝时废除。

据《旧唐书·列传》中记载："武德三年，太宗讨武周于柏壁，武周令敬德与宋金刚来拒王师于介休（今山西省介休市）。金刚战败，奔于突厥；敬德收其余众，城守介休。太宗遣任城王道宗、宇文士及往谕之。敬德与寻相举城来降。太宗大悦，赐以曲宴，引为右一府统军，从击王世充于东都。既而寻相与武周下降将皆叛，诸将疑敬德必叛，囚于军中。行台左仆射屈突通、尚书殷开山咸言：'敬德初归国家，情志未附。此人勇健非常，縶之又久，既被猜贰，怨望必生。留之恐贻后悔，请即杀之。'太宗曰：'寡人所见，有异于此。敬德若怀翻背之计，岂在寻相之后耶？'遽命释之，引入卧内，赐以金宝，谓曰：'丈夫以意气相期，勿以小疑介意。寡人终不听谗言以害忠良，公宜体之。必应欲去，今以此物相资，表一时共事之情也。'"

意思说，武德三年（620年），太宗在柏壁城（今山西省新绛县西南）讨伐刘武周，刘武周命令尉迟敬德和宋金刚到介休抵抗唐军。宋金刚被打败后，逃往东突厥，尉迟敬德据守介休。太宗派遣任城王李道宗、上仪同三司宇文士及去开导他，尉迟敬德和寻相献城投降。秦王非常高兴，为尉迟敬德设私宴接风，并任命他为右一府统军，随即带领他到东都洛阳进攻王世充。后来，寻相和刘武周手下的降将大多叛离了唐军，唐军将领怀疑尉迟敬德也必然叛离，就把他关押起来。行台左仆射屈突通、尚书殷开山说："尉迟敬德刚刚投降唐朝，思想感情还没有归顺。这人非常勇猛剽悍，关押时间太长，又被我们猜疑，必然产生怨恨。留着他只怕会留下后患，应该立即杀了他。"秦王说："我的看法，跟你们不同。尉迟敬德如果怀有叛离意图，怎么会在寻相之后叛离呢？"秦王当即命令释放尉迟敬德，并把他带进自己的卧室，赏赐给他金银珠宝，然后对他说："大丈夫凭着情感志向互相信赖，不必把小小委屈放在心上。我终究不会听信谗言去迫害忠臣良将，你应该体谅。如果你认为应当离开，现在就用这些东西资助你，来表达我们短暂共事的情谊。"

听了秦王的话，尉迟敬德非常感动，当即表示此生赴汤蹈火也要跟着秦王一起干。在秦王释放尉迟敬德当天，太宗带着尉迟敬德等人出去打猎，恰好遇见王世充的大队人马。王世充手下大将单雄信一马当先向秦王奔来，幸亏尉迟敬德拼命护卫，秦王才得以平安突围。随后，李世民率领唐军返回与王世充交战，活捉了王世充的部将陈智略。从此，秦王对尉迟敬德更加信任。

在讨伐窦建德、刘黑闼等战争中，尉迟敬德屡立战功。后来，尉迟敬德又跟秦王攻打徐圆朗，再次立下战功。不久，还是秦王的太宗便任命尉迟敬德为秦王府左二副护军。

毫无疑问，尉迟敬德是太宗最信任的武将，太宗最重要的事情，都有尉迟敬德的参与；太宗最核心的机密，都让尉迟敬德知晓掌握。在玄武门之变中，尉迟敬德更是与秦王一心不二。危急关头，"敬德领七十骑蹑踵继至，元吉走马东奔，左右射之坠马。秦王所乘马又逸于林下，横被所繣，坠不能兴。元吉遽来夺弓，垂欲相扼，敬德跃马叱之，于是步走，欲归武德殿，敬德奔逐射杀之。其宫府诸将薛万彻、谢叔方、冯立等率兵大至，屯于玄武门，杀屯营将军。敬德持建成、元吉首以示之，宫府兵遂散。"（《旧唐书·列传》）意思是，尉迟敬德带着七十名骑兵跟着赶到玄武门，李元吉驱马向东逃跑，被乱箭射下马来。秦王所骑的马跑进树林，突然缰绳挂到树上被绊倒，不能起来。李元吉追上来抢夺弓箭，俯身下去要掐太宗，尉迟敬德驱马上前大声呵斥，李元吉撒腿就跑，想跑回武德殿向高祖求救，尉迟敬德赶上去一箭射死了他。李建成、李元吉的部将薛万彻、谢叔方、冯立等人率领队伍赶来，聚集在玄武门，杀死了屯营将军。尉迟敬德提着李建成、李元吉的首级给他们看，他们都惊慌失措地撤走了。

当时，尉迟敬德射杀李元吉，并把李建成和李元吉的头割下来拿去给他们的部下看，这是一般大臣都不敢干的。毕竟李建成和李元吉一个是太子，一个是齐王，如果他当时出现一丝犹豫，玄武门之变就有可能是另外一种结果。

贞观元年（627年），太宗诏令尉迟敬德为右武候大将军，赐爵吴国公，封食邑一千三百户。贞观三年（629年），太宗诏令尉迟敬德为襄州都督。贞观八年（634年），太宗诏令尉迟敬德为同州（今陕西省大荔县）刺史。太宗十一年（637年），太宗诏令尉迟敬德为宣州刺史，改封鄂国公，后来先后担任历鄜州（今陕西省黄陵县西南）、夏州（今陕西省靖边县境内）都督。太宗十七年（643年），太宗诏令尉迟敬德为开府仪同三司，在凌烟阁画上他的肖像。

尉迟敬德不单单作战勇猛，而且坚持正义，不妄杀无辜。玄武门事变后，他极力劝说太宗饶恕太子和齐王余党，为太宗争取了许多原来忠于太子和齐王的文武之才。

贞观十九年（645年），太宗准备东征高句丽时，已经退职居家的尉迟敬德上表劝谏道："车驾若自往辽左，皇太子又在定州，东西二京，府库所在，虽有镇守，终是空虚。辽东路遥，恐有玄感之变。且边隅小国，不足亲劳万乘，伏请委之良将，自可应时摧灭。"意思说，皇上如果亲自到辽东去，皇太子眼下又在定州，洛阳、长安都是国库所在地，虽然有守卫部队，但兵力还很薄弱。

到辽东路途遥远，令人担心发生意外事故。再说征讨一个偏远小国，不必麻烦大国御驾亲征，把这事交给一位优秀将领，自然可以按时摧毁敌人。太宗虽没采纳尉迟敬德的建议，但诏令他以原来官职的身份行使太常卿职权，任左一马军总管跟随太宗东征高句丽。得胜回朝后，尉迟敬德仍旧退职家居。

太宗之所以一直重用信任尉迟敬德，主要在于他有三个方面的突出特点：一是维护旧主。刘武周明显不是一个雄才大略的君王，自身并没有多大的本事。但尉迟敬德对刘武周忠心耿耿，不离不弃。直到后来刘武周被杀，尉迟敬德才投奔了李世民。在李世民看来，尉迟敬德对刘武周忠诚，也一定对自己忠诚。二是把李世民的性命看得比自己的性命更重要。尉迟敬德跟随太宗后，就忠心维护李世民。当李世民遇到危险时，总是把李世民的性命放在第一位，从来不考虑自己的生死，让李世民感觉到尉迟敬德的忠心耿耿。三是不慕权贵。面对太子李建成的多次招募，尉迟敬德一直不为心动。李建成毕竟是太子，将来就是皇帝。但尉迟敬德从来没进行过利益的比较，始终认定自己是李世民的臣子，一直忠诚于李世民。尉迟敬德的忠诚，也赢得了李世民对他的极力保护。

晚年，尉迟敬德沉迷于道教，学习演奏清商乐曲自娱自乐，十六年不跟外人交往。唐高宗显庆三年（658年），尉迟敬德病故，享年七十四岁。高宗为他举行了非常隆重的悼念活动，三天不临朝理事，通知五品以上的朝廷官员和在京城内的地方官员前去悼念，并诏令追认他为司徒、并州（今山西省太原市）都督，谥号为忠武，不仅赐给棺木，还将他陪葬在太宗的昭陵。

4. 秦琼统领玄甲军

秦琼，出生于山东齐州（今山东省济南市），字叔宝，最初曾在隋左翊卫大将军来护儿[①]帐下当兵，因武艺高强，作战勇猛，深得来护儿器重。秦琼的母亲去世时，来护儿亲自前去吊唁。对此，来护儿的手下将领都非常嫉妒地说："士卒死亡及遭丧者多矣，将军未尝降问，独吊叔宝何也？"（《旧唐书·列传》）意思说，士兵亲人的丧事，将军从来没有过问过，怎么独独吊唁秦叔宝的母亲呢？来护儿说："是子才而武，志节完整，岂久处卑贱邪？"（《新唐书·秦琼传》）意思说，这个人有才略而又勇猛，志向节操完美，哪会长期处在卑贱的地位呢？

因为来护儿看出了秦琼的能力非同一般，才以这样的方式来表示自己对秦琼的重视与信任。得到来护儿的重视与信任后，秦琼得以忠心耿耿地留在来护儿的身边。

隋大业十年（614年），秦琼转为齐郡（今山东省济南市）通守张须陀部下。当时，正赶上卢明月起兵反隋，隋朝派张须陀率领军队去平叛，刚刚到任的秦琼跟随张须陀一起奔赴战场，在下邳（今江苏省睢宁县境内）迎战卢明月叛军。经过一番打探，张须陀发现，卢明月的叛军数量非常庞大，自己所率领的隋朝军队还达不到对方的一半。面对敌众我寡的态势，张须陀只能采取智取的战术进行应对。

[①] 来护儿：字崇善，东汉中郎将来歙之后。早年投奔隋军，累功至上开府、大将军。大业年间官至左翊卫大将军，封荣国公。江都兵变时随隋炀帝一同遇害。

经过一番谋划，张须陀下令将队伍驻扎在距离卢明月叛军六七里远的地方，打算从随军队伍选择一个智勇双全的大将，率领一部分将士去突袭叛军防线。当张须陀说出自己想法后，隋军将士一时陷入沉默之中，没有人敢于接受这个艰巨的任务。正在尴尬之际，从将士队伍中走出两个人来，一个是秦琼，另一个是罗士信。张须陀非常高兴，立即和两位大将讲了自己战术。这个战术就是，张须陀先去进攻卢明月叛军，佯装打不过逃跑。趁着卢明月叛军追击张须陀之机，秦琼与罗士信两人带领队伍冲进卢明月叛军后方，打叛军一个措手不及。

秦琼与罗士信认真贯彻张须陀的作战计划，果然打了卢明月叛军一个措手不及，卢跃明率领败军仓皇逃跑。因为在下邳之战中的优异表现，秦琼不仅被张须陀提升为建节尉，还成为随军队伍中无人不知的年轻勇士。

大业十二年（616年），张须陀奉命征伐瓦岗寨叛军李密所部，秦琼再次跟随张须陀出征攻打李密的瓦岗军。但征战中张须陀不幸败亡，秦琼只好跟随隋军大将裴仁基投降李密。李密早就听说秦琼的大名，看到秦琼投靠自己，立即给了秦琼几千人马，并当即任命他为帐内骠骑。秦琼成为李密部下后，不仅帮助李密取得诸多征战的胜利，还救过李密一命。当时，宇文化及杀掉隋炀帝后，天下共诛之，李密也参与其中。而宇文化及将多兵强，打得李密落花流水。正在李密以为无力回天之际，秦琼及时出现，在宇文化及大军中救了李密一命，并帮助李密反败为胜。

唐武德元年（618年），由于瓦岗军击败了不可一世的宇文化及大军，骄傲自满的李密放松了对王世充的警惕，结果瓦岗军被王世充击溃，李密投降了唐朝，而秦琼无奈之下投靠了王世充，被王世充任命为龙襄大将军，并在王世充帐下认识了程咬金。由于王世充恶习太多，且残忍无度，做事手段比较阴暗，因而引起秦琼的反感，秦琼便对王世充的手下大将程咬金说："世充多诈，数与下咒誓，乃巫妪，非拨乱主也。"（《新唐书·秦琼传》）意思说，王世充为人多诈，屡屡与下属诅咒发誓，简直就是巫婆，并非治平乱世的明王。于是，二人相约去投奔唐朝。王世充知道后，立即追赶秦琼。秦琼见王世充前来追赶，就在马上对王世充说："虽蒙殊礼，不能仰事，请从此辞。"（《旧唐书·列传》）王世充慑于秦琼武艺高强，不敢硬逼。最终，秦琼来到长安归顺了唐朝，被高祖安排在秦王府。

秦王得到秦琼后，心中大喜，立即安排秦琼担任了一个非常重要的职位，就是成为自己三千玄甲军的四大统领之一。玄甲军是秦王在战场上出奇制胜的关键队伍，战斗力和影响力在战场上是无可替代的。秦王让秦琼担任玄甲军的统领之一，无疑是对秦琼的最大信任。在后来的虎牢关大战中，秦琼果然不负使命，给秦王交上了一份满意的答卷。虎牢关大战是大唐建立的关键一战，当时对战的是拥有十几万大军的窦建德。在虎牢关之战中，秦琼奉命率领三千玄甲兵冲入窦建德十几万大军中，靠着三千玄甲兵的勇敢以及秦琼从容指挥，硬是杀出一条血路，以三千人战胜十几万人，创造了唐朝战史上的一个奇迹。

秦琼随秦王镇守长春宫时，担任马军总管。据《新唐书·列传》中记载："战美良川，破尉迟敬德，功多，帝赐以黄金瓶，劳曰：'卿不恤妻子而来归我，且又立功，使朕肉可食，当割以啖尔，况子女玉帛乎！'寻授秦王右三统军，走宋金刚于介休，拜上柱国。从讨世充、建德、黑闼三盗，未尝不身先锋麾阵，前无坚对。积赐金帛以千万计，进封翼国公。每敌有骁将锐士震耀出入以夸众者，秦王辄命叔宝往取之，跃马挺枪刺于万众中，莫不如志，以是颇自负。及平隐、巢，功拜左武卫大将军，实封七百户。"

意思说，美良川（今山西省闻喜县南部）一战，秦琼打败尉迟敬德，立了大功，高祖赏赐他黄金瓶慰劳他说："卿不顾妻室儿女来归附我，今又立功，假如我的肉可食用，定当割下给你吃，何况子女玉帛这类身外之物呢？"不久，秦琼又被授职秦王右三统军，在介休（今山西省介休市）打跑了宋金刚，被封为上柱国。随秦王讨伐王世充、窦建德、刘黑闼，秦琼没有一次不率先冲锋鏖战，前无强敌。由于秦琼作战勇猛，功勋卓著，被秦王奖励金银布匹数以千万计，授左武卫大将军，并被封为翼国公。每逢敌军有骁将精兵出入人前大肆炫耀扬威，秦王就派秦琼前去攻取。秦琼跃马挺枪进击于万众之中，无不遂愿，因此很是自负。及至平定隐州、巢州（今安徽省巢湖市）二地，论功授官左武卫大将军，封给实纳贡赋的食邑七百户。

唐朝建立初期，秦琼被封为上柱国、冀国公，而在玄武门之变后，秦琼变成了正三品的左武卫大将军。"后稍移疾，尝曰：'吾少长戎马间，历二百余战，数重创，出血且数斛，安得不病乎？'"（《新唐书·列传》）意思说，后来秦琼称病告老时曾这样说："我年轻时成长在戎马生涯中，经历二百余战，多次身受重伤，流血将近数斛，哪能不病呢？"

贞观十二年（638年），秦琼因病去世。死后，太宗赠封徐州都督，陪葬于昭陵。太宗还诏令官署雕塑石人石马立在他的墓前，以表彰他的战功。贞观十三年（639），太宗又改封他为胡国公。

贞观十七年（643年），太宗命将作少监[①]阎立本画秦琼等二十四名功臣的画像挂入凌烟阁，供后人怀念景仰。

5. 李靖掌军建功勋

李靖，字药师。身材魁伟，容貌端秀，少年时就有文韬武略。他常常对亲近的人说："大丈夫如果遇到圣明的君主和时代，应当建立功业，以便求取富贵。"李靖的舅舅韩擒虎是隋朝的名将，每次与李靖谈论用兵的事，总是夸奖李靖说得精辟，韩擒虎也总是抚摸着李靖说："可以在一起谈论孙子、吴子的兵法的，只有你这个人了。"李靖起初在隋朝任长安县（今陕西省西安市境内）功曹[②]，后历驾部员外郎。

隋大业末年，李靖在马邑（今山西省朔州市境内）担任郡臣。当时，他通过多种途径竟然敏锐地察觉到，正在塞外抗击突厥的唐国公李渊有不臣之心，正在密谋起兵反隋。李靖决定亲自去江都（今江苏省江都市），向隋炀帝告发李渊。可李靖到了长安后，被攻克长安的高祖抓住，并准备将他处死，李靖因此大声喊道："公举兵起事，本来是为天下除暴乱，难道不想成就大事，反而因为私怨杀壮士吗？"高祖认为李靖的话有豪气，加之李世民在一旁不断求情，高祖就释放了李靖。于是，李靖进入了秦王李世民的

---

① 将作少监：也称将作少令，官名，掌管宫室建筑、金玉珠翠、犀象宝贝和精美器皿的制作与纱罗缎匹的刺绣及各种异样器用打造等事务。

② 功曹：也称功曹史，官名，除掌人事外，还参与一郡或县的政务。

幕府，被封为秦府三卫。

武德二年（619年），李靖跟随秦王征伐平定了王世充，因为立下军功，被高祖授任开府①。

武德四年（621年），李靖跟随赵郡王李孝恭合围梁王萧铣占领的江陵（今湖北省荆州市）城，致使萧铣率领手下官员及兵士十万人归附大唐。不久，高祖封李靖为永康县公，并授予上柱国。几天后，高祖又诏令李靖为检校荆州刺史，并授予岭南道抚慰大使，检校桂州总管，前往桂州安抚岭南各部。结果，李靖没动干戈，就先后招抚九十六州、六十余万户，岭南一带势力较大的冯盎、李光度、宁真长等显赫人物，都纷纷派人前往桂州谒见李靖。

武德六年（623年），淮南道行台左仆射辅公祐在丹阳起兵反唐，李靖、李孝恭临危受命，率领李勣、任瑰、张镇州等七总管兵前去讨伐。唐军依靠李靖的计谋，一举打败了辅公祐叛军，歼灭叛军一万余人，辅公祐最终在吴郡（今江苏省苏州市）被俘，江南由此平定。高祖随即诏令在江南建立东南道行台，任命李靖为行台兵部尚书。

武德八年（625年），东突厥入侵唐朝，高祖任命李靖为行军总管，率万余江淮兵据守大谷（今河南省洛阳市东南）。战后，李靖被任命为检校安州大都督。武德九年（626年），东突厥颉利可汗率部侵犯边境，高祖再次委李靖以重任，调任他为灵州道行军总管。李靖率兵疾行至豳州（今陕西省彬州市），切断颉利可汗的归路，直到后来东突厥与唐和亲李靖才撤兵。

玄武门之变爆发时，李靖保持中立，既不帮助太子和齐王对

---

① 开府：朝廷的高级官员，允许建立府署并自选僚属。

付秦王,也不助秦王抗击太子和秦王。玄武门之变后艰难登上帝位的太宗皇帝,内心对李靖的按兵不动极其不满。他总是想起自己在高祖身边救过李靖的命,但李靖却在最关键的时刻没有站在自己这边。

可太宗登基后,却"拜李靖为刑部尚书,把他前后的功绩都记载在一起,赐给他实封四百户。贞观二年,李靖以刑部尚书的职务兼任检校中书令"。(《旧唐书·李靖传》)贞观三年(629年),太宗又诏令李靖为兵部尚书,李靖由此担负起了征讨东突厥的重任。

贞观四年(630年)正月,太宗诏令李靖为代州道行军总管,率领三千精锐骑兵,从马邑出发,征伐东突厥军队。李靖率领唐军进攻定襄(今山西省定襄县),大获全胜,颉利可汗只身逃走。李靖得胜后,被太宗晋封为代国公。太宗因此对身边的大臣说:"汉朝李陵带领五千步卒进攻匈奴,最后落得归降匈奴的下场,尚且得以留名青史。李靖以三千骑兵深入敌境,攻克定襄,威震北狄,这是古今所没有的奇勋,足以雪渭水之盟[①]的耻辱。"

颉利可汗兵败逃到铁山(今内蒙古阴山北部)时,正是严冬时节,一行人马极为窘迫,连衣食都难以为继。无奈之下,他只好派遣使者到长安向太宗求和,愿意举国归附唐朝。

其实,颉利可汗表面上请求归附唐朝,但暗中怀有不测之心。贞观四年二月,太宗派鸿胪卿唐俭、将军安修仁去抚慰颉利可汗。此时,李靖已经揣摩到太宗的真实意图,就对将军张公谨说:"使

---

① 渭水之盟:又称便桥之盟,指玄武门之变后,唐太宗与入侵的东突厥颉利可汗签订的每年给东突厥纳贡的盟约。

者到了颉利可汗那里，东突厥必定会放松戒备。我们就乘此良机，选拔精骑一万，携带二十天的军粮，带兵从白道袭击东突厥。"于是，李靖督军疾进。当唐朝大军行进到阴山时，遇到颉利可汗的哨兵千余帐，唐军把他们全部俘获，并押着他们随军行动。颉利可汗见到唐朝使者，心中大喜，根本没有料到唐朝大军会来。而当李靖率领的唐军行进到距颉利可汗牙帐十五里的地方时，颉利可汗大为震惊，立即上马落荒而逃。东突厥大军失去主帅后，立即四下溃散。李靖斩杀东突厥兵士一万余人，俘获男女十万余人。而颉利可汗企图逃往吐谷浑时，被西道行军总管张宝相抓获押送京师。不久，突利可汗归顺唐朝，唐军收复了定襄、常安等领地，扩大的疆界西起阴山一带北到大漠一带。

李靖得胜后，被太宗封为代国公，并对身边的大臣们说："我听说君主忧愁臣觉得耻辱，君主受辱臣甘愿赴死。从前大唐草创之时，太上皇因为百姓的缘故，向突厥称臣，我为此常常痛心疾首，立志要剪灭匈奴，为此坐不安席，食不甘味。现在只暂时调动一部分军队，就无往不胜，使单于归顺，终于洗雪当年称臣的耻辱！"太宗大赦天下，祝酒五天。

此时，御史大夫温彦博妒忌李靖的功绩，暗地向太宗密告李靖治军无方，纵兵掳掠东突厥的奇珍异宝，致使珍宝都散落入乱军之手。太宗严厉地训责李靖，李靖叩首谢罪。后来，太宗对李靖说："隋朝的将领史万岁打败了达头可汗，可是隋朝对有功的大将不加以奖赏，因此导致灭亡。我就不是这样，应当赦免你治军无方的罪，记录你击败突厥的功勋。"随后，太宗诏令李靖为左光禄大夫。不久，太宗又对李靖说："以前有人诽谤你，现在朕已经明白了真相，你千万不要把这事放在心里。"随即，太宗又诏令李靖为尚书右仆射。

贞观八年（634年），太宗诏令李靖为畿内道大使，视察风俗。不久，李靖以脚病为由奏请辞去官职，言辞非常恳切。太宗派中书侍郎岑文本对李靖说："朕纵观自古至今的历史，身处富贵而能知足的人很少。他们不论愚智，都不能有自知之明，才能即使不能胜任，也竭力想要任职，纵然有疾病，还自己勉强为官，不肯放弃职权。你能够识大体，见识深远够得上是可嘉的了。朕现在不仅成全你的美德，还想让您成为一代楷模。"随后，太宗颁布优待的诏书，加授李靖为特进①，俸禄、国官府吏一起都依照从前的惯例供给。诏书还说，脚病如果稍有好转，每隔三两天参与门下、中书商量处理政事。

贞观九年（635年）正月，太宗赐给李靖灵寿木手杖，帮助他脚不方便时使用。不久，吐谷浑兴兵侵扰唐朝领地。同年腊月，太宗征得李靖的同意后，诏令他为西海道行军大总管，率领侯君集、李道宗、李大亮诸部前往边疆征伐吐谷浑。在李靖的指挥下，唐军越过积石山（今甘肃省永靖县西南），与吐谷浑军队交战几十次，吐谷浑伤亡惨重，最后，吐谷浑慕容伏允可汗自缢而死。李靖随即上奏唐太宗，册立与唐朝关系密切的慕容顺为吐谷浑可汗。慕容顺可汗即位后，李靖率军凯旋。

就在李靖凯旋途中，利州刺史高甑生勾结广州都督府长史唐奉义，上奏太宗诬告李靖谋反，太宗当即下令刑部严查。而调查结果显示，二人所列举的证据纯属子虚乌有，诬告者均以诬陷获罪。此事对李靖的心理打击很大，从此心灰意冷，在家闭门谢客。

---

① 特进：官名，授予列侯中有特殊地位的人，地位同三公。

贞观十七年（643年），李靖的画像被太宗悬挂于凌烟阁。第二年，唐太宗亲往李靖府中看望长期闭门不出的李靖，当场下令改封他为卫国公、开府仪同三司。

贞观二十三年（649年），七十九岁的李靖在家中病故。太宗册赠李靖为司徒、并州（今山西省太原市）都督，赐手持班剑[①]的仪仗队四十人及羽葆仪仗的吹鼓乐手。同时，赐李靖谥号景武，陪葬昭陵。

6. 李勣值得托孤人

李勣，本姓徐，名世勣，字懋功。归降唐朝后，被赐姓李，名叫李世勣，为避李世民的名讳，改叫李勣。据《新唐书·列传》中记载："家富，多僮仆，积粟常数千钟。与其父盖皆喜施贷，所周给无亲疏之间。"是说李勣少时家道殷实，与父亲同属乐善好施之人，经常扶危济困，而且向来不问亲疏。

"隋大业末，韦城翟让为盗"（《新唐书·列传》），年仅十七岁的李勣加入了瓦岗军，成为翟让的部下。投奔翟让不久，李勣就向翟让建议说："主公现在虽然占据一方，但这里是亲朋好友世代居住的地方，兔子尚且有不吃窝边草的习惯，瓦岗军在此处翟公无法强加侵掠，因此经济上难以自给。我观察宋（今河

[①] 班剑：一种作仪仗用的木剑，剑身有花纹等装饰。也用来指仪仗队伍中佩持班剑的武士。

南省商丘市）、郑（今河南省郑州市）两郡地理位置优越，商旅往来不断，如果攻占这两个地方，瓦岗军在经济上就能实现自给自足。"正为钱粮发愁的翟让对李勣的话非常赞同，于是采纳他的建议，攻取宋、郑两地，劫取河中舟船上的财物作为军队资金，从此兵威大振。

隋大业十年（616年），李密加入瓦岗军，很快建立了很高的威信。李勣对李密的才能非常佩服，认为李密能够领导瓦岗军成就一番大业。大业十三年（617年），李勣和王伯当一起，劝说翟让禅位给李密，李密从此成为瓦岗军首领，并设置魏公府，任命翟让为司徒。隋炀帝得知李密建置魏公府后，立即派将都城王世充率军前去讨伐。李密命李勣在洛水（今河南省洛宁县西部）迎战王世充，结果，李勣巧施妙计很快打败了王世充。战后，李勣被李密封为东海郡公。

不久，河南、山东暴发洪水，中原各地遍布流民。李勣一方面为百姓遭此大难心痛不已，另一方面又感到这是瓦岗军扩充实力的绝佳机会，于是对李密说："如今百姓手中无粮导致天下大乱，如果能趁乱攻下黎阳仓，只要获得仓中的粮食，招募士兵易如反掌，这样一来大事必成。"李密当即派李勣率五千名士兵突袭黎阳仓，得手后李勣下令开仓放粮。结果，还不到一个月时间，瓦岗军就募得士兵二十余万人。李勣又受李密之命，日夜加紧训练这些新募士兵。不久，李勣就打败了率兵北上攻击黎阳的隋朝大将宇文化及所部。

武德元年（618年），李密被王世充打败，率余部归顺唐朝后，李勣将自己占据的大片疆域交给李密，由李密进献唐朝。李勣觉得，这样才无愧于自己曾经的主公。高祖得知后，由衷赞叹说：

"徐世勣感恩推功，实在是纯臣啊！"高祖当即下令，赐其李姓，并授黎阳（今河南省鹤壁市）总管，统领山东、河南全境兵力抵抗王世充。

武德二年，降唐的李密因故反唐，最后兵败被杀。高祖知道李勣对李密忠心不二，便试探性地给李勣通风报信。李勣得知消息，当即奏请收葬李密尸骨，高祖应允。李勣身着重孝，与瓦岗军旧部一起，将李密安葬在黎阳山（今河南省浚县东南）。李勣对旧主的情义，打动了高祖李渊，也打动了秦王李世民。从此，李勣被秦王另眼相看。

不久，窦建德攻打黎阳，李勣自知实力不济，决定暂时向窦建德投降。武德三年（620年），李勣从黎阳逃到长安，被秦王收入麾下。从此，李勣跟随秦王东征西讨，为唐朝实现一统立下了汗马功劳。在攻打东都洛阳的战役中，"东略地至虎牢，降郑州司兵沈悦。平建德，俘世充，乃振旅还，秦王为上将，勣为下将，皆服金甲，乘戎辂，告捷于庙。盖亦自洺州与裴矩入朝，诏复其官。又从破刘黑闼、徐圆朗，累迁左监门大将军。圆朗复反，诏勣为河南大总管，讨平之。赵郡王孝恭讨辅公祏也，遣勣以步卒一万度淮，拔寿阳，攻江西贼壁，冯惠亮、陈正通相次溃，公祏平。"（《新唐书·列传》）

李勣虽然没参与秦王发动的玄武门之变，但唐太宗深知李勣的自身实力和内心忠诚。太宗虽然没把李勣作为首批重用大臣，但在贞观三年（629年），终于诏令李勣为通漠道行军总管，出兵云中（今山西省大同、朔州、怀仁市一带）大战东突厥，将东突厥部众赶跑。李勣和李靖大军会合一处后，李勣向李靖献计说："颉利若度碛，保于九姓，果不可得，我若约赍薄之，不战缚虏矣。"(《新唐书·列传》)李勣是说,颉利可汗如果顺利度过碛口(今山西省临县南),受到九姓部落的保护,那时的确就不好攻取了,我军如果轻装行进,可以不战而活捉虏人了。李靖非常赞同李勣的想法,连夜率军进攻碛口,并让李勣跟随断后。颉利可汗正要从碛口逃走时,被李勣大军拦截。颉利可汗见无处可逃,便率五万大军投降李勣。太宗得到胜利的消息后,封李勣为光禄大夫,任并州(今山西省太原市)大都督府长史。

贞观四年,李勣配合李靖彻底平定东突厥,太宗封李勣为英国公。从此,李勣开始了他长达十六年镇守和治理并州的生涯。在镇守和治理并州的十六年中,李勣以威肃闻名天下。太宗因此对朝廷重臣说:"隋炀帝不懂得精选贤良,来镇抚边境,只去远筑长城,派大批将士屯驻,来防范突厥,见识糊涂竟到了这种地步。我如今委任李勣镇守并州,就使得突厥畏威远逃,边塞城垣安宁,岂不胜过几千里的长城吗?"

贞观十五年(641年),北方汗国薛延陀的真珠可汗,派长子大度设率领八万薛延陀铁骑,攻打太宗册封的东突厥阿史那思摩所部。而此时,太宗刚刚诏令李勣为兵部尚书,但李勣还未动身。太宗不得不命李勣暂停动身入朝,并临时命他为朔方道行军总管,全力抵抗薛延陀铁骑的入侵。李勣挑选六千精骑,在青山(今内蒙古阴山山脉中段)附近与薛延陀大军交战,迅速打败了大度设所部,并俘虏上万人。得胜后,李勣入朝赴任兵部尚书,兼知政事。

据《贞观政要》中记载:"十七年,高宗居春宫,转太子詹事,加特进,仍知政事。太宗又尝宴,顾勣曰:'朕将属以孤幼,思之无越卿者。公往不遗于李密,今岂负于朕哉?'勣雪涕致辞,因噬指流血。俄沉醉，御服覆之，其见委信如此。勣每行军，用师筹算，临敌应变，动合事机。自贞观以来，讨击突厥、颉利及薛延陀、高丽等，并大破之。太宗尝曰：'李靖、李勣二人，古之韩、白、卫、霍岂能及也？'"意思说，贞观十七年（643年），李治还在东宫时，调任李勣为太子詹事兼太右卫率，追加特进的待遇，仍担任知政事。太宗又设宴款待李勣，并在宴席上对李勣说："我想托付年幼的太子，考虑下来没有再比你合适的人选。你过去能不忘李密，如今怎么会做对不起我的事情？"李勣擦着眼泪回话，把自己的手指咬出血来。不一会，李勣喝得大醉，太宗把御服盖在他身上。李勣就是这样被委任信用。李勣每次行军作战，用兵筹划，临敌应变，都能做得很确当。从贞观以来，李勣奉令讨伐突厥颉利可汗和薛延陀、高句丽等，都把他们打得大败而逃。太宗曾说："李靖、李勣二人，古代的名将韩信、白起、卫青、霍去病岂能比得上啊？"

贞观十八年，太宗御驾亲征高句丽，并诏令李勣为辽东道行军大总管，分两路出征。李勣率领大军连续攻克盖牟（今辽宁省抚顺市）、辽东（今辽宁省辽阳市）等几座城池后，与太宗胜利会师。贞观二十年（646年），太宗诏令李勣率军讨伐再次叛乱的薛延陀部。李勣率领精锐骑兵一战大破薛延陀大军，薛延陀咄摩支可汗落荒而逃，部族大首领梯真达官率众归降唐朝。

贞观二十三年（649年），太宗身染重病之时，当着太子李治的面，将李勣贬为叠州（今甘肃省迭部县境内）都督。太宗私下对李治说："你对李勣没有恩德，朕现在贬黜他，是为了让你登基之后重新重用他，这样他定会对你感恩戴德，从而全力扶持你。"

李治即位后，按照太宗遗训，诏令李勣为洛州（今河南省洛阳市）刺史，随后又拜他为尚书左仆射，执掌大唐政事。

唐总章元年（668年），高宗诏令李勣为辽东道行军总管，并与薛仁贵、郝处俊、刘仁轨等将领合力攻打高句丽。一个月后，唐军攻破了高句丽都城平壤，从此，唐朝在高句丽设置州县并派驻官员。

总章二年（669年），李勣去世，享年七十六岁。高宗下令辍朝七日，册封李勣为太尉、扬州大都督，赐谥号贞武，并亲自为李勣主持葬礼，同时诏令陪葬昭陵。

7. 马周贤能用为相

马周，字宾王。据《新唐书·马周传》中记载："少孤，家窭狭。嗜学，善《诗》《春秋》。资旷迈，乡人以无细谨，薄之。武德中，补州助教，不治物事，刺史达奚恕数咎让，周乃去，客密州。赵仁本高其才，厚以装，使入关。留客汴，为浚义令崔贤所辱，遂感激而西。舍新丰，逆旅主人不之顾，周命酒一斗八升，悠然独酌，众异之。至长安，舍中郎将常何家。"意思说，马周幼年时就成为孤儿，而且家里非常贫穷。马周非常喜爱学习，精通《诗经》和《春秋》。他性格开朗豪迈，乡里人都认为他不讲究小节，因而看不起他。唐高祖武德末年，马周被补任做了州里的助教官，但人事关系处理得不好，刺史达奚恕常常责怪他，马周辞职离去，客居到密州。陕州（今河南省三门峡市境内）人赵仁本非常推崇他的才气，给他准备了很多行装，让他进关。马周途中客住汴州（今河南省开封市)时,受到浚仪县令崔贤的侮辱,于是心中悲愤不已,又向西走。马周住在新丰(今陕西省西安市临潼区)后,旅店的主人不肯照顾他,就要了一斗八升酒,悠闲地在那儿自斟自饮,众人对此都感到奇怪。他又到了长安,住在中郎将常何家中。

当时,常何的职位虽然不是很高,但他此前在玄武门之变中负责镇守玄武门,为秦王发动事变提供了许多便利条件,因此深得秦王信任。常何为人正直,没有因马周性格怪异而难为他,反而对他关照有加。一个偶然的机会,马周看到常何为了向太宗提建议一直苦苦思索,便关切地询问了一番,然后抱着报恩的心态,帮助常何写了一份奏章。没想到,就是这份奏章,引起了太宗的高度重视,因此发现了马周,马周的命运因此而改变。

这个故事,让后来的唐朝著名诗人李贺大受感动,专门做了《致酒行》这首诗:"零落栖迟一杯酒,主人奉觞客长寿。主父西游困不归,家人折断门前柳。吾闻马周昔作新丰客,天荒地老无人识。空将笺上两行书,直犯龙颜请恩泽。我有迷魂招不得,雄鸡一声天下白。少年心事当拏云,谁念幽寒坐呜呃。"这首诗中的"吾闻马周昔作新丰客,无荒地老无人识。空将笺上两行书,直犯龙颜请恩泽。我有迷魂招不得,雄鸡一声天下白",就是称赞太宗通过阅读奏章发现并重用了马周。

正在床上休息的马周得知自己被太宗召见,立即穿衣起床。就在马周穿衣其间,急于求贤的太宗竟先后四次派人催促。对此,马周深受感动,更觉得自己终于遇上了圣明君主,今后终于可以尽情施展才华。当太宗看到仪表堂堂的马周来到宫中时,不禁高兴万分。在与马周的交谈之中,太宗又发现马周不仅谈吐不俗,而且层次分明;不仅见地出众,而且见识渊博。更让太宗感到欣慰的是，马周完全没有虚狂不实之态，让太宗顿时有种相见恨晚之感。遇到这样非常难得的人才，求贤若渴的唐太宗当即诏令，任命马周为门下省监察御史。

按照当时朝廷的规定，官员不允许找人代写奏章。常何让马周代写奏章，不但没有获罪，反而因举荐人才有功，被太宗"赐帛三百匹"（《新唐书·马周传》）。马周非常感激太宗的知遇之恩，后来数次上书讨论政事得失，而且知无不言，言无不尽，深得太宗的信任和赞赏。

得到太宗信任和赞赏后，年仅三十一岁的马周迅速被擢升为监察御史。马周不仅才识过人，而且处事灵活，善于权变。当时，长安城内的大街小巷都安排专人负责巡逻警示，这些人昼夜不停地巡视，每个人都非常辛苦。马周担任监察御史后，立即向太宗上奏，认为只需在大街上放置大鼓，负责巡逻的人经常敲鼓就能起到警示作用。太宗觉得这个建议很合适，便诏令应允。随后，马周便晋升为给事中。

贞观十一年（637年），马周在奏章中，以前朝代兴亡谈起，讨论了隋朝灭亡的原因。马周认为，唐朝之前的几个朝代，存在时间长者不过五六十年，短者仅二三十年，这些朝代之所以短命，主要原因在于君王只知道奢侈挥霍，不知道体恤民力，结果浪费了大量财力，致使民心离散，国本动摇。加之这些君王大都缺乏知人善任的能力，忠奸不分，最终导致国家灭亡。马周写道，以隋朝为例，隋文帝时贤才云集朝中，百姓得到休养生息，因此出现了太平盛世。但到隋炀帝时，又重现了前面几个朝代出现的问题，最后人心散尽，隋炀帝被臣下杀死在江都扬州。在奏章中，马周劝谏太宗要以史为鉴，让老百姓安居乐业，这样唐朝的统治才能得到巩固，国家才能实现由乱到治。

太宗看到马周的奏章后，大为惊喜，彻夜难眠。马周的谏言，也让太宗看到了马周具有非同一般的治国才能。从此，太宗更加信任和重用马周。

贞观十二年（638年），太宗诏令马周为中书舍人。对于晋升马周为中书舍人，太宗对身边的朝廷重臣说："朕片刻不见马周就会想他。"这话，既是对马周的一种褒奖，也是对其他大臣的一种鞭策。

当时，担任中书令、参知政事的岑文本，对马周的才能非常赞赏，称马周之才堪比汉朝的张良和韩信。在亲朋好友评价马周时，岑文本这样说道："马周每次呈送的奏章，都会援引古今，切中要害，而且还不啰唆。"岑文本还说："仔细阅读他的奏书，每篇甚至难以增减一字，让人看后能够忘记疲倦。马周确实是一个不可多得的人才。可惜，我感觉马周面有火色，恐怕身体不太好。"说马周身体不好，不是岑文本在诅咒马周，是岑文本确实感觉马周的身体不算太好。

贞观十七年（643年），太宗决定立晋王李治为太子。在太宗的心目中，长子李承乾大逆不道，二子魏王李泰居心险恶，这两个人都没有资格做太子。如果立二子魏王李泰为太子，就意味着太子的位置可以通过苦心经营而得到，而李承乾和李治两人的性命都难以保全；如果立三子李治为太子，李承乾与李泰二人至少性命无虞。

李治立为太子后，太宗诏令马周为中书侍郎，兼太子右庶子。太子右庶子就是太子的老师。在任期间，马周尽职尽责，谆谆教导李治如何治国理政。

贞观十八年（644年），太宗诏令马周为中书令。虽然中书令事务繁忙，但马周仍兼任太子右庶子。马周处事不仅精密，而且公允，深得朝廷官员的赞许。

据《新唐书·马周传》中记载："帝征辽，留辅太子定州。及还，摄吏部尚书，进光禄大夫。帝尝书赐周曰：'鸾凤冲霄，必假羽翼；股肱之寄，要在忠力。'"意思说，太宗远征辽东，留马周在定州（今河北省定州市境内）辅佐太子。太宗回来后，马周又被诏令为吏部尚书，并被加封光禄大夫。太宗还书写了一副楹联赐给马周，上面写着："鸾凤冲霄，必假羽翼；股肱之寄，要在忠力。"意思是："鸾凤直冲霄汉，一定要凭借羽翼；辅佐所要寄托依靠的，关键在于尽忠尽力。"

此时，马周的疾病越来越严重。"周病消渴，弥年不瘳。帝幸翠微宫，求胜地为之构第；每诏令常食以御膳供之，敕上医内使者相望不绝，且躬为调药；太子问疾。疾甚，周取所上奏章悉焚之，曰：'管、晏暴君之过，取身后名，吾不为也！'"意思说，马周患消渴病，一年多没有痊愈。太宗亲自到翠微宫去，寻找好地方为他建造宅第；经常下令马周的日常饮食按皇帝的规格供给，还命令御医、内使前去看护，且亲自为他调药；太子也前去探视。病更重时，马周就把原来上的奏章全部烧掉，并说："管仲、晏子显露君主的过失，博取身后的名声，可我不这样做。"

贞观二十二年（648年），年仅四十八岁的马周在长安病逝。太宗为马周举行了高规格的葬礼，并追赠马周为幽州都督，诏令陪葬昭陵。唐高宗即位后，追赠马周为尚书右仆射、高唐县公。

8. 精诚奉国房玄龄

房玄龄，名乔，字玄龄。隋朝泾阳（今陕西省泾阳县）县令房彦谦之子。

房玄龄善诗能文，博览经史。据《新唐书·房玄龄传》中记载："玄龄幼警敏，贯综坟籍，善属文，书兼草隶。开皇中，天下溷壹，皆谓隋祚方永，玄龄密白父曰：'上无功德，徒以周近亲，妄诛杀，攘神器有之，不为子孙立长久计，淆置嫡庶，竞侈僭，相倾阋，终当内相诛夷。视今虽平，其亡，跂可须也。'彦谦惊曰：'无妄言！'年十八，举进士。授羽骑尉，校仇秘书省。"

隋大业十三年（617年），唐国公、晋阳留守李渊率兵攻入长安，拥立代王杨侑为帝。一天，还是敦煌公的李世民率兵巡行渭北（今陕西省渭河以北）。房玄龄知道后，一直追随到军营门口拜见李世民。李世民与房玄龄见面后，顿觉一见如故，随即任命房玄龄为渭北道行军记室参军。李世民被高祖封为秦王后，房玄龄被任命为秦王府记室，并被封为临淄侯。每逢战事，房玄龄都随同秦王一起征战。每次赢得胜利，众将士都争抢珍贵之物，而房玄龄总是收罗能征善战的将士进秦王府，并与这些将士结交，这些人因此都愿意为房玄龄效力。秦王曾非常自豪地说："汉光武帝自得邓禹之后，门人更加相亲相近。而我自从有了房玄龄，就像光武帝有了邓禹一样。"

房玄龄在秦王府出入十多年，一直掌管军谋大事，负责管理文牍。每逢军书奏章，停马立成，文字简约，义理丰厚。高祖非常赞赏房玄龄，说道："这个人深识机宜，足能委以重任。每当替秦王陈说事务，一定能了解人性心理。千里之外，好像对面说话一样。"

后来，太子李建成极力排斥秦王府中的幕僚，房玄龄便与杜如晦一起，被逐出京师外任，不得不暂时离开秦王。

武德九年（626年），房玄龄义无反顾地参与了玄武门之变，最终帮助秦王谋得帝位，太宗称他有"筹谋帷幄，定社稷之功"。据《新唐书·房玄龄传》中记载："隐太子与王有隙，王召玄龄与计，对曰：'国难世有，惟圣人克之。大王功盖天下，非特人谋，神且相之。'乃引杜如晦协判大计。累进陕东道大行台考功郎中、文学馆学士。故太子忌二人者，奇谮于帝，皆斥逐还第。太子将有变，王召二人以方士服入，夜计事。事平，王为皇太子，擢右庶子。太子即位，为中书令。第功班赏，与如晦、长孙无忌、尉迟敬德、侯君集功第一，进爵刑国公，食邑千三百户。"

太宗继承皇位后，房玄龄作为朝廷重臣，时刻不忘创业之难，力戒骄奢淫逸，维持朝廷的长治久安。他按照太宗的主张，大力实施简政缩编、并省官吏策略，将朝廷配置的文武官员减少至六百四十三员，而隋朝时期的朝廷官员多达二千五百八十一人，减少了四分之三还多。这一做法，既有效提高了朝廷各部门的办事效率，也大量节省了朝廷的财政支出。他与尚书右仆射杜如晦共掌朝政，认真研究确定亭台楼阁等建筑物的规模以及朝廷的各种法令、礼乐、制度等，太宗对此非常满意。贞观三年（629年），太宗诏令房玄龄为尚书左仆射，监修国史，并封为魏国公。朝廷官吏都说他明达吏事、法令宽平、任人唯贤、不分卑贱，是难得的良相。贞观九年（635年），房玄龄因护高祖山陵制度，被加封开府仪同三司。武德九年（262年）五月，高祖逝世前留下遗嘱："其服轻重，悉从汉制，以日易月。园陵制度，务从俭约。"太宗按照高祖"悉从汉制"的遗嘱，诏令制定高祖山陵制度，要求按照汉高祖刘邦长陵规模，为高祖营建陵寝。太宗的诏令，遭到了秘书监虞世南的坚决反对，强烈建议应按照高祖"园陵制度，务从俭约"的遗嘱修建陵寝。太宗随后与岑文本、房玄龄等大臣商议，最终决定："谨按汉高祖长陵高九丈，光武陵高六丈，汉文、魏文并不封不树，因山为陵。窃以长陵制度，过为宏侈；二丈立规，又伤矫俗。光武中兴明主，多依典故，遵为成式，实谓攸宜。"（《唐会要·陵议》）。太宗非常满意，于是诏令："朕既为子，卿等为臣，爱敬罔极，义犹一体，无容固陈节俭，陷朕于不义也。今便敬依来议。"（《唐会要·陵议》）高祖陵寝建设一事得以圆满解决，节省了大量的财政支出。贞观十一年（637年），房玄龄被封梁国公。贞观十三年（639年），太宗诏令加房玄龄为太子少师。贞观十七年，房玄龄的画像被太宗诏令供奉于"凌烟阁"。

有一次，太宗在与身边的大臣讨论问题时问道："创业与守成哪一样难些？"房玄龄回答说："起兵时天下大乱，群雄竞逐，攻破之后方才归降，战胜之后才能夺取，因此创业为难。"魏征回答说："王者兴起，必乘衰乱之世，推翻昏暴之君，实为顺天应人之事。既取天下之后，则安习于骄奢淫逸，人心想静，兴起徭役加以动摇；世道出现流弊，更为搜括加以逼迫。国家因此缘故而衰败，所以说守成为难。"太宗说："房玄龄跟随我平定天下，身经百死，而逢一生，故知创业之难。魏征与我安抚天下，害怕因富贵而生骄盈。骄盈就会怠慢政事，怠慢政事就会导致灭亡，故见守成之为不易。不过创业之不易，已成往事；守成之难，正要与各位慎重对待。"

据《新唐书·房玄龄传》中记载:"居宰相积十五年,女为王妃,男尚主,自以权宠隆极,累表辞位,诏不听。顷之,进司空,仍总朝政。玄龄固辞,帝遣使谓曰:'让,诚美德也。然国家相眷赖久,一日去良弼,如亡左右手。顾公筋力未衰,毋多让!'"意思说,居宰相之位达十五年之久,女为韩王之妃,男娶高阳公主为妻,自认为权力恩宠到达极点,多次上表请求辞职。诏书不准。不久,进衔为司空,照旧总揽朝政。房玄龄一再推辞,太宗派遣使者对他说:"让位确实是美德。但国家靠您辅治已久,一旦失去良佐,如同失去左膀右臂。您看起来筋力未衰,不要谦让了!"

当时,房玄龄惧内是出了名的。他的妻子虽然霸道,但对房玄龄衣食住行十分精心,从来都是一手料理,容不得别人插手。一天,太宗请开国元勋赴御宴。酒足饭饱之际,房玄龄经不得同僚的挑逗,吹了几句不怕老婆的牛皮,已有几分酒意的太宗乘着酒兴,便赐给了房玄龄两个美人。房玄龄不料酒后吹牛被皇上当了真,收了两位美人,想到霸道且精心的妻子,愁得不知怎么才好。还是尉迟敬德给打了气,说老婆再凶,也不敢把皇上赐的美人怎么样,房玄龄才小心翼翼地将两个美人领回家。不料,房玄龄的老婆却不管皇上不皇上,一见房玄龄带回两个年轻漂亮的小妾,大发雷霆,指着房玄龄大吵大骂,并操起鸡毛掸子大打出手,赶两个美人出府。房玄龄见不对头,只好将美人送出府。此事被太宗知道后,便想压一压宰相夫人的横气,就立即召房玄龄和夫人问罪。房玄龄夫人也知此祸不小,勉强地跟随房玄龄来见太宗。太宗见夫妻来到,指着两位美女和一坛"毒酒"说:"我也不追究你违旨之罪,这里有两条路任你选择,一条是领回二位美女,和和美美过日子,另一条是吃了这坛'毒酒'省得妒忌旁人。"房玄龄深知夫人性烈,怕夫人喝"毒酒"，急跪地求情。太宗怒道："你身为当朝宰相，违旨抗命，还敢多言？"房夫人见事已至此，看了看二女容颜，知自己年老色衰，一旦这二女进府，自己迟早要走违旨抗命这条路。与其受气而死，不如喝了这坛"毒酒"痛快。于是，房夫人举起坛子，"咕咚咕咚"将一坛"毒酒"喝光。房玄龄急得老泪纵横，抱着夫人抽泣。朝廷众臣立即大笑起来。原来，那一坛子并非毒酒，而是晋阳清源的老醋。房玄龄由此破涕为笑，"吃醋"和"醋坛子"从此成为了女人间妒忌的代名词。

贞观二十二年（648年），房玄龄病重，太宗不仅派名医为他医治，每日供给御膳，还经常亲自探望。临终之时，太宗诏令房玄龄的二子房遗爱为右卫中郎将，诏令房玄龄的三子房遗则为中散大夫，目的就是让房玄龄在世时能看见儿子为官显达。贞观二十二年七月二十四，房玄龄辞世，享年七十岁。太宗为之废朝三日，追赠太尉，谥号文昭，并诏令陪葬昭陵。

第六章 偃武修文，礼仪律令治天下

1. 尊儒崇经兴文治

儒者儒学也，经者经学也。中国传统文化的主流是儒学，而儒学的最核心部分则是经学。在时间的远近上，儒学早出现于经学；从涵盖的范围上，儒学比经学宽泛得多。而就传统目录学分类而言，儒学和经学是既分离而又有重合的。

唐太宗即位之初，常与朝中大臣一起谈论治国安邦的事情，核心问题是重武治还是重文治。当时，朝中大臣大多倾向于以武治国，武统民心，武征天下。

据《资治通鉴·唐纪》中记载："上曰：'今承大乱之后，恐斯民未易化也。'魏征对曰：'不然。久安之民骄佚，骄佚则难教；经乱之民愁苦，愁苦则易化。譬犹饥者易为食，渴者易为饮也。'上深然之。"意思是，太宗说："现在继承了大乱的局面，恐怕百姓不容易接受教化。"魏征回答说："并不像皇上说的那样。长久处于安定局面之下的百姓有些骄奢淫逸，骄奢淫逸就难教化；而经历变乱的百姓有些忧愁苦闷，忧愁苦闷就容易教化。譬如饥饿的人什么东西都觉得好吃，口渴的人什么东西都觉得好喝。"皇上非常赞同魏征的话。

此时，朝中文武大臣都被太宗和魏征的对话吸引住了，房玄龄、长孙无忌、王珪等大臣都对魏征投来赞同的目光。可尚书右仆射封德彝却忍不住了，说道："三代以还，人渐浇讹，故秦任法律，汉杂霸道，盖欲化而不能，岂能之而不欲邪！魏征书生，未识时务，若信其虚论，必败国家。"（《资治通鉴·唐纪》）封德彝是说，自夏、商、周三代以来，人性逐渐变得越来越奸猾诡诈，因此秦朝使用法律、汉朝杂以霸道来治理，大概就是想用教化而不能成功，哪有能教化而不想用呢？魏征只是一介不通政治的书生，不识时务，如果相信他的空谈，必然要误国。

而魏征接过话茬说："五帝、三王不易民而化，昔黄帝征蚩尤，颛顼诛九黎，汤放桀，武王伐纣，皆能身致太平，岂非承大乱之后邪！若谓古人淳朴，渐至浇讹，则至于今日，当悉化为鬼魅矣，人主安得而治之！"魏征是说，五帝、三王不改易人民却能施教化，从前黄帝征讨蚩尤，颛顼诛杀九黎，汤放逐桀，武王讨伐纣，都能在自己生前达到太平盛世，难道不是在承继大乱之后吗？若说古人淳厚朴实，后来日益变坏以致轻薄诡诈，则变到今天应该全部变成鬼怪了，皇上如何治理他们呢？

太宗觉得魏征说得非常有道理，最终采纳了他的偃武修文建议。后来，太宗对担任开府仪同三司的长孙无忌说："贞观之初，上书者皆云：'人主当独运威权，不可委之臣下。'又云：'宜震耀威武，征讨四夷。'唯魏征劝朕'偃武修文，中国既安，四夷自服。'朕用其言。今颉利成擒，其酋长并带刀宿卫，部落皆袭衣冠，征之力也，但恨不使封德彝见之耳！"（《资治通鉴·唐纪》）太宗说"但恨不使封德彝见之耳"，已是贞观四年（630年），封德彝早在三年前就去世了，为他没能看到贞观年间的变化而感到可惜。

决定实施偃武修文方略后，太宗开始在落实上大做文章。贞观二年（628年），太宗对魏征说："朕阅读了《隋炀帝集》，文辞深奥广博，自己知道称赞尧、舜而非议桀、纣，然而隋炀帝在做事上，与他心中所想的是何等的相反？"魏征说："人君虽圣哲，犹当虚己以受人，故智者献其谋，勇者竭其力。炀帝恃其俊才，骄矜自用，故口诵尧、舜之言而身为桀、纣之行，曾不自知，以至覆亡也。"（《资治通鉴·唐纪》）太宗说："以前发生的事情不远，很值得我们鉴戒。"太宗还说："梁武帝君臣惟谈苦空，侯景之乱，百官不能乘马。元帝为周师所围，犹讲《老子》，百官戎服以听。此深足为戒。朕所好者，唯尧、舜、周、孔之道，以为如鸟有翼，如鱼有水，失之则死，不可暂无耳。"（《资治通鉴·唐纪》）太宗是说，梁武帝君臣惟谈苦空，侯景之乱，百官不能乘马。梁元帝被周军所围，还在讲《老子》，百官穿着军服听讲。这些事情都足以成为我们的鉴戒。朕喜欢听的，只有尧、舜、周公、孔子之道，觉得君王能够守住先祖圣人的道，就像鸟有翼、鱼有水一样，失去此道就将死亡，不可一时没有先祖圣人的道。

为保证偃武修文方略的实施，太宗首先推行尊儒崇经政策。唐太宗即位后，曾就周公、孔子之道在治理国家中的作用，与朝中大臣进行探讨。太宗说："周公、孔子倡导的儒家之道，并非是纷乱年代使用的法宝；而商鞅、韩非倡导的法家之道，也并非是盛世时期使用的法宝，两派的观点是截然不同的，因此不能一概而论。"魏征说："陛下说得非常有道理。商鞅、韩非的法家之道，只能在特殊时期才能使用，属于权时救急，并不能使天下归心。盛世时期治理天下，最合适的应该是儒家的王者之道。"太宗很赞同魏征的意见，便决心以"尊儒崇经"为核心，大力推行文治方略。

贞观二年（628年）九月，太宗向代理侍中一职的王珪问道："近世的治民者远不及往古的人，这是为什么呢？"王珪回答说："汉代崇尚儒术，宰相多为经术之士，因此风俗淳厚。而近代重文轻儒，参用法律，这是政治教化日益衰落的缘故。"太宗觉得王珪说得非常有道理，便开始在朝廷大力倡导尊儒崇经。

贞观初年，太宗就采取了一系列推行尊儒崇经的策略。贞观二年（628年），太宗诏令在国学内建立孔子庙堂，按照旧典仪式进行顶礼膜拜。贞观四年（630年），太宗诏令全国各州县设置孔庙。贞观十一年（637年），太宗诏令尊孔子为宣父，在兖州特设庙殿，专门拨二十户人家来维持庙殿供养。贞观十四年（640年），太宗诏令，优赏梁朝的皇侃、褚仲都，北周的熊安生、沈重，陈朝的沈文阿、周弘正、张讥，隋朝的何妥、刘炫等前代名儒，言称这些名儒对唐初经学贡献巨大，命朝廷官员将这些名儒子孙后代的名字呈报上来，朝廷将予以荫官。贞观二十一年（647年），太宗诏令左丘明、卜子夏、公羊高、谷梁赤、伏胜等二十二位名儒配享孔庙，规定"并用其书，垂于国胄，既行其道，理合褒崇"（《贞观政要·崇儒学》）。太宗所采取的一系列措施，有效地激发了文人雅士尤其是朝廷官员学习尊崇儒家文化的兴趣，很快形成了尊儒崇经的社会风尚。

太宗非常重视经籍图书的搜集与整理。据《资治通鉴·唐纪》中记载："太宗于弘文殿，聚四部书二十余万卷，置弘文馆于殿侧。

精选天下文学之士虞世南、褚亮、姚思廉、欧阳询、蔡允恭、萧德言等，以本官兼学士，令更日宿直，听朝之隙，引入内殿，讲论前言往行，商榷政事，或至夜分乃罢。"意思说，太宗于弘文殿内，聚经史子集书四部，有二十余万卷，在殿旁开设一馆，叫弘文馆。精选天下文学之士虞世南、褚亮、姚思廉、欧阳询、蔡允恭、萧德言等，各以原官兼弘文馆学士，处之馆中，还叫他轮番宿直，每朝罢，便召虞世南等到内殿，与他讲论那书中的言语，古人的行事，或商量政事该如何处理，常至夜半才罢。

贞观三年（629年），太宗诏令魏征担任秘书监，收购天下书籍，并选五品以上官员的子弟来缮写并藏于内库，同时，"经、史、子、集"图书编目的四部体制得以确定下来。

贞观年间，太宗诏令前中书侍郎颜师古对五经进行考订，两年后修订完成。在书成之日，太宗专门召集房玄龄等大儒对重新考订的五经加以评议，并讨论得失。贞观十二年（638年），太宗诏令新任国子祭酒孔颖达等人，利用两年多时间，编成多达一百八十卷的《五经正义》，并作为试用教材。

2. 推行礼治重规范

礼仪，就是表示礼节的仪式。自古以来，礼仪都是帝王维护封建统治秩序的必要工具。

隋朝建立后，隋文帝诏令太常卿牛弘搜集南北礼学注，制定了内含一百三十篇的《五礼》。五礼具体包括：第一是吉礼。祭祀之事为吉礼，为五礼之冠，主要是对天神、地祇、人鬼的祭祀典礼。第二是凶礼。丧葬之事为凶礼，是哀悯吊唁忧患之礼。第三是军礼。军旅之事为军礼，就是师旅操演、征伐之礼。第四是宾礼。宾客之事为宾礼，就是接待宾客之礼。第五是嘉礼。婚喜之事为嘉礼，是和合人际关系、沟通、联络感情的礼仪。隋炀帝继位后，在江都（今江苏省扬州市）主持了对《五礼》的修订，因此改名为《江都集礼》。

李渊建立唐朝后，见礼典大都散失，便诏令窦威为大丞相府司录参军，在沿袭隋朝礼仪的基础上，对朝章国典进行修订。

唐太宗在高祖的基础上，对礼仪制度进行了全面修改。贞观二年（628年），太宗诏令中书令房玄龄兼任礼部尚书，召集一批礼官学士，制定适合唐朝使用的礼仪制度。翌年，太宗诏令秘书监魏征参与到礼制的编制中来。贞观七年（633年），凝聚着房玄龄、魏征等一批朝廷官员智慧的礼仪制度《贞观新礼》宣告完成，总共一百三十篇。《贞观新礼》完成后，不仅朝中大臣发现了很多瑕疵，太宗本人也很不满意，不久便诏令重新修订。这次重修，在原班人马的基础上，太宗还诏令著名学者孔颖达、颜师古、李百药、令狐德棻等人为编制顾问。贞观十一年（637年）三月，房玄龄和魏征等人呈上了内容一新的《贞观礼》，总共一百三十八篇。太宗御览非常满意，随即诏令颁布实施。据《魏郑公谏录》中记载："太宗谓侍臣曰：'昔周公相成王，制礼作乐，久之乃成。逮朕即位，数年之间，成此二乐；五礼又复刊定，未知堪为后代法否？朕观前王有功于人者，作事施令，有即为法所贵，不忘其德者也。朕既平定天下，安堵海内，若德惠不倦，有始善终，自我作古，何虑不法。若遂无德于物，后代何所遵承以此而言，后法不法，犹在朕耳。'"由此可见，太宗对新编制的《贞观礼》

是非常满意的。

太宗不仅用礼法约束臣民,也用礼法约束自己。无论是治国理政还是日常生活,他都时刻约束自己的言行,力求符合礼法规范。

贞观元年(627年),太宗对身边的大臣说:"按照《周礼》,国君的名字要等到死后才避讳。从前,周文王和周武王的名字,也不在他们生前避讳。"因此,太宗下诏说:"按照《礼记》,我的名字中的两个字,不需要一一避讳。朝廷的官职人名以及公私文书典籍中,有'世'和'民'两个字但并不连续的,都不用避讳,以免因用字混乱而产生歧义或错误。"一次,中书舍人高季辅上奏说,密王李元晓等人作为王爵,在遇到皇子接受皇子下拜后,还要行回拜之礼的做法有违常规,因为李元晓等和皇子是叔侄近亲。太宗看了奏章后说:"今后李元晓等人接受吴王李恪、魏王李泰等皇子致礼下拜后,不必答拜。"

贞观四年(630年),太宗听说京城的官员和百姓因相信巫书,在父母的丧期不仅不哭,还谢绝别人吊唁,心中非常十分生气,认为这与儒家的孝道相抵触,就对朝廷大臣说:"这种败坏风俗的行为,严重违背人伦礼法。"太宗因此诏令州县官员对当事人进行批评教育,并强制按丧礼的规定居丧。太宗得知一些和尚、尼姑、道士妄自尊大,甚至坐着接受父母下拜后,非常气愤地说:"所有宗教信仰,都应以积德行善为宗旨,这些和尚、尼姑、道士的做法违背礼法、伤风败俗,应该马上禁止,仍要向父母行下拜之礼。"

为规范朝廷官员的服饰,贞观四年(630年),太宗诏令颁布官员服装等级及特色标志:"三品以上服紫,四品五品以上服绯,六品七品以绿,八品九品以青。妇人从夫之色。仍通服黄。"贞观五年（631年），太宗诏令：七品以上服龟甲双巨十花绫，其色绿；九品以上服丝布及杂小绫，其色青。

太宗非常宠爱长乐公主。贞观七年（633年），长乐公主出嫁时，太宗特意诏令多多为长乐公主准备嫁妆，因此，长乐公主的嫁妆比她的姑姑永嘉公主出嫁时多出数倍。按照规定，嫁妆多少要按辈分高低而定。太宗爱女的嫁妆比自己妹妹的嫁妆多，显然不合礼制。魏征知道后便进谏说："当年汉明帝在分封自己的儿子时，特意要求封地只是先帝儿子楚王与淮阳王封地的一半，被天下传为美谈。如今天子的女儿为公主，天子的妹妹为长公主，应该更为人尊崇才对。尽管人情有浅薄之分，但如果逾越了礼制，难免会让人们产生怨言！"太宗听了，欣然减少了长乐公主的嫁妆。

贞观十一年（637年），太宗的女儿南平公主下嫁给礼部尚书王珪的儿子王敬直后，社会上有媳妇拜见公婆的礼仪，但由于多年乱世，礼仪荒废，很少有人真正尊礼行事。王珪娶了南平公主这个儿媳后，许多人在婚礼当天劝王珪不要接受南平公主的拜见。但王珪说："《仪礼》规定了媳妇有拜见公婆的礼节，现在皇上提倡一切都按照礼的原则办事。我接受公主的拜见，不是为了抬高自己，而是为了在全国树立崇尚美德的社会风气。皇上圣明，定能理解我用心之良苦。"于是，在婚礼中，王珪夫妇端坐高堂之上，按照礼仪规定让公主拿着帕子，行洗手进食的礼节。太宗知道后，不但没有怪罪王珪，反而对王珪加赞赏。从此，唐朝公主下嫁时，只要公婆健在，公主都要行拜见之礼。

太宗曾这样对皇子、吴王李恪说："父亲疼爱子女，这是人之常情，是不通过教育就可以知道的，儿子能尽忠尽善就对了。若儿子不遵循教诲，废弃礼法，必然自取灭亡，父亲即使疼爱他，那又有什么办法呢？"太宗以礼法来训诫诸王，是为了防止出现"犯义悖礼，淫荒无度，不遵典宪，僭差越等"（《贞观政要》）的情况，防止皇室内部出现争斗。

据《旧唐书·列传》中记载，贞观十二年（638年），礼部尚书王珪上奏说："依照礼法，三品以上官员在路上遇到亲王，就不再下马行礼，但现在所有官员路遇亲王都要下马行礼，这种做法有违礼法，应予制止。"太宗说："你们是想借贬低朕的儿子，而显示自己尊贵吗？"魏征说："自魏晋以来，亲王的礼遇都在三公之下，如今无论三品以上，还是六部九卿官员，都给亲王下马行礼，这在旧的礼法中没有先例，而且还违反了目前使用的礼法。"太宗说："太子是未来的君主，他的地位高低与年龄无关，如果没有太子，就要立太子同母的弟弟为太子。按照你们的说法，不是轻视我的儿子吗？"魏征说："商代崇尚质朴，有兄长去世、弟弟继承的规定。从周代以来，都立长子为继承人，这样做就杜绝了庶子意图篡权夺位、制造混乱的可能性。国君对此应该审慎。"太宗认为王珪和魏征的话都很有道理，便诏令三品以上官员见了亲王不再行礼下拜。

为确保朝廷对各路诸侯能够尽到接待之礼，贞观十二年（638年），太宗在京城中选定空地，专门为各州来京的官员建造府第，并在工程完工亲自验收视察。

贞观时期，出现了许多专门研究《周礼》《仪礼》《礼记》的文臣雅士。据《旧唐书·列传》中记载："征以戴圣《礼记》编次不伦，遂为《类礼》二十卷，以类相从，削其重复，采先儒训注，择善从之，研精覃思，数年而毕。太宗览而善之，赐物一千段，录数本以赐太子及诸王，仍藏之秘府。"意思说，魏征由于认为汉代戴圣的《礼记》编得没有条理，于是重新编写了《类礼》二十卷，依类排列次序，删削其中重复的内容，搜集前辈儒家的注释，择善取用，精心研究深思熟虑，经过数年才完成。太宗看了魏征的《类礼》后，认为写得非常好，就赐绢一千段，命抄录数本用来赐给太子和诸王，并收藏在秘府中。

贞观十四年（640年），魏征上奏说："虽臣之事君无二志，至于去就之节，当缘恩之厚薄，然则为人主者，安可以无礼于下哉！"魏征是说，要想让臣子忠于君主，君主就必须以礼待臣。显然，魏征是把礼作为调整君臣关系的行为准则。太宗看了奏章，不仅欣然接受，而且很快付诸实施，因此密切了君臣之间的关系。

3. 音乐舞蹈得普及

唐太宗推行"偃武修文"方略，"礼乐"二字成为核心内容。"礼"是"受礼"，"乐"是"兴乐"，礼乐象征着一个朝代的兴衰。太宗对朝廷著作郎、弘文馆学士萧德言说："顷年已来，天下无事，方欲建礼作乐，偃武修文。"（《旧唐书·萧德言传》）意思说，近年以来，天下无事，朕正想建立礼乐制度，偃武修文。

贞观二年（628年），太宗与朝廷大臣一起谈论音乐具有怎样的社会作用问题。据《资治通鉴·唐纪》中记载："太常少卿祖孝孙以为梁、陈之音多吴、楚，周、齐之音多胡、夷，于是斟酌南北，考以古声，作《唐雅乐》，凡八十四调、三十一曲、十二和。诏协律郎张文收与孝孙同修定。六月，乙酉，孝孙等奏新乐。

上曰：'礼乐者，盖圣人缘情以设教耳，治之隆替，岂由于此？'御史大夫杜淹曰：'齐之将亡，作《伴侣曲》，陈之将亡，作《玉树后庭花》，其声哀思，行路闻之皆悲泣，何得言治之隆替不在乐也！'上曰：'不然。夫乐能感人，故乐者闻之则喜，忧者闻之则悲，悲喜在人心，非由乐也。将亡之政，民必愁苦，故闻乐而悲耳。今二曲具存，朕为公奏之，公岂悲乎？'右丞魏征曰：'古人称"礼云礼云，玉帛云乎哉！乐云乐云，钟鼓云乎哉！"乐诚在人和，不在声音也。'"

意思是说，太常少卿①祖孝孙②认为南朝梁、陈的音乐杂入很多吴、楚的音调；而北朝周、齐的音乐杂入很多北方胡、夷的音调，于是斟酌南、北方的音乐，又考察古代的音乐，修成了《唐雅乐》，总共八十四调、三十一曲、十二和。太宗又诏令协律郎张文收与太常少卿祖孝孙共同对《唐雅乐》加以修订。六月初十，祖孝孙等人一起演奏新修订的《唐雅乐》。太宗说："礼乐，不过是古代圣人根据实际情况的不同而设施教化罢了，国家政治的兴衰隆替，难道也由此而生？"御史大夫杜淹说："北齐将要灭亡时，产生《伴侣曲》；陈国将亡时，又出现《玉树后庭花》，其声调悲哀，过路人听到了都悲伤落泪，怎么能说政治的兴衰隆替不在于音乐呢？"太宗说："不对，音乐能够触动人的感情，所以高兴的人听到音乐则喜悦，忧伤的人听到它则感到悲痛，悲痛与喜悦全在于人的内心，不是由音乐引起的。将要衰亡的政治，百姓

---

① 太常少卿：太常寺官名，掌管礼乐郊庙社稷事宜。
② 祖孝孙：字德懋，乐律学家，唐朝著作郎、上骑都尉，历任选部郎中、天策府从事中郎、登州别驾、太常寺丞、吏部侍郎、太常少卿。

必然感到愁苦,所以听到音乐更加悲切。现在这二个曲子都还存在,朕为你弹奏出来,你难道会悲伤吗?"右丞魏征说:"古人说:'礼难道仅指玉帛之类礼器吗?'乐难道仅指钟鼓之类乐器吗?乐的意义确实在于使人心和睦,而不在于声音本身。"

太宗非常赞同魏征的观点。其实,魏征的观点恰恰彰显了贞观时期太宗与朝廷重臣的民本论思想,也是对音乐具有较大社会作用的高度认同。

事实证明,唐朝音乐正式起步于贞观时期。太宗不但在文治武功方面被称为一代英主,在繁荣音乐舞蹈艺术方面也有杰出贡献。太宗在位期间曾表示,自己不但要以武功定天下,而且还要用文德安天下。贞观时期,由于国家统一、天下太平,物质生活比较丰裕,人民安居乐业,为音乐的繁荣创造了应有的条件。

唐朝初期,由于平定内部叛乱和外部入侵的战事连连,高祖无暇顾及创作音乐。每逢遇有宾宴,君臣只好效仿隋朝旧制,用《九部乐》来助兴。《九部乐》包括:燕乐、清商乐、西凉乐、扶南乐、高句丽乐、龟兹乐、安国乐、疏勒乐、康国乐。太宗即位后,顺应天下统一的太平之势,诏令祖孝孙和张文收创作并修订完成了《唐雅乐》。隋唐前的南北朝时期,由于种族和地域的隔阂,从而导致音乐分为南乐和北曲两个派别。南乐是指"梁、陈之音",北曲是指"周、齐之音"。而《唐雅乐》融合了南乐北曲,恰到好处地调和了吴、楚之音和胡、戎之声,给音乐赋予了新的气息,为音乐舞蹈艺术的繁荣发展注入了活力。

贞观六年(632年),唐朝歌舞艺术的发展再次翻开了新的一页。据《资治通鉴·唐纪》中记载:"九月,己酉,幸庆善宫,上生时故宅也,因与贵臣宴,赋诗。起居郎清平吕才被之管弦,命曰:

"《功成庆善乐》，使童子八佾①为《九功之舞》，大宴会，与《破阵舞》偕奏于庭。"意思说，贞观六年九月廿九，太宗临幸庆善宫，这里是太宗出生时的旧宅，因而与显贵一起饮酒赋诗。起居郎博州清平（今山东省高唐县）人吕才将赋诗谱成曲弹奏，命名为《功成庆善乐》，让六十四名少年站成八纵八行依乐而舞，称《九功之舞》。又大摆酒宴，与秦王《破阵舞》一同在宫廷表演。

这一年，太宗又诏令弘文馆学士褚亮、著作郎虞世南、秘书监魏征等人一起，重新制作新乐章，来显现唐朝的太平盛世。这次制作过程，是以隋朝《九部乐》为蓝本，增添大唐王朝新的气息。新乐章标志着唐朝的音乐发展进入了一个新阶段，从而带动音乐舞蹈艺术更加繁荣普及。贞观十四年（640年），太宗平定高昌王麴文泰后，将俘获的高昌乐工交给了张文收。张文收深受启发，随即将已经完成的新乐章增加了高昌乐的元素，从而成了唐朝的《十部乐》。《十部乐》包括：燕乐、清商乐、西凉乐、高句丽乐、扶南乐、龟兹乐、疏勒乐、康国乐、安国乐、高昌乐。除了燕乐和清商乐外，《十部乐》中有八部是富有西域或域外各民族特点的音乐，顺应了民族交融的大一统潮流，迅速被社会各阶层所接受。《十部乐》即可按曲演奏，也可随声起舞。贞观十六年（642年）十一月，太宗在宴请百官时，就演奏《十部乐》来助兴。在制作《十部乐》的过程中，张文收还创作了小型乐舞《景云河清歌》，来歌颂太宗的文武功绩。

贞观期间，太宗还亲自主持创作了《秦王破阵乐》和《功成庆善乐》。《秦王破阵乐》由唐军将士庆祝胜利时所传唱的曲调

---

① 八佾：天子用的舞乐，舞队由纵横各八人，共六十四人组成。

改编而成。太宗宴请群臣时,经常命乐工在殿堂演奏《秦王破阵乐》。乐工演奏时,太宗非常得意地说:"朕昔在藩,屡有征讨,世间遂有此乐,岂意今日登于雅乐。然其发扬蹈厉,虽异文容,功业由之,致有今日,所以被于乐章,示不忘于本也。"(《旧唐书·志》)

除了《秦王破阵乐》,太宗还亲自设计了《破阵舞图》,并命张文收召集一百二十八名乐工进行排练,还诏令太常博士吕才为现场指挥。由《破阵舞图》改编而成的舞蹈阵势庞大,所有舞者都身披盔甲,手持长戟,充分展示车骑和步兵的神勇形象。舞蹈还有乐队伴奏,歌者唱和。太宗还命魏征、虞世南、褚亮、李百药等人填写歌词后,重新命名为《七德舞》。《七德舞》不仅在中原大地风靡一时,还迅速传播到周边国家。

后来,太常协律郎张文收奏请整理更改太宗时期的音乐,但太宗没有同意。太宗始终不忘隋朝灭亡的教训,他因此对张文收说:"音乐本来缘于人,人和则音乐和。隋炀帝末年天下大乱,即使修改音律,结果也不会和谐。如果天下无事,百姓安乐,音律自然会和顺,根本不需要更改。"太宗主要强调乐和的前提是人和,只有人和谐了,音律才会和谐。贞观期间,太宗非常注意在歌舞的中维护好人和的氛围。贞观七年(633年)正月,太宗宴请三品以上官员时,诏令乐工在宴席其间演奏《七德舞》。舞蹈开始前,尚书左仆射萧瑀提议,舞蹈应尽可能地再现太宗擒获刘武周、薛仁杲、窦建德、王世充等枭雄时的真实情景。太宗听了,摇头加以否定。他说:"彼皆一时英雄,今朝廷之臣往往尝北面事之,若睹其故主屈辱之状,能不伤其心乎?"(《资治通鉴·唐纪》)太宗认为,这样必然会影响已经形成的和谐局面。这件事,也足以证明太宗对音乐歌舞发挥重大社会作用的重视。

4. 刊正姓氏强皇权

据《新唐书·列传》中记载:"初,太宗命诸儒撰《氏族志》,甄差群姓。"意思是说,当初,太宗皇帝命儒官编撰《氏族志》,以甄别众姓的身份。《新唐书·列传》中还记载:"昔尧赐伯禹姓曰姒,氏曰有夏;伯尼姓曰姜,氏曰有吕。下及三代,官有世功,则有官族,邑亦如之。后世或氏于国,则齐、鲁、秦、吴;氏于谥,则文、武、成、宣;氏于官,则司马、司徒;氏于爵,则王孙、公孙;氏于字,则孟孙、叔孙;氏于居,则东门、北郭;氏于志,则三乌、五鹿;氏于事,则巫、乙、匠、陶。于是受姓命氏,粲然众矣。"意思说,过去,尧赐伯禹姓"姒",氏为"有夏";赐伯夷姓"姜",氏为"有吕"。下及三代,官有世代之功,就有了官族,邑也是如此。后代有的以国为氏,就有了齐、鲁、秦、吴;有的以谥号为氏,就有了文、武、成、宣;有的以官为氏,就有了司马、司徒;有的以爵位为氏,就有了王孙、公孙;有的以字为氏,就有了孟孙、叔孙;有的以住处为氏,就有了东门、北郭;有的以族标为氏,就有了三乌、五鹿;有的以职业为氏,就有巫、乙、匠、陶。于是接受姓、确定氏,也就越来越多了。

在魏晋南北朝时期,氏族是指"官有世胄,谱有世官"的身份性的士族;到了唐初时期,是指非身份性的士族。唐初的士族,主要包括四个非常有代表性的集团:尚婚姻的山东士族,尚人物的江左士族,尚冠冕的关陇士族,尚贵戚的代北士族。但是,尚冠冕的关陇士族集团呈现逐渐解体的态势,尚人物的江左士族集团和尚贵戚的代北士族集团也呈现逐渐没落的态势,只有以崔、卢、郑、李、王五姓为首的山东士族集团根基较深，长盛不衰。唐初时期，房玄龄、魏征等朝廷重臣，仍然争相与山东士族集团联姻，山东士族的社会地位因此居高不下。强大的士族势力，对皇权无疑是一种极大的威胁。太宗实在无法容忍这样的态势得以继续，不得不下令刊正姓氏、修撰《氏族志》。

早在隋朝建立后，隋文帝就试图打破"魏氏立九品，置中正，尊世胄，卑寒士，权归右姓已"的传统格局，在选用官吏上废除了"九品中正制"士族门阀制度，以下诏求贤的方式选用人才。

但是，士族门阀观念已经根深蒂固，很难消亡，朝廷的政治核心仍聚焦在士族集团。唐朝建立之初，朝廷的政治集团就是由关陇士族联合其他阶层组成的，那些旧士族仍在政务处理过程中起着非常重要的影响作用。处于政治核心地位的关陇士族虽然在政治上握有实权，但在社会地位方面还不足以与旧士族抗衡。在士族门阀制度下，社会看重的是血统种姓。

当时，包括高祖皇室在内的关陇贵族，祖先都是没有文化的胡人或胡化汉人。李氏家族虽然掌握了朝廷的政权，但人们还没有改变对他们的士族卑微观念。太宗即位后，关陇贵族和庶族虽然在朝廷的重臣中占了绝对优势，执掌着大部分朝政的决策权，但由于门阀较低，出身寒微，依然受到旧士族出身官员的奚落、歧视。马周在担任监察御史时，御史大夫韦挺就因为马周出身寒士，而对他的一些政见总是嗤之以鼻。

贞观六年（632 年），太宗与尚书左仆射房玄龄在谈论近代士族卖婚弊病时说："最近朕听闻山东四大姓氏，明明已经家道中落，却还要打肿脸充胖子，依仗先辈的功绩，夸耀自大，子女结婚时总喜欢大肆向亲家收取彩礼，把好好的一场婚礼搞得跟贩卖人口似的。不但破坏了风俗，对社会影响也不好。既然他们德不配位，咱们也该尽早刹住这股子歪风邪气，爱卿以为如何？"房玄龄听了太宗的话，不住地点头称是。但房玄龄也只能是点点头而已，因为它本身就与山东士族集团联姻，是士族集团势力的屈服者。

太宗随后诏令，由吏部尚书高士廉、御史大夫韦挺、中书侍郎岑文本、礼部侍郎令狐德棻等大臣负责，普查全国世家门第人口，重新修订《氏族志》。同时，根据历史记载，对一些名不副实的世家大族予以除名、贬斥。

不久，吏部尚书高士廉等大臣联合向太宗递交了《氏族志》的初稿，请太宗御览。没想到，太宗阅读了《氏族志》的初稿后，竟然大发雷霆，把高士廉等大臣劈头盖脸骂了一顿。

原来，在新修订的《氏族志》过程中，高士廉等大臣根据古往今来氏族排行的习惯，仍将清河崔氏、博陵崔氏等传统士族，列为《氏族志》的第一等。

当时的士族门户，就等同于氏族所拥有的社会地位，正所谓"上品无寒门，下品无士族"。以"五姓七望"为主的山东士族，即清河崔氏、博陵崔氏、范阳卢氏、太原王氏、赵郡李氏、荥阳郑氏和陇西李氏，被公认为北方士族门户的第一等。这些士族门户，在一个相对封闭的贵族圈层中互相联姻，通过姻亲和血缘关系，将家族财产与社会地位世代传承下去。随着士族门户联姻的不断扩展，逐渐形成了稳固的上流社会阶层。这些士族门户形成的阶层，对下品非士族的寒门形成了天然的鄙视屏障和利益屏障。

太宗即位后，随着天下统一盛世的到来，尤其是采取科举制选人用人后，这些士族门户的子弟，无疑成了历史前进的巨大障碍，也成为首当其冲的被淘汰者。

为此，太宗非常明确地说：朕下旨编写《氏族志》，并非与"五姓七望"有仇，只因他们家境衰落，还没人愿意出来做官。他们整天贩卖祖宗威望，沽名钓誉，看谁谁不行，做啥啥不好。如果说这些人忠孝两全，道德高尚，孝悌父母那还好，可偏偏有些人就是才能低下，还整天以为自己很有能耐。关键是，朝廷大臣还喜欢跟他们结交，送他们财物，助长他们的嚣张气焰，这样给社会造成了极大的负面影响。

太宗的话，不仅说出了对"五姓七望"的评价，更包含着另一层意思，就是这些人的行为已经对皇权构成了巨大的威胁。

《氏族志》初稿形成后，太宗特别强调："不须论数世以前，止取今日官爵高下作等级。"太宗的话，就是甄别士族盛衰的标准，就是要求《氏族志》的修订，要遵照"尚官"的原则，不该遵照"尚姓"的原则。

被太宗痛骂了一顿后，高士廉等大臣显然是恍然大悟。高士廉等大臣遵照太宗的诏令，对《氏族志》进行了重新订正，把皇族立在《氏族志》的第一等氏族，外族列为《氏族志》的第二等氏族。而当初被列为第一等的崔氏，则降为《氏族志》的第三等氏族。《氏族志》还规定，日后氏族排名，要以姓氏族人所在的官位品级来确定氏族的等级。当时，崔民干仅在朝中担任侍郎，其品级连第三等氏族都很难列入，但太宗为了保留高士廉等修订大臣的颜面，没有再坚持更改。其实，太宗认同高士廉将崔民干降为《氏族志》的第三等氏族，还是"尚官"向"尚姓"的一种妥协，太宗心知肚明，不再提起。

贞观十二年（638年），高士廉等大臣修订的《氏族志》最后定稿，总共收录了二百九十三姓、一千六百五十一家，所有姓氏都分等级，共计一百卷。随后，太宗诏令颁行天下。

《氏族志》的主要内容，大致分为三个方面：一是王妃、主婿都取当世勋贵名臣之家，不再尚山东旧族；二是不须论数世以前，止取今日官爵高下作等级；三是颁布诫励氏族婚姻诏，强调山东氏族和朝臣要明确嫁娶的次序，必须遵照礼仪典章。《氏族志》中的这些内容，充分体现了太宗有意限制山东旧势力的目的。但如果这些旧势力能为皇权所用，太宗还是不论出身委以重任。魏征之女是高祖之子霍王李元轨的妃子，杜如晦之子杜荷娶了太宗的女儿城阳公主，而魏征和杜如晦，都是旧势力的代表人物。

新修订的《氏族志》，打破了过去以郡姓作为氏族排序等级的传统，使一部分做官的庶族取得了士族身份，而没落的门阀士族受到了应有的打击。太宗扶植做官庶族、压抑门阀士族的做法，有力地强化了皇权专制。

5. 读史为鉴治国家

在长达二十三年的贞观之治中，唐太宗始终做到以史为鉴、居安思危，力戒奢侈、惩贪倡廉，因此取得了辉煌的业绩。他在赐给太子的《帝范》一文中的序言中写道："所以披镜前踪，博览史籍，聚其要言，以为近诫云耳。"意思是，所以我博览史籍，借鉴和总结前人的经验，分析当中的利弊并聚成要言，作为你执政时的警诫。

《帝范》虽短，但文辞有力而优美，不仅展现了一代英明帝王对人生和世界的体悟，也体现了一个开国君主对马上争天下、马下治天下的经验总结。文章中充满哲理性的语言，总能一语道破天机，既包含着分析问题的高瞻远瞩，也隐含着畅谈论理的深邃透彻。太宗所写的话，既是家训，更是自勉。太宗将《帝范》赐给皇太子李治时，再三叮嘱，作为遗训："饬躬阐政之道，皆在其中，朕一旦不讳，更无所言。"

太宗始终认为，只有注意借鉴历史的经验，才能真正治理好国家，实现天下太平，百姓安康。

周武王灭商后，周王室统治天下长达七百九十一年；而秦始皇统一六国后，秦王朝仅仅存在十五年。前后承接的两个历史朝代，为什么在存国时间上有这么大的差别呢？这个问题，引发了太宗的深深思考。据《贞观政要》中记载：观初年，太宗从容地对身边的大臣们说："周武王平定了商纣王之乱，取得了天下；秦始皇乘周王室的衰微，就吞并了六国。他们取得天下没有什么不同，为什么国运长短如此悬殊呢？"尚书右仆射萧瑀回答说："商纣王暴虐无道，天下的人都痛恨他，所以八百诸侯不约而同地来与周武王会师，讨伐纣王。周朝虽然衰微，六国无罪，秦国完全是倚仗智诈暴力，像蚕吃桑叶一样，逐渐吞并诸侯的。虽然同是平定天下，人们对待他们的态度却不一样。"太宗说："这样的说法不对，周灭殷以后，努力推行仁义；秦国达到目的以后，却一味地施行欺诈和暴力，它们不仅在取得天下的方式上有差别，而且守护天下的方式也不相同。国运之所以有长有短，道理大概就在这里吧！"

在研究分析秦朝和隋朝灭亡的原因时，太宗认为，秦始皇过度宠信依赖赵高，是导致朝政败坏、秦朝灭亡的一个重要原因。同时，

第六章 偃武修文，礼仪律令治天下

隋朝也仅仅存在了两世皇帝就灭亡了，隋文帝杨坚负有无法推卸的责任。太宗为隋文帝的所作所为感到痛惜。杨坚的皇帝之位，是从宣帝的儿子宇文阐和宣帝的皇后朱满月的手中强行夺取的，因此担心朝中大臣不服他管理，很多名将和得力大臣都被他放逐或者处死，后来甚至对有功英雄和将军都进行杀戮，使统治集团内部斗争暗潮涌动，民族矛盾逐步激化，各地武装起义时常爆发。所有这些，都为隋朝的灭亡埋下了伏笔。太宗研究分析这些历史，是为了更好地警示自己，更好地治理天下。

太宗经常阅读东汉时期史学家班固编撰的《汉书》。《汉书》又称《前汉书》，是有史以来第一部纪传体断代史，也是继《史记》之后中国古代又一部重要史书，与《史记》《后汉书》《三国志》并称为"前四史"。《汉书》主要记述了上起汉高祖元年（前206年），下至新朝王莽地皇四年（23年）共计二百三十年的史事，包括纪十二篇，表八篇，志十篇，传七十篇，共一百篇，共八十万字。后来又划分为一百二十卷。

太宗非常推崇汉初时期的汉文帝刘恒。据《贞观政要》中记载：贞观二年（628年），公卿上奏说："依《礼》中所讲的，六月夏日，可以居住在凉台，但是现在夏天暑气没有退却，秋天凉气刚刚开始，皇宫中非常潮湿，所以请求修建一座暖阁让您居住。"太宗说："朕有哮喘病，难道就不怕潮湿？但如果修建的话，会浪费许多人力物力。以前汉文帝想修建露台，因为怜惜十户百姓家产而放弃这个想法，朕功德不及汉文帝，而比他还要奢侈浪费，难道是为人父母的道理吗？"公卿大臣再三恳请，太宗始终没有允许。

据《贞观政要》中记载，贞观十一年（637年），侍御史马周上疏陈述时政得失说："汉文帝惜百金之费，辍露台之役，集上书囊以为殿帷,所幸慎夫人衣不曳地。至景帝以锦绣綦组妨害女工,特诏除之,所以百姓安乐。至孝武帝,虽穷奢极侈,而承文、景遗德,故人心不动。向使高祖之后即有武帝,天下必不能全。此于时代差近,事迹可见。"意思说,西汉文帝舍不得耗费一百金,停止了露台工程,把装书的布缝在一起当宫殿的帷幔,他宠爱的慎夫人不穿过长的裙子。后来景帝认为织绣花纹的红色绶带太费女工的时间,特发诏令取消,因此百姓安居乐业。后来武帝虽然极端奢侈,但是靠着文帝、景帝留下的恩德,因此民心没有动荡。假如高祖刚刚开创西汉基业,紧接着就是武帝大加挥霍,国家一定不能保全。这些距离今天比较近,事情的始末很清楚。

在太宗的心目中,汉文帝奉行无为而治,不劳民伤财,不兴师动众。汉文帝在政治上没有进行过重大改革,似乎是无所作为,可他那种近似淡泊无欲的治政态度,却折服了朝野,使遭受过诸吕专政、宗室涂炭的西汉朝廷迅速安宁下来,社会经济得到了稳步发展,使"文景之治"有了一个良好的开端。太宗经常与大臣官吏回顾历史,总结历史,以史为鉴,从而推进社会的发展进步。

在太宗的影响带动下,贞观时期一度形成了读《汉书》的热潮。当时,研究《汉书》比较有名的著作有:刘伯庄所著的《汉书音义》,姚察所著的《汉书训纂》,颜师古作注的《汉书》、颜师古叔叔颜游秦所的《汉书决疑》等。这些著作,对《汉书》都有独到的见解,让太宗读后大加赞赏。

据《贞观政要》中记载:"贞观九年,太宗谓魏征曰:'顷读周、齐史,末代亡国之主为恶多相类也。齐主深好奢侈,所有府库用之略尽,乃至关市无不税敛。朕常谓此犹如馋人自食其肉,肉尽必死。人君赋敛不已,百姓既弊,其君亦亡,齐主即是也。然天元、齐主若为优劣？'"意思是，太宗对魏征说："近来我读北周、北齐的史书，发现末代亡国的君主，所从事的坏事多数都很类似。齐主高纬非常奢侈，府库所藏，几乎都被他挥霍光了，以至于关隘市集，没有哪一处不征收赋税的。我常说，这就像嘴馋的人吃自己身上的肉一样，肉吃完了自己也就死了。君主不停地征敛赋税，百姓既已疲弊，他们的君主也就灭亡了，齐主就是这样的人。然而后周天元皇帝与齐主相比较，谁优谁劣呢？"

太宗在饱览史书时，为吸取历史教训，特意写了著名的《金镜》一文，通篇体现了以史为镜的这个宗旨，充分阐述了吸取历史教训的观点，同时提出治国方略。其中一段这样写道：

有明主，有暗主。高祖摄衣於郦生，比干剖心于辛纣。殷汤则留情於伊尹，龙逢则被诛於夏桀。楚庄暇隙而怀忧，武侯罢朝而含喜。暗主护短而永愚，明主思短而长善。观高祖殷汤，仰其德行，譬若阴阳调，四时会，法令均，万民乐，则麒麟呈其祥。汉祖殷汤岂非麒麟之类乎？观夏桀商辛，嗟其悖恶之甚，犹时令不行，寒暄失序，则猛兽肆毒，蝥螟为害。夏桀商辛，岂非猛兽之俦乎？予以此观之，岂非天道之数也。虽曰天时，抑亦人事。成汤之世，有七年之旱，翦爪为牺，千里降雨；太戊之时，桑谷生朝，惧而修备，遂使十有六国重译而来：此岂非人事者也？或云为君难，或云为君易。人君处尊高之位，执赏罚之权，用人之才，用人之力，何为不成？何求不得？此言之实易，论之实难。何者？轻陵天地，众精显其妖；忽慢神灵，风雨应其暴。是以帝乙有震雷之祸，殷纣致飞沙之灾。多营池观，远求异宝，民不得耕耘，女不得蚕织，田荒业废，兆庶凋残。见其饥寒，不为之哀，睹其劳苦，不为之感，苦民之君也，非治民之主也。薄赋轻徭，百姓家给，上无暴令之徵，下有讴歌之咏，屈一身之欲，乐四海之民，忧国之主也，乐民之君也。此其所以为难也。

太宗在读史过程中，充分研究、总结、学习、借鉴各个朝代的历史经验，主动站在历史的高度看待皇权，为开创"贞观之治"的宏伟大业创造了条件。

6. 编修史书鉴后人

唐太宗既是一位跟随父亲打天下的皇帝，也是一位子承父业守天下的皇帝，深知打天下不易、守天下更难的道理。太宗即位后，不断总结历代王朝成败兴衰的经验教训，兢兢业业地致力于守成。他喜欢读史、议史，更重视修史、存史。

武德四年（621年），高祖诏令编修梁、陈、齐、周、隋、魏六朝正史。但是，由于各地农民起义频繁爆发，征战不断，高祖始终未能完成修史的心愿。到了贞观年间，在唐太宗的主持下，唐朝史官先后编修了《北齐书》《周书》《梁书》《陈书》《晋书》《南史》《北史》《隋书》等八部正史，平均每两年半就编修一部正史。这样的一个速度和业绩，堪称有史以来的一个奇迹。

贞观三年（629年）二月，太宗诏令房玄龄为尚书左仆射，监修国史。在房玄龄的主持监督下，拉开了大唐王朝编修六朝正史的序幕。根据参与编修人员的自身特点，房玄龄决定，由中书舍人李百药编修《北齐书》，散骑常侍①姚思廉编修《梁书》《陈书》，秘书丞令狐德棻、中书侍郎岑文本共同编修《周书》，秘书监魏征编修《隋书》，房玄龄等共同编《晋书》，御史台主簿李延寿以私人的名义编修《南史》和《北史》。后来，太宗诏令魏征接替政务繁忙的房玄龄担任编修总监。在所有参与人员的共同努力下，贞观末期终于完成了对梁、陈、齐、周、隋、魏等六个朝代的史书修订，占据二十四史的四分之一。

  这次大规模编修史书，表现最为抢眼的是魏征。魏征负责编修的《隋书》，具有很高的史书水准，是《二十五史》中修史水平较高的史籍之一。在《隋书》的编修过程中，充分研究借鉴了隋朝秘书少监王劭的《隋书》八十卷、隋朝著作佐郎王胄的《大业起居注》等多种记录隋朝历史的材料，去伪存真，相互佐证。魏征借鉴参考的《大业起居注》一书，由于经历多年的兵荒马乱，内容散失严重。为了能够真实记录隋朝历史，魏征经常寻访在隋朝生活过的老人。隋末唐初著名的"药王"孙思邈就是魏征的受访者之一。孙思邈重视积累民间的医疗经验，经常走访民间医药专家，并及时记录下来，完成了隋朝著作的医药专著《千金要方》。唐朝建立后，孙思邈接受朝廷的邀请开展相应的医学活动。接受魏征采访的老人，为他编修《隋书》提供了许多翔实的资料。魏征还广泛参考名门望族的回忆录、家谱等材料，进行对比求证，进而采纳那些通过校订能够印证的内容写入书中。

---

  ① 散骑常侍：官名，入朝规谏过失，随时向皇帝提出建议，皇帝出行时骑马散从。

贞观十年（636年），《隋书》正式定稿，共计八十五卷，其中帝纪五卷，列传五十卷，志三十卷。据《隋书·经籍志总序》中记载："学之者将殖焉，不学者将落焉。大业崇之，则成钦明之德；匹夫克念，则有王公之重。"

贞观五年（631年），太宗诏令礼部侍郎李百药编修《北齐书》。李百药的父亲李德林是北齐天宝年间的中书侍郎，编修《齐史》二十七卷。隋朝开皇年间，文帝诏令李德林为内史令，并封安平公，续修《齐史》三十八卷。太宗诏令李百药编修《北齐书》，李百药非常高兴，于是便以父亲李德林编修的《齐史》二十七卷和续修的《齐史》三十八卷为参考，借鉴王劭编修的十六卷编年体《齐志》在内的各方资料，最终完成了长达五十卷的《北齐书》，其中，纪八卷，列传四十二卷。

由令狐德棻、岑文本、崔仁师共同负责编修的《周书》，成稿后共计五十卷，其中本纪8卷、列传42卷。令狐德棻是隋唐时期的历史学家。被太宗诏令编修《周书》后，充分借鉴参考隋朝吏部尚书牛弘编修的《周纪》、西魏史官柳虬编修的《北周起居注》等十八篇历史资料，同时又广泛征集其他相关资料，最终完成编修任务。

姚思廉在负责编修《梁书》《陈书》的过程中，充分参考借鉴了父亲姚察遗留下来的重要资料。隋文帝时期，姚察曾经担任过秘书丞、晋王杨昭侍读、太子中舍人，并被隋文帝诏令编修《梁史》《陈史》。同时，姚思廉还参考借鉴了梁陈朝许亨编修的《梁史》、谢炅编修的《梁书》、陆琼编修的《陈书》、顾野王编修的《陈朝国史纪传》等史书资料，先后完成了《梁书》和《陈书》的编修。其中，《梁书》五十六卷，《陈书》三十六卷。

由于晋朝与唐朝之间的时间跨度很大，各种史料遗失严重。为总结晋朝昙花一现的历史经验教训，太宗下诏重修《晋史》，并由房玄龄担任总监。当时，参加编修《晋史》的朝臣，包括令狐德棻、李淳风、李义府、李延寿在内总共十八人。后来，太宗又诏令褚遂良、许敬宗和房玄龄参与编修。这二十一人组成的庞大编修队伍，既参考借鉴了东晋干宝编修的《晋纪》、南朝宋人何法盛编修的《晋中兴书》等几十部正史资料，又吸纳了干宝编写的《搜神记》、伪托陶渊明编写的《搜神后记》等稗官野史。经过两年多的不懈努力，《晋史》完稿。《晋书》完成后，亲笔为《晋书》中的《宣帝纪》《武帝纪》《陆机传》《王羲之传》撰写了史论部分。皇帝亲笔书写史论，在史书中叫御撰。因此，《晋史》也成为有史以来唯一一部由皇帝书写史论的史书。《晋史》总共一百四十卷，其中包括帝纪十卷、志三十卷、列传七十卷、载记三十卷。

《北齐书》《周书》《梁书》《陈书》《晋书》《南史》《北史》《隋书》等八部正史书稿全部完成后，太宗高兴万分，随即在嘉奖诏令中说："公辈以数年之间，勒成五代之史，深副朕怀，极可嘉尚。"魏征以总监之功，赏赐优厚，加光禄大夫，进郑国公，赐物二千段；李百药除赐物四百段外，还擢散骑常侍，行太子左庶子；姚思廉赐彩绢五百段，加通直散骑常侍；令狐德棻赐绢四百匹。

太宗不仅重视编修以往朝代的史书，还同样重视编写当代的史书。他改变了以往当朝不修实录的做法，诏令编纂了包括实录、国史、起居注在内的当代历史书籍。贞观十四年（640年），太宗诏令尚书左仆射房玄龄主持编写实录。房玄龄和参与编写实录的史官，将唐朝创建到贞观十三年（639年）这段历史写成编年史，修纂《武德实录》二十卷，《贞观实录》二十卷。贞观十七年（643

年），太宗看到两部实录后，赞不绝口，随即诏令赏赐房玄龄绢一千五百匹，赏赐给事中许敬宗绢八百匹，加封为高阳县男，代检校黄门侍郎。

太宗非常重视起居注①的编写。贞观初年，太宗除了设置起居郎外，还设置了知起居注②，兼职做起居注。起居郎和知起居注，均由太宗亲近的侍臣担任，因此能够翔实记录太宗的言行。贞观年间，担任过中书侍郎的杜正伦、担任过中书令的褚遂良等重臣，都曾兼任过知起居注，为修纂史书提供了丰富的第一手资料。

据《旧唐书·褚遂良传》中记载："贞观中，太宗谓褚遂良曰：'卿知《起居注》，记何事大抵人君得观之否？'遂良对曰：'今之《起居》，古之左右史，书人君言事，且记善恶，以为检戒，庶乎人主不为非法。不闻帝王，躬自观史。'太宗曰：'朕有不善，卿必记之耶！'遂良曰：'守道不如守官，臣职当载笔，君举必记。'"意思说，贞观年间，太宗对褚遂良说："你记录我的起居事务，记录什么事情？我可以看吗？"褚遂回答说："现在的起居注，和古时候左右史一样，只写君王的言行，并记录他的善行恶行，留给后人借鉴，所以君王不会胡妄非为，未曾听说有帝王会亲自看这些记录的。"太宗问："我有不良好的作为，你也一定记录吗？"遂良答："遵守道义不如遵守官规，我的职责理当用笔记录，皇上的行为我一定记录的。"从此，太宗再也没说看起居注的话。

---

① 起居注：史官记录帝王的言行录，专门负责记录的官员称为起居郎。
② 知起居注：官名，门下省置起居郎二员，记录皇帝言行，以他官兼此职者。

7. 颁布新法振朝纲

唐太宗即位后，到贞观中期的短短十几年内，唐朝就创造了前所未有的国富民强的可喜局面，其中的一个重要原因，就是朝廷建立了符合社会发展状况的相关法律法规，并按照公平公正的原则贯彻执行。相关法律法规的制定、颁布与实施，为广大民众的安居乐业提供了了强大的司法保障，从而开创了天下大治的局面，也为贞观之治的实现铺平了道路。

太宗亲身经历了隋朝由衰而亡的过程，深刻的教训无时不在警醒着他。隋炀帝在位期间，因不讲信义而丧失仁德，又因施行酷法而丧失民心，最终导致天下大乱。隋大业十四年（618年）三月，隋炀帝在江都（今江苏省扬州市）被宇文化及的叛军弑杀，隋朝就此灭亡。高祖建立唐朝后，深知实行严刑酷法对社会的危害，也深知民众的力量不可估量，因此废除了隋炀帝实行的《大业律》。同时，高祖诏令左仆射裴寂、户部尚书刘文静等大臣，参考隋初的《开皇律》制定新法律。高祖要求："本设法令，使人共解，而往代相承，多为隐语，执法之官，缘此舞弄。宜更刊定，务使易知。"（《旧唐书·刘文静传》）武德七年，《武德律》制定完成后，高祖随即诏令颁布实施。由此，《武德律》也成了唐朝立法的开端。

唐太宗深感治理国家必须重视依法依规，做到赏罚分明。太宗说："国家大事，惟赏与罚。赏当其劳，无功者自退；罚当其罪，为恶者咸惧。"（《贞观政要》）意思是，国家大事，唯有重视赏与罚。所赏的人和他的功劳相当，无功的人自然退避不争；

所罚的人和他的恶行相当，做坏事的人自然会感到害怕。

太宗觉得，对朝廷官员能够真正做到赏罚分明，就必须有相应的法律法规作为标准。太宗首先想到应该尽快对《武德律》进行修订和完善。于是，他召集朝中大臣讨论致治与立法的原则问题。

讨论中，朝臣中出现了两种截然不同的主张。一部分大臣强烈主张推行威刑严法；而另一部分大臣却强烈主张实行仁政治国。而秘书监魏征，就是仁政治国的坚定支持者。魏征说："然则仁义，理之本也；刑罚，理之末也。为理之有刑罚，犹执御之有鞭策也，人皆从化，而刑罚无所施；马尽其力，则有鞭策无所用。由此言之，刑罚不可致理，亦已明矣。"（《贞观政要》）意思说，仁义是治国的根本，而刑罚是治国的辅助手段。用刑罚来治国，就像赶马车用鞭子，百姓们都已服从教化，那么刑罚就没有地方可施行了；马能自觉地尽力奔跑，那么鞭子也就没有什么用处了。由此可见，刑罚不能使国家太平，这个道理是很明显的。"谏议大夫王珪也非常赞同仁政治国，他说："但选公直良善人，断狱允当者，增秩赐金，即奸伪自息。"意思说，只要选公正正直善良的人，判断案子公正恰当的，增加官吏的薪金和赏赐，那么奸妄伪诈之事自然就平息了。尚书右仆射封德彝是威刑严法的支持和倡导者，他强烈指责魏征说："三代以还，人渐浇讹，故秦任法律，汉杂霸道，盖欲化而不能，岂能之而不欲邪？魏征书生，未识时务，若信之虚论，必败国家。"（《资治通鉴·唐纪》）魏征也驳斥说："五帝、三王不易民而化，昔黄帝征蚩尤，颛顼诛九黎，汤放桀，武王伐纣，皆能身致太平，岂非承大乱之后邪！若谓古人淳朴，渐至浇讹，则至于今日，当悉化为鬼魅矣，人主安得而治之！"（《资治通鉴·唐纪》）

经过一番讨论后，太宗最终采纳了魏征、王珪等大臣的建议，把慎刑宽法作为修订《武德律》形成《贞观律》的基本原则。于是，太宗诏令尚书右仆射长孙无忌、中书令房玄龄等大臣在《武德律》的基础上，修订形成新律法。贞观十一年（637年）正月，《贞观律》终于修订完成。太宗非常高兴，随即诏令正式颁行。《贞观律》总计五百条，分为名例、卫禁、职制、户婚、厩库、擅兴、贼盗、斗讼、诈伪、杂律、捕亡、断狱等十二卷。罪行二十级：笞刑五条、杖刑五条，各十为差；徒刑五条，半年为差；流刑三条，五百里为差；死刑二条。《贞观律》与《武德律》有着明显的不同：一是增设加役流作为死罪的减刑，将腰斩、车裂、五马分尸等酷刑剔除；二是区分两类反逆罪，缩小缘坐处死的范围，将谋反满门抄斩改成只处死直系亲属；三是确定了五刑、十恶、八议、请、减、赎，以及类推、断罪失出入、死刑三复奏、五复奏等断罪量刑的主要原则。后来的历朝历代，都以《贞观律》作为制定新律典的依据。

在制颁行《贞观律》的同时，太宗还制定颁行了一系列的法规，这些法规包括令、格、式三种类型。据《唐六典》中记载："凡律以正刑定罪，令以设范立制，格以禁违止邪，式以轨物程式。"又据《新唐书》中记载："令者，尊卑贵贱之等数，国家之制度也；格者，百官有司之所常行之事也；式者，其所常守之法也。凡邦国之政，必从事于次三者。其有所违及人之为恶，而人于罪戾者，一断于律。"

在制定相关法律法规其间，太宗一直在密切关注，并加以指导。他发现有的官员为了提高办案效率，达到快速升迁的目的，制造了很多冤案。他非常生气地对身边的大臣说："死者不可再生，用法务在宽简。古人云，鬻棺者欲岁之疫，非疾于人，利于棺售故耳。今法司核理一狱，必求深刻。"（《贞观政要》）意思说，死人不可能再活，所以使用法律务必要宽大简约。古人说，卖棺材的人希望是个瘟疫之年，不是他对人嫉恨，而是有利于卖棺材的缘故。现在司法衙门核查审理一个案件，一定要求深刻。

于是，太宗召集大臣研究促进公平办案之法，最后确定判处死刑必须由中书省、门下省四品以上的官员集体讨论才能决断，从而避免出现冤案和量刑过度。

尚书右仆射长孙无忌等大臣在制定法令时，为彰显刑罚宽减，将《武德律》中五十种应判处绞刑的罪，改为断右趾。可太宗仍觉得太残忍，说："肉刑早已废除，应该换一种刑罚。"最终改为徒刑三年，流放三千里。

在执行《贞观律》的过程中，太宗从自身做起，尽力维护法律的尊严。一次，当他得知朝廷有的官员在选拔官吏的过程中，肆意伪造资历，便愤怒诏令，让犯事人自首，不自首者处死。诏令颁布后，很快就有人因犯此罪而被捕。太宗怒气难消，下令将这些官吏斩首。此时，大理寺少卿戴胄进谏说："此罪按律应该流放，不该斩首。""上怒曰：'卿欲守法而使朕失信乎？'对曰：'敕者出于一时之喜怒，法者国家所以布大信于天下也。陛下忿选人之多诈，故欲杀之，而既知其不可，复断之以法，此乃忍小忿而存大信也。'上曰：'卿能执法，朕复何忧！'"（《资治通鉴·唐纪》）后来，戴胄还用自己的法官身份，多次否定了太宗不合法律条文的意见，有理有据地说服了太宗。由于戴胄依法办事，从此避免了冤案的发生。

对于人命关天的死刑，太宗特别重视。《贞观政要》中有这样一段记载："贞观五年，张蕴古为大理丞。相州人李好德，素有风疾，言涉妖妄，诏令鞫其狱。蕴古言：'好德癫病有征，法不当坐。'太宗许将宽宥。蕴古密报其旨，仍引与博戏。治书侍御史权万纪劾奏之。太宗大怒，令斩于东市。既而悔之，谓房玄龄曰：'公等食人之禄，须忧人之忧，事无巨细，咸当留意。今不问则不言，见事都不谏诤，何所辅弼？如蕴古身为法官，与囚博戏，漏泄朕言，此亦罪状甚重。若据常律，未至极刑。朕当时盛怒，即令处置。公等竟无一言，所司又不覆奏，遂即决之，岂是道理。'因诏曰：'凡有死刑，虽令即决，皆须五覆奏。'五覆奏，自蕴古始也。又曰：'守文定罪，或恐有冤。自今以后，门下省覆，有据法令合死而情可矜者，宜录奏闻。'"太宗因斩杀了张蕴古而心生悔恨，于是规定，凡判处死刑，必须三日五次回奏。如果违背这一程序，法官将受到严厉的惩罚。

　　太宗诏令建立了刑讯制度，对罪人不得鞭背，以免造成死亡。若出现刑讯逼供，对审问者处以"杖六十"的刑罚。对确需拷讯者，规定拷讯次数不得超过三次，数量共计不超过二百下。经拷讯仍得不到确凿证据，必须取保释放。若因拷打致犯人死亡，按过失杀人罪论处。这样的制度，有效避免了屈打成招冤案的发生。

第七章 统一边疆,与邻为善国安定

1. 征伐突厥俘颉利

贞观年间,唐太宗采取各种有效措施促进国内的经济繁荣和社会稳定,同时,又采用强大的武力手段,平定了周边少数民族国家的不断侵扰,逐步实现了边疆地区的长久安定。

唐朝最大的边患,来自东突厥。东突厥经常凭借强大的骑兵实力不断侵扰唐朝的边郡甚至中原地区,使唐朝的百姓深受其害,但却无可奈何。因此,太宗把征伐东突厥、确保北方边境的稳定作为首要任务。

太宗与高祖在晋阳起兵之前,东突厥曾袭扰晋阳,晋阳守军因实力不足根本无法抵挡。为争取东突厥的支持,解除东突厥借机侵略的后顾之忧,太宗与高祖采取卑屈迎合政策,不惜对东突厥称臣纳贡。高祖建立唐朝后,东突厥始毕可汗经常派人以各种借口,态度蛮横地向唐朝索要财物。高祖考虑到中原尚未平定,不能遭到国内义军和东突厥的夹攻,每次都全力满足东突厥的无理要求。武德二年(619年),在东突厥始毕可汗去世时,高祖以国君丧礼才用的隆重礼节表示哀悼。翌年，东突厥处罗可汗率军帮助太宗攻打刘武周，东突厥士兵却在并州（今山西省太原市）城内大肆抢夺美女，并州总管李仲文愤怒不已却无计可施。这年秋天处罗可汗去世，唐朝仍以臣礼表示哀悼。武德七年（624年），东突厥再次侵犯原州（今宁夏和甘肃部分地区）、陇州（今陕西省陇县）、并州等地。高祖在无奈之下，竟做出了迁都的决定。而当时为秦王的太宗，毅然请求带兵抗击东突厥，甚至还立下了军令状："形势各异，用兵不同，樊哙小竖，何足道乎！不出十年，必定漠北，非敢虚言也！"（《资治通鉴·唐纪》）此次征战，太宗采用离间之计，迫使东突厥与唐军达成和解，退兵而去。但武德八年（625年），颉利可汗率领东突厥大军再次劫掠朔州（今山西省朔县），并进犯太原等地。唐军将领张公谨率部抗击，却终因兵力悬殊全军覆没，张公谨幸运逃脱。

武德九年（626年），太宗刚刚即位，东突厥就派兵入侵高陵（今陕西省西安市北部）、泾州（今甘肃省泾川县境内）等地，后来东突厥主力攻入长安近郊。太宗凭借超常的智慧和无人能及的气势，迫使颉利可汗和太宗歃血设盟，签订了"渭水之盟"。盟约签订后，东突厥颉利可汗很快向唐朝赠送了三千匹马和上万头羊，但太宗只要求东突厥归还俘虏的中原人口，并遣返被俘的并州道行军长史温彦博。太宗表面隐忍，心中却在等待时机一举消灭东突厥。

太宗深知，只有军事强大了，才能真正威慑强敌。为征讨东突厥，太宗开始在军事上做准备。为提高骑兵的战斗力，他诏令扩充唐朝军马场，在关内道、陇右道、河东道一带扩建了大规模的军马场，并引进胡马改良品种，重金招揽域外养马高手来驯马。

太宗想方设法扩充兵源，亲自在芳林苑内教士兵射箭，并组织射箭比赛，对胜出士兵亲自颁发奖品。为提高士兵作战的积极性，太宗建立了非常完善的军功晋爵食禄制度。太宗还下诏在丰年大量补充粮仓，充分储备粮草。太宗还亲自制定从东突厥内部分化瓦解的策略，暗中培植颉利可汗的敌对势力，用离间计削弱东突厥的实力。

贞观三年（629年），征讨东突厥机会终于来了。由于唐朝的日益强大，而东突厥却日益衰败，东突厥很多部落都纷纷上表归附唐朝。这一年八月，颉利可汗为了稳住唐朝赢得喘息的时间，也上表向唐朝称臣。十一月，代州（今山西省代县）都督张公瑾上奏说，征伐东突厥的最佳时机已经到来。张公瑾在奏章中，列举了此时征伐东突厥的六大成熟理由。太宗看了张公瑾的奏章后，心中大喜，立即召集朝中重臣商议征伐事宜。朝中大臣早就期盼出兵征伐东突厥这一天，一致同意张公瑾的建议，并全力支持太宗制订作战方案。很快，太宗就以"颉利可汗背信弃义，既请和亲，又援助梁师都"为由，诏令兵部尚书李靖为行军总管，兼任诸道行军大总管，节制诸兵团协同作战；诏令张公瑾为行军副总管，华州刺史柴绍为金河道行军总管，并州大都督李勣为通汉道行军总管，灵州大都督薛万彻为畅武道行军总管。众将各司其职，率领十万大军征讨东突厥。在强大的军事攻击和心理攻势下，这年的十二月，突利可汗不得不真正向唐朝称臣议和。

贞观四年（630年）正月，太宗为达到除恶务尽的目的，再次组织各路大军攻打东突厥。李靖率领三千名骑兵，从马邑（今山西省朔州市境内）闪电般奔赴恶阳岭（今山西省平鲁县西北），把毫无准备的颉利可汗吓得手足无措，只好退至碛口（今山西省临县南）。李靖又施行反间计，使东突厥内部遭到瓦解。并州都督李勣出云中（今山西省大同、朔州、怀仁市一带），在白道（阴山到漠北的要道）大破东突厥军，颉利可汗逃往铁山一带的大沙漠边缘。颉利可汗见自己已陷绝境，便立即派人向唐朝上表，要求归附唐朝。

　　太宗知道颉利可汗又在争取喘息的时间，便假意与他讲和，暗中诏令各路大军加强进攻。李靖与李勣在白道会师后，挑选一万精骑追赶颉利可汗。颉利可汗发现唐军追来，策马加鞭一路狂逃，东突厥军队顿时溃不成军，东突厥各路酋长率众归降。

　　颉利可汗向南投奔吐谷浑时，途中被唐朝大同道行军副总管张宝相俘虏。颉利可汗被唐军俘虏的消息传开后，一直归附东突厥的拨野古、回纥、仆骨、同罗等族首领纷纷向唐朝投降，东突厥内部的突利、郁射设也率部投降唐朝，一时间，漠北各少数民族纷纷派遣使者到长安朝贡。自此，大唐王朝北部的边境之患基本得到解除，东突厥大部分地域被纳入唐朝的版图。

　　贞观四年（630年），李靖大军押着颉利可汗凯旋长安，太宗亲自到顺天门迎接。太宗历数吉利可汗的各条罪状，吓得颉利可汗面无人色，以为必死无疑。但太宗却说："今日朕赦你不死，从今往后你一定要改邪归正，否则定不轻饶。"颉利可汗根本没想到唐太宗如此宽宏大量，慌忙磕头谢恩。太宗见颉利可汗真心归附，当众诏令颉利可汗为右卫大将军，并特赐府宅田地。收服颉利可汗后，太宗即兴作一首《两仪殿赋柏梁体》：

　　　　绝域降附天下平，
　　　　八表无事悦圣情。

云披雾敛天地明，

登封日观禅云亭，

太常具礼方告成。

随后，太宗高兴地说："往者国家草创，太上皇以百姓之故，称臣于突厥，朕未尝不痛心疾首，志灭匈奴，坐不安席，食不甘味。今者暂动偏师，无往不捷，单于款塞，耻其雪乎！"（《旧唐书·李靖传》）

2. 发兵平定吐谷浑

贞观四年（630年），唐太宗动用强大武力征服平定东突厥后，唐朝西北周边部族国家纷纷上表请求归附唐朝。尤其是西域的伊吾（今新疆哈密市）城主默啜脱离西突厥亲自来到长安，率领他所管辖的七座城池归顺唐朝。随后，太宗在这一地区设置了西伊州，两年后又改为伊州。高昌国（今新疆吐鲁番市境内）国王麴文泰也来长安表示归顺唐朝，后来，麴文泰在西突厥的胁迫下，背叛唐朝与西突厥结盟。

贞观七年（633年），太宗再次感受到西北边疆仍然存在比较大的不稳定因素，这些不稳定因素主要来自吐谷浑汗国和高昌国等部族国家。

吐谷浑汗国原本是鲜卑族的一个分支，以游牧为主，主要活动在唐朝的西北（今青海省一带）地区。吐谷浑汗国的统治者慕容伏允于隋开皇十七年（597年）继承王位，号步萨钵可汗，与隋朝联姻后，娶隋朝宗室女光化公主为妻。随着国力的增强，慕容伏允开始施行对外扩张政策，经常侵扰隋朝边境，让隋朝边民苦不堪言。隋大业三年（607年），慕容伏允派大宁王慕容顺向隋朝朝贡，被隋炀帝扣为人质。慕容顺是慕容伏允和隋朝宗室女光化公主的儿子。大业四年，隋朝派左卫大将军宇文述等将领率军攻打吐谷浑，慕容伏允兵败后逃往南部雪山，吐谷浑故地大多被隋朝占领。大业末年，吐谷浑趁隋朝内乱之际，返回故地复国。

吐谷浑汗国复国后，虽然实力大不如前，但依然是隋朝边境重要的部族国家之一。唐朝建立后，慕容伏允看准时机向高祖上表，要求替唐朝攻打割据河西的起义军李轨所部，并以换回扣押在长安作为人质的慕容顺为条件。高祖觉得这是一件不费一兵一卒灭掉李轨的大好事，便答应了慕容伏允的请求。巧合的是，唐朝大将安兴贵、安修仁兄弟二人也在攻打李轨。武德二年（619年），慕容伏允与安兴贵、安修仁兄弟二人合兵一处，一举打败了李轨。高祖兑现了承诺，释放了慕容伏允的儿子大宁王慕容顺。

大宁王慕容顺返回吐谷浑后，高祖为与吐谷浑建立平等友好的关系，确保边境地区的稳定，派大将李安远为使者出使吐谷浑。随后，慕容伏允又提出了与大唐通商、发展经济的要求，高祖答应了他的要求，吐谷浑的经济因此得到了快速的发展。唐太宗即位后，为集中精力抵抗强大的东突厥，唐朝对吐谷浑汗国仍采取友好政策。但随着吐谷浑汗国渐渐强大起来，侵扰唐朝的野心也渐渐膨大起来。慕容伏允趁着唐朝征讨东突厥的机会，多次派兵入侵唐朝的河西走廊一带，给唐朝和西域交通、对外交流造成了极大的障碍。

贞观四年（630年），唐朝大军征服并灭掉东突厥后，太宗没有发兵征伐吐谷浑。太宗觉得，吐谷浑汗国是通往西域的必经之路，要想确保通往西域之路畅通无阻，只有两种方式可行。一种是派兵占领吐谷浑，将其变成唐朝的一个州县；另一种是建立一个亲唐朝的吐谷浑政权，用另一个人取代慕容伏允。太宗认为，吐谷浑独特的地理位置，是扼制吐蕃势力向唐朝边界扩张的一个天然屏障，灭掉吐谷浑就等于拆掉了这个屏障。太宗经过一番深思后，决定从释放回归的大宁王慕容顺入手，建立起一个以慕容顺为可汗的吐谷浑新政权。

慕容顺在隋、唐两朝都为吐谷浑当过人质，深受中原汉族文化的影响。慕容顺返回吐谷浑后，发现父亲慕容伏允已经立了新太子，感觉自己已无望继承可汗之位，便整天郁郁寡欢。太宗觉得，如果唐朝能够帮助慕容顺夺回可汗的继承权，他必定感恩戴德地与唐朝修好。

慕容伏允生于隋开皇五年（585年），到贞观四年（630年）已经46岁了，那时，这个年龄在吐谷浑已属于年事已高了，因此，吐谷浑朝中的大小事务，大多由慕容伏允的宠相天柱王来处理。而天柱王的具有非常强烈的反唐意识，在他的蛊惑下，吐谷浑汗国多次发兵侵扰唐朝边郡地区，与唐朝军队交恶。

贞观八年（634年）十一月，慕容伏允再次被天柱王蛊惑，假意派遣使者与唐朝联络修好，暗中却派兵进攻唐朝的凉州（今甘肃省武威市）和廓州（今青海省化隆县西南），甚至扣留了太宗派去的使者赵德楷。此时，太宗深感吐谷浑已经到了执迷不悟的程度，双方不可能再和平相处，便以天可汗名义诏慕容伏允入朝。而慕容伏允害怕到长安后，像吐谷浑扣留赵德楷一样遭到唐朝的羁押，便以自己身患重病不能亲身前往为由，派使者去朝见唐朝天子。在国书中，慕容伏允还替自己的儿子向唐太宗请求赐婚。太宗看到国书后，虽然非常气愤，但也表示，只要慕容伏允能亲自到长安迎亲，唐朝与吐谷浑之间的和亲就能实现。但因慕容伏允心存畏惧没敢答应，和亲宣告失败。后来，即使太宗屡派使者前去宣谕慕容伏允入朝，唐朝派出的使者往来十几次，慕容伏允始终没有入朝，而吐谷浑军队对唐朝边郡的侵扰也越来越频繁。

对慕容伏允得寸进尺的表现，太宗皇帝终于忍无可忍，下决心出重兵征伐并灭掉吐谷浑汗国。贞观九年（635年）腊月，太宗征命李靖为西海道行军大总管，同时诏令兵部尚书侯君集、刑部尚书李道宗、凉州都督李大亮、右卫将军李道彦、利州刺史高甑生等五人为各道行军总管，统一由李靖来指挥调度。就此，大唐王朝打响了一场规模宏大的征伐吐谷浑的战争。

贞观十年（636年）闰四月，刑部尚书李道宗在库山（今青海省湟源县境内）一带，一举打败了吐谷浑汗国的精锐骑兵，吐谷浑可汗慕容伏允见势不妙，立即率领队伍逃往沙漠地带。为切断唐军的粮草供应，逃亡中的慕容伏允下令烧尽沿途野草，以此来阻挡唐军的追兵。唐军得不到粮草的补给，许多将领都建议队伍暂时撤到鄯州（今青海省海东市境内）修整，等粮草得到补给后再发动进攻。此时，兵部尚书侯君集说："王师已至，而贼不走险，天赞我也。若以精兵掩不备，彼不我虞，必有大利。若遁岨山谷，克之实难。"（《新唐书·列传》）意思说，现在我唐朝大军已进攻到吐谷浑的腹地，而贼寇逃跑时并未选择险峻的道路，这是上天助我。如率领精兵袭其不备，出吐谷浑骑兵的意料之外，必能大获全胜。如现在让吐谷浑的败兵逃脱，然后守险于山谷，我军再行讨伐就很难取胜了。

听了侯君集的建议，李靖欣然采纳，立即兵分两路，北路军由李靖率领，南路军由侯君集率领，从南北两侧向吐谷浑军队发起攻击。

北路军在李靖的率领下，先后在曼头山（今青海湖南岸的日月山）、牛心堆（今青海省湟中县东南）、赤水源（今青海省兴海县东南）与吐谷浑军队交战，并取得胜利。在赤水源之战中，李靖手下大将薛万均、薛万彻兄弟二人被吐谷浑军队包围，始终未能杀出重围，队伍伤亡惨重。而就在这时，唐军铁勒族大将契苾何力及时赶到，与薛氏兄弟二人内外夹击，不仅成功突围，还反败为胜。李靖手下的另一员大将李大亮，也率军在蜀浑山（今青海省共和县西部）打败了吐谷浑军队，俘虏了无数的吐谷浑士兵。

侯君集率领的南路军，在人吃冰、马舔雪的极端困境之下，一直把慕容伏允率领的军队追赶到乌海（今青海省兴海县与玛多县交界地区）一带，交战中大破吐谷浑军队主力，并俘获名王梁屈葱。

李靖率领北路军乘胜奔袭三千多里，将慕容伏允残部一直赶到了且末国（今新疆且末县南部）境内，随后又将其赶到了突沦川（今新疆塔克拉玛干沙漠）。慕容伏允残部准备逃往于阗国（今新疆和田市一带）时，契苾何力与薛万均、薛万彻兄弟率领的唐军追上，唐军一举杀入慕容伏允的牙帐。走投无路的慕容伏允被迫自杀，手下部众全部投降唐朝。

太宗为了稳定唐朝西北地区的局势，诏令慕容伏允的儿子慕容顺为西平郡王、甘豆可汗，让他依然据守故地，吐谷浑实际变成了唐朝属国。太宗担心慕容顺久在内地为人质，根基不稳，难

— 215 —

以服众，便诏令凉州都督李大亮为左卫大将军，率领精兵数千驻扎在吐谷浑。太宗派兵驻扎在吐谷浑有两个目的：一是帮助慕容顺在吐谷浑内部压住阵脚；二是防止日益强大的吐蕃进攻吐谷浑。从此，唐朝与吐谷浑的边界地区得以安宁。

3. 平定高昌设为州

唐太宗发兵将吐谷浑汗国变成大唐王朝的属国后，又将征讨的目标锁定在了背信弃义与西突厥结盟的高昌国。

唐朝建立后，高昌国一直奉行向唐朝称臣并纳贡的策略。贞观四年（630年），国王麴文泰为表达对大唐王朝的一片忠心，携带隋朝时期和亲公主、出身北周皇族的妻子宇文玉波，来到唐朝都城长安觐见唐太宗。太宗对麴文泰来长安朝见非常满意，不仅给予了丰厚的赏赐，还赐予他的妻子宇文玉波为李姓，并封为常乐公主，将她加入李氏宗室籍属。但是，高昌国与唐朝之间的亲密关系并未维持多久，麴文泰就在西突厥的胁迫之下背叛了唐朝，与西突厥结盟来对抗唐朝。

高昌国原属于车师前国，国都为交河城（今新疆吐鲁番市西南）。汉元帝时期，汉朝在车师前国境内建设军事壁垒，以此防御匈奴，被称为高昌壁，也称高昌垒。汉朝还在高昌壁设置了戊己校尉，主管屯田和军事，并从中原地区迁移了大量汉民到此地屯垦，高昌壁逐渐汉化，成为西域中原文明重镇。

两晋和十六国时期，高昌壁日渐强大，开始具备了置郡的条件。

东晋咸和二年（327年），高昌壁戊己校尉赵贞举兵反叛属于汉族政权的前凉，但不久便被前凉文王张骏派来的西域长史李柏击溃。张骏为加强对西域的统治，在高昌壁设置了高昌郡。不久，张骏将敦煌郡、晋昌郡（今甘肃安西县东南）、高昌郡等三郡与西域都护、戊己校尉、玉门大护军等三营合并，设置沙州，治所设在敦煌。高昌先后属于前凉、前秦、后凉、西凉、北凉五国。刘宋元嘉十九年（442年），北凉被北魏消灭后，亡国君沮渠牧犍被俘虏，而他的弟弟沮渠无讳率领残余部队逃往高昌，驱逐了高昌太守阚爽自立为王，称为后北凉。

高昌太守阚爽率领族人逃往漠北的柔然境内避难，让柔然国的处罗可汗感到后北凉的存在威胁到柔然对西域的统治。刘宋大明四年（460年）十一月，处罗可汗率军攻陷高昌，并杀死了沮渠无讳的继承人沮渠安周，后北凉就此灭亡。罗可汗满足高昌汉人的请求，册立阚爽的族人阚伯周为王，高昌国宣告建立。

高昌国建立后，断绝了与中原王朝的官方往来，开始依附柔然国，并长期使用受罗部真可汗的"永康"年号。后来，原属柔然国的敕勒部落建立了高车国，柔然国失去对西域的控制，高昌国也因此遭遇厄运。南齐永明六年（488年），高车王阿伏至罗率部攻陷了高昌国，并杀害了国王阚首归，册立敦煌汉人官员张孟明为国王。十三年后的南齐建武三年（496年），高昌民众起义杀死张孟明，拥立马儒为国王。马儒登基后，心里惧怕高车的报复，便向北魏表示效忠，誓言举国迁至内地。南齐永元三年（501年），因高昌本地人眷恋本土、不愿东迁，便杀死国王马儒，拥立右长史麴嘉为王。

麴嘉奉行向北魏称臣纳贡的策略后，积极发展地方经济，大力提倡汉族文化传统，实施跟中原相似的官制、法律和财政制度，并将民众普遍信仰的佛教定为国教，不仅稳固了麴氏王族的地位，还壮大了高昌的国力。南梁时期，高昌国的实力达到顶峰，成为西域地区名副其实的大国。

隋朝初年，高昌国的大部分郡县被突厥侵占，后来在隋朝援军的帮助下才得以复国。为报答隋朝的恩情，高昌国不仅向隋朝称臣纳贡，派兵协助隋炀帝远征高句丽，还准许隋朝在本国境内设置西戎校尉府，让隋朝实现统管西域事务的目标。

唐朝建立后，高昌国虽然向唐朝表示了效忠的决心，但却在西突厥乙毗咄陆可汗的逼迫下改变立场，与西突厥结盟，不断侵扰唐朝边界郡县。无奈之下，太宗皇帝终于下定决心征伐高昌。

贞观十三年（639年）冬，太宗诏令兵部尚书侯君集为交河道行军大总管、铁勒族大将契苾何力为葱山道行军大总管，统率唐朝大军征伐高昌国。

得知唐军出兵的消息后，高昌国国王麴文泰却非常淡定地说："唐朝国都距离高昌七千多里，途中又隔着近两千里的沙漠，只要我们采用以逸待劳的办法坚守城池，唐军必然在到来后二十日之内因粮草不继而撤退。"

熟悉当地地形的葱山道行军大总管契苾何力穿越沙漠后，很快就抵达高昌国边界。麴文泰听说契苾何力率军抵达高昌国边界，大惊失色，随即旧病复发便一命呜呼。麴文泰之子麴智盛随即继承高昌国王位，并开始筹备父亲的葬礼。

麴文泰的葬礼结束后，侯君集见不识时务的麴智盛无投降之意，便任命中郎将辛獠儿为先锋，率领唐朝大军将高昌都城围个水泄不通。高昌王麴智盛见大势已去，只好传信给侯君集说："先王得罪天子，但先王已经身故，说明上天已惩罚了他。我刚刚继位，从未做过任何对不起天子的事情，请尚书详察并乞求尚书退兵。"侯君集读后，当即回信说："如果你真心悔过，只需率领百官至军门投降即可，我定会从轻处理。"

可是，侯君集在城外左等右等，一直没看到麴智盛的身影，不由怒火中烧，当即命令大军攻打高昌都城。麴智盛看到城内守军无法再坚持下去，便率领高昌国百官出城投降。唐军乘胜攻破了高昌国三州五县二十二城，获得了八千零四十二户，共计一万七千七百人。

平定高昌国后，交河道行军大总管侯君集又乘势挥师西行，攻打可汗浮屠城，驻守可汗浮屠城的西突厥叶护阿史那步真兵败后投降，被封为左屯卫大将军，高昌国和西突厥同时被平定。

贞观十四年（640年）九月，太宗把交河城置于安西都护府的管辖之下，并诏命伊州刺史谢叔方为首任安西都护。同时，太宗还把高昌国改为西昌州，后来又改为西州，在西州下设立属县，又派兵长期驻守高昌。

4. 瓦解消灭薛延陀

唐太宗用武力制服周边部族国家的同时，又采用灵活多样的安抚政策，使周边部族国家能够和睦相处。而和亲政策，是太宗首选实施的安抚政策。在太宗的心目中，和亲政策是比较开明的民族团结政策。但唐朝与薛延陀之间的和亲，却是太宗为了瓦解薛延陀而实施的一桩特殊和亲策略。

薛延陀是唐朝西北方的一个汗国，原为铁勒诸部中的一部，也是铁勒诸部中战斗力最强悍的一部。薛延陀人原本生活在西突厥境内，但在隋朝时期，西突厥泥撅处罗可汗屡杀铁勒诸部酋长，薛延陀酋长乙失钵和契苾酋长哥楞不甘忍受西突厥的暴政，便率领铁勒人脱离西突厥的统治，薛延陀酋长乙失钵率领族部占据燕末山（今新疆额敏东山），称号野咥可汗；契苾酋长哥楞占据贪汗山（今新疆吐鲁番市境内），称号易勿真莫贺可汗。

隋炀帝大业七年（611年），西突厥泥撅处罗可汗入长安朝见隋炀帝时，被隋朝扣留，射匮可汗成为西突厥可汗。西突厥在射匮可汗的治理下日渐强大，迫使薛延陀酋长乙失钵和契苾酋长哥楞各自放弃可汗称号，重新归附于西突厥。不久，铁勒人发生内部分裂，回纥、拔野古、阿跌、同罗、仆骨、白霤等部落归附东突厥始毕可汗，而薛延陀等部落依旧留在西突厥。唐贞观二年（628年），薛延陀酋长乙失钵的孙子夷男率领薛延陀部归附东突厥颉利可汗，铁勒诸部再次汇聚一国。

薛延陀归附东突厥后，肆虐的大雪袭击了漠南、漠北一带，羊马损失惨重，东突厥元气大伤。颉利可汗为弥补损失，加倍压榨东突厥境内的各个部族。铁勒诸部不堪颉利可汗的压榨，在薛延陀酋长夷男的率领下起兵反抗，一举打败了颉利可汗的侄儿突利可汗，成功脱离了颉利可汗的统治。太宗得知薛延陀脱离东突厥的消息后，诏令高祖女婿、庐陵公主的丈夫乔师望为游击将军，远赴漠北，册封夷男为薛延陀真珠毗伽可汗，夷男从此成为铁勒人的可汗。

太宗册封夷男为真珠毗伽可汗，意在削弱颉利可汗的实力。

实际上，被夷男击败的突利可汗也是太宗拉拢的对象。突利可汗是始毕可汗的儿子。东突厥习惯实行兄终弟及的继承制度，始毕可汗死后，因突利可汗年幼而无缘汗位，他的两个叔叔处罗可汗、颉利可汗得以先后继承汗位。而颉利可汗和突利可汗一个统治东突厥的西部，一个统治东突厥的东部，权力不相上下。突利可汗被夷男打败后，颉利可汗借机囚禁了突利可汗，来扩充自己的势力范围。贞观三年（629年），突利可汗与颉利可汗爆发了内战，突利可汗战败后被迫向太宗求援。太宗以与突利可汗有盟约在先为由，派兵接应突利可汗投奔唐朝。

由于夷男可汗和突利可汗的相继背叛，极大地削弱了颉利可汗的实力。观四年（630年）春天，颉利可汗被大唐军队打败，东突厥宣告灭亡。随后，漠南、漠北一带成了无主之地，薛延陀夷男可汗趁机占领了这一地区，兵力也发展到了二十万，让两个儿子大度设、突利失分别镇守漠南和漠北。

薛延陀夷男可汗为草原新的霸主后，对太宗感恩戴德，七年八次派使者朝见太宗，密切了薛延陀与唐朝的联系，也彰显了夷男可汗在草原各部的领导地位。

薛延陀的日渐强大，让太宗越来越感到夷男可汗将成为下一个颉利可汗。贞观十年（636年），太宗对夷男可汗的态度逐渐发生转变，不再让夷男可汗独自统治漠南和漠北，而是册封夷男可汗的两个儿子大度设和突利失为小可汗，使薛延陀汗国形成了三个可汗共存的局面。贞观十三年（639年），太宗任命突厥人阿史那思摩为乙弥泥孰俟利苾可汗，率领颉利可汗的旧部返回漠南，以此来牵制夷男可汗。但阿史那思摩心里非常惧怕强大的夷男可汗，迟迟不敢出塞到漠南。太宗得知消息后，立即派使者传令给夷男可汗:"延陀受命在前,长于突厥,举碛以北,延陀主之;其南,突厥保之。各守而境,无相钞犯,有负约,我自以兵诛之。"(《新唐书·列传》)面对强大的唐朝和强硬的太宗,夷男可汗不得不把漠南的土地让给了阿史那思摩。

贞观十四年(640年),薛延陀夷男可汗利用太宗巡行洛阳,即将在泰山举行封禅大典之机,派大度设率领二十万大军进攻漠南。阿史那思摩随即溃败,放弃漠南逃往朔州(今山西省朔县),并立即向太宗求援。太宗得到奏报后,当即诏令右卫郎将张俭、并州都督李勣、凉州都督李大亮等大将率领唐军征伐薛延陀大度设所部。太宗还诏令诸将不要急于交战,而是等薛延陀大军人马疲惫时才发起进攻。

让夷男可汗本感到惊讶的是,唐朝没有因为太宗封禅而出现边界防守空虚。当他听到太宗很快就派出军队前来讨伐,立即派使者朝见太宗,请求与阿史那思摩谈和,但太宗回绝了他的请求。

大度设见李勣率领的唐朝大军开进漠南时,赶紧领兵撤退。结果,李勣率军堵住了薛延陀大军的退路,只好在诺真水(今内蒙古达茂旗西部)列阵,等待着与唐军决战。

李勣大军和大度设军队刚一交手,大度设的军队就被打乱了阵型,进入了战不能战、退不能退的状态,最终唐军获得大胜,薛延陀军队被斩首数千级。大度设率领残兵败将仓皇北撤后,偏偏又遇到漠北下起了大雪,兵力很快又折损八成。

夷男可汗遭到惨败后,为挽回颜面,向太宗提出了和亲请求,却遭到了太宗的断然拒绝。贞观十五年(641年),夷男可汗又向太宗提出了和亲请求。为表示诚意,夷男可汗给太宗加倍进奉了马、牛、羊等牲畜。太宗觉得教训薛延陀的目的已经达到,便答应了夷男可汗的请求，许诺把自己的第十五女新兴公主嫁给他，还表示要亲自到灵州（今宁夏灵武县西南）操办这桩婚事。

贞观十七年（643年），夷男可汗按照太宗提出的条件，拼命搜刮草原各部的牲畜，把成群结队的牲畜赶往灵州。但因途中水草缺乏，牲畜死亡甚多，而且到达灵州的时间比约定晚了几天。太宗以此为由拒绝了夷男可汗的和亲请求，让夷男可汗白忙一场，不仅颜面尽失，还得罪了草原各部，威望再次沦落，从此不敢再挑衅大唐王朝。

贞观十九年（645年），夷男可汗去世后薛延陀发生内乱，其嫡子拔灼杀死庶子大度设，自立为颉利俱利失薛沙多弥可汗。为树立个人权威，多弥可汗杀死父亲在位时期的贵臣，任用自己的亲信执政。

多弥可汗的施政策略加剧了薛延陀和草原各部的矛盾，贞观二十年（646年），铁勒诸部纷纷脱离多弥可汗的统治，并对薛延陀发动攻击。太宗趁机出兵薛延陀汗国，薛延陀汗国顿时大乱，多弥可汗率领宗族和亲信仓皇逃窜，结果全部被回纥人杀害。

随后，薛延陀汗国拥立夷男可汗的侄子咄摩支为伊特勿失可汗。伊特勿失可汗见情势危急，立即向太宗求和，请求退保郁督军山（今蒙古国境内杭爱山）。太宗应允后派李勣领兵安抚伊特勿失可汗，并诏令李勣："降则抚之，叛则击之。"（《新唐书·列传》）李勣抵达郁督军山后，伊特勿失可汗果然密谋抵抗唐军，被久经沙场的李勣发现。李勣当机立断，纵兵进攻薛延陀，斩首五千多级，俘虏薛延陀汗国兵士三万多人，一举灭亡了薛延陀汗国。李勣又率领唐军乘胜进攻铁勒诸部，彻底平定了漠北。

贞观二十一年（647年），太宗在漠北设立六府七州，并诏令铁勒诸部的酋长为长官,对漠北实现了真正意义上的统治,以最小的代价征服了薛延陀汗国。

5. 恩威并施稳边疆

在唐朝和亲历史上,最值得人们称道的是吐蕃松赞干布和唐朝文成公主的联姻。唐朝与吐蕃结为姻亲之好后,两百年间凡遇到吐蕃新赞普即位,必请唐朝天子"册命"。

松赞干布不但精通军事,在治理国家方面也具有超强能力。他统一吐蕃后,命令御前大臣吞弥桑布扎以梵文为基础创造文字,创制了一直沿用至今的藏文。他还统一了度量衡,创建了被称为吐蕃基础三十六制的一整套管理体制和法律条文。在松赞干布的治理下,吐蕃王朝成为仅次于大唐王朝的强大政权。

贞观八年(634年),松赞干布派遣使者朝见唐太宗。出于礼节,太宗又派熟悉西域事务的冯德遐作为特使到吐蕃回访。冯德遐见到年仅十八岁的松赞干布非常欣赏。心怀强国梦想的松赞干布听说可以与唐朝和亲的政策后,对迎娶大唐公主心怀向往,认为如果能够迎娶大唐公主,公主就会把大唐先进文化带到吐蕃,对自己实现文治天下的梦想必定大有帮助。于是,松赞干布派使者携带大批金银珠宝,随唐朝使者冯德遐入唐,向唐太宗提出和亲请求,但太宗没有应允。

贞观十二年(638年),吐蕃打败了吐谷浑后,松赞干布见唐朝河西边境驻守着凉州都督李大亮,而且兵强马壮,防守甚严,没敢乘势南下，而是率领二十万大军，从吐蕃东部边境直抵大唐西南领地松州（今四川省松潘县）。随后，松赞干布停止进军，再次派遣使者携带聘礼入唐提出和亲请求。此时，松赞干布虽然兵强马壮，但太宗仍然下令扣留吐蕃使者，并诏令松州都督韩威出兵攻打在当地驻扎的吐蕃军。但松州守军不但没有击败吐蕃军队，反而被吐蕃军打败。

唐军被吐蕃军队打败后，太宗才发现吐蕃军队非常强大，便诏令侯君集为当弥道行军大总管，执失思力为白兰道行军总管、右武卫大将军；同时诏令牛进达为阔水道行军总管、左领军将军，刘简为洮河道行军总管。诸位将军统率大军攻打吐蕃军队。唐军在数量上虽然不占优势，但由于战法得当，最终击败了吐蕃大军，松赞干布率军逃回拉萨。

松赞干布逃回拉萨后，立即派使者向太宗请罪，又提出了迎娶大唐公主的请求。太宗已经了解了松赞干布，认为吐蕃的实力配得上大唐公主下嫁，便不再拒绝松赞干布和亲的要求。贞观十四年（640年），在太宗的准奏后，松赞干布派重臣大相禄东赞为和亲特使，率领一百多位大臣，携带珍宝来到长安迎请公主。太宗诏令宗室女文成公主下嫁，于次年派江夏王李道宗护送文成公主入吐蕃成婚，并诏令准许文成公主携带大量唐朝书籍、衣物、工艺品、医药、食物、种子等到吐蕃去。

得知文成公主入藏下嫁的消息，松赞干布特意为公主修筑城郭宫室，自己也改穿汉装，亲自率众前往柏海（今青海省果洛玛多县境内）迎接。

文成公主下嫁松赞干布后，有力促进了西藏农业、手工业的发展，还带动了当地冶金、纺织、农具制造、制陶、建筑、碾米、造纸、酿酒、制墨等技术的发展。文化方面，文成公主不仅把内地的音乐带到了西藏，还帮助松赞干布改进了历法和文字。

文成公主在吐蕃生活四十年，极大地促进了唐朝与吐蕃之间经济文化交流，对吐蕃社会产生了巨大的影响。

恩威并重一向是太宗的治国之道。贞观二十一年（647年）五月，太宗在翠微殿宴请群臣时问道："自古帝王虽平定中夏，不能服戎、狄。朕才不逮古人而成功过之，自不谕其故，诸公各率意以实言之。"（《资治通鉴·唐纪》）意思说，历代明君虽然能平定中原，却不能使各民族真正融合。朕的才能虽然不如他们，但自感在这方面的功业却超过了他们，其中道理朕实在不解，希望大家能直率地说明原因。大臣们听了，纷纷说道："陛下的仁德和功绩感动了天地，所以才让万国归降。"

太宗对此不以为然，反驳道："不然。朕所以能及此者，止由五事耳。自古帝王多疾胜己者，朕见人之善，若己有之。人之行能，不能兼备，朕常弃其所短，取其所长。人主往往进贤则欲置诸怀，退不肖则欲推诸壑，朕见贤者则敬之，不肖者则怜之，贤不肖各得其所。人主多恶正直，一阴一诛显戮，无代无之，朕践祚以来，正直之士，比肩于朝，未尝黜责一人。自古皆贵中华，贱夷、狄，朕独爱之如一，故其种落皆依朕如父母。此五者，朕所以成今日之功也。"（《资治通鉴·唐纪》）意思说，诸位所言不对，朕认为能立下如此功业的原因不外乎以下几个：自古帝王多自负，容易嫉妒能力比自己强的人，而朕能从容对待能力强的人，弃其所短，用其所长；帝王往往对贤才倍加重视，而对不肖者置之不理，而朕能尊敬贤者，怜惜不肖之人，让他们各得其所；正直之人往往会指出帝王的种种缺点，因此帝王对正直之人常常欲除之而后快，而朕从未处置过朝中的正直之士；自古世人皆贵中华，贱夷狄，而朕却能爱之如一，所以得到各民族的尊敬。这些才是朕创下不世之功业的真正原因。

同时，在唐太宗平等任用各民族人才的思想指导下，阿史那社尔、史大奈、执失思力等大批少数民族将领受到了唐朝的重用，唐朝时期的民族团结呈现了新的局面。

阿史那社尔原为突厥人。贞观二十一年（647年），唐朝出兵龟兹时，太宗毫不犹豫地任命他为行军统帅，统率军中诸位汉将。西突厥人史大奈自晋阳起兵时就忠于唐朝，战功赫赫，太宗封他为窦国公，担任右武卫大将军。执失思力不但被封为安国公，太宗还把公主下嫁于他。突厥将军阿史那思摩被赐李姓后，深受太宗器重。随太宗出征时身中流矢，由于处置不当导致瘀血滞积，太宗当场为他吮吸伤口。

契苾何力是铁勒族可汗之孙。贞观六年（632年），契苾何力与母亲姑臧夫人一起，带领本部民众迁徙到沙州（今甘肃省敦煌市一带），而后投降大唐。太宗知道契苾何力是少数民族将领中的佼佼者，便授予归降后的契苾何力左领军将军，把他的部众安置在甘州（今甘肃省张掖市）、凉州（今甘肃省武威市）一带。

契苾何力归顺后，太宗诏令他与唐朝大将李大亮、薛万均一起，统率唐朝大军征讨吐谷浑。平定吐谷浑后，唐军大将薛万均因嫉妒契苾何力的战功，而造谣诋毁契苾何力。但太宗没有听信薛万均的一面之词，当太宗详细听了契苾何力的讲述后，当即决定以欺君大罪处治薛万均。而契苾何力强烈劝阻太宗说："陛下，如果因此事处治薛万均，其他各族不知事情原委，会以为陛下轻视汉人、重视胡人,从而产生轻视汉人的心理,这对国家的安定、民族的团结非常不利,请陛下三思而行。"太宗听了,不住地点头称赞,于是免除了对薛万均的刑罚,但将其贬为玄武门宿卫长,掌管屯营事务。此后,契苾何力备受太宗的器重,契苾何力也对太宗更加忠心耿耿。

太宗对少数民族首领的诚恳态度,感化了一大批少数民族将领纷纷归降唐朝。太宗去世时,许多少数民族首领为感谢太宗的知遇之恩,以对待本族酋长的哀悼来表达对唐太宗的哀思。

6. 丝绸之路通四海

唐朝以前,真正的外交和外贸应该是从汉武帝时期开始的。汉朝的强大,促成了外部环境的安定,从而开辟了由中原通往西方的丝绸之路。

丝绸之路一般指陆上丝绸之路,但在广义上,则分为陆上丝绸之路和海上丝绸之路。陆上丝绸之路起源于西汉时期。汉武帝派张骞出使西域,开辟了以都城长安(今陕西省西安市)为起点,途经西域各国,并连接地中海各国的陆上通道,称为丝绸之路。东汉时期丝绸之路的起点变成了都城洛阳。最初,丝绸之路的作用是运输中国古代出产的丝绸,后来演变成了中西方贸易和文化交流的通道。而海上丝绸之路是古代中国与外国交通贸易和文化交往的海上通道,主要以南海为中心,又称南海丝绸之路。海上丝绸之路形成于秦汉时期,发展于三国至隋朝时期,繁荣于唐宋时期，是已知最为古老的海上航线。

丝绸之路不仅承载了中西方之间的外交和贸易的重担，还兼具信息通道的功能。通过丝绸之路，既可以把中原的科学技术与民族文化向西方传播，又能把西方的科学技术与民族文化带回中原。这样，不同智慧创造出来的不同文化相互结合、碰撞，进而产生更高层次的民族文化。

唐贞观年间，唐太宗通过几次战争，逐渐征服了占据西域交通要道的吐谷浑汗国，确保了河西走廊的畅通安全，为统一西域奠定了坚实基础。而平定高昌等国，为征讨平定西突厥扫清了障碍。西突厥见高昌等国归附唐朝后，随即派使者到长安朝见唐太宗。于是，中原与西方相互往来的丝绸之路得以畅通无阻，中原与西方的经济、文化交流得以正常往来。

太宗非常注重对外贸易和交往，贞观时期，与唐朝直接开展贸易的国家，由隋朝时期的十多个国家发展到七十多个国家。大批的国外客商纷纷通过陆海两路，进入长安、洛阳、扬州、广州等唐朝比较繁华的城市，开展各种商贸活动。不仅促使汉武帝时期所开辟的丝绸之路，焕发了勃勃生机和无限活力，而且还把这条丝绸之路，延伸至遥远的西域和地中海沿岸。西域和地中海各国与唐朝在经济、文化等各个方面开展广泛深入的交流，最大限度地实现了互惠互利。当时，唐朝是世界上最为繁荣强盛的国家，为世界各国所敬仰。都城长安、东都洛阳以及扬州、广州等国际化大都市，都以高度繁荣的文化、富足安定的生活吸引着许多外国人前来定居。当时，仅广州城就有超过二十万的各国侨民。唐朝不但允许外国人在各个大都市长期居住，还明令允许中国人和外国人自由通婚。

为更好地促进唐朝与西域国家的交往交流，太宗下令在长安设立鸿胪寺①，专门掌管各少数民族首领或国外使者来京朝见事宜。为招待外商，太宗还诏令建立了商馆。各种商贸交流活动的有效推进，给中西方人民带来了福祉，极大地提高了东西方人民的生活水平。中国人吃的胡椒、菠菜、天竺和干姜等作物，就是从波斯、印度传过来的；而漂亮的郁金香，也是当时开始在中国落户的。一些佛教经本大量地传入，许多翻译家将其译成汉文，在中原地区流行。同时，回教、景教和摩尼教等也传入中原地区。对于这些异域文化，太宗采取了兼容并蓄的态度，加以推广和传承。

贞观时期，唐朝的瓷器、丝绸、茶叶、纸张等商品，被广泛销往波斯等国家，而且又从这些国家传销到更遥远的西方。随着造纸术的发明与使用，唐朝物美价廉的草纸，迅速在世界范围内取代了昂贵的绢类纸张，极大地促进了中西方文化的传承和传播，也推动了世界的文化交流与发展。

除了与西域各国加强往来外，唐朝还与毗邻的日本和朝鲜开展交往交流。贞观五年（631年），日本派出第一批遣唐使，到唐朝学习先进制度和文化。此后，日本陆续向唐朝派遣七批留学生和学问僧，人数也由开始的几十人增加到后来的几百人。日本民间自发组织的赴唐留学人数，数量也非常多。贞观十九年（645年），在众多学成归国的留学生推动下，日本国内爆发了著名的"大化革新"。这场革新运动，日本成功借鉴了唐朝实行的官制、租庸

---

① 鸿胪寺：官署名，主管民族事务与外事接待活动及凶丧之仪，政令仰承尚书省礼部。

调制、均田制、府兵制和刑律等制度，建立了一套完备的国家治理机构和治理制度，极大地推进了日本封建化进程。

贞观期间，唐朝的开放不仅表现在文化和贸易领域，还表现在政治领域。当时，唐朝官员有许多是少数民族贤才或来唐朝学习的外国人士，朝中有一百多名五品以上官员是胡人出身，还有很多高句丽和百济人在朝中担任武将。太宗实施的这种开放政治政策，既满足了国外人学习唐朝行政管理经验的愿望，也让唐朝自身从这些国外人士身上，借鉴和汲取了唐朝所不具备的先进经验。

太宗对异域文明抱着恢宏大度、泰然自若的态度，无论是文化风俗还是物质文明，都能做到兼容并蓄。太宗说："自古皆贵中华，贱夷狄，朕独爱之如一，故其种落皆依朕如父母。"（《资治通鉴·唐纪》）意思说，自古以来都以汉族尊贵，看不起其他民族，只有我待他们一视同仁，所以各民族都视我为他们的父母亲人。

在太宗的倡导下，唐朝对不断涌入的异域文明采取了自然扬弃的态度，对符合唐朝实际的优秀文化不但积极学习，而且还积极创新发展。正是太宗所拥有的伟大胸襟和气度，加上他所具备的勇敢和自信的性格，使贞观时期的唐朝成了政治开明、国富民强的顶级世界强国。贞观时期及后来的相当一段时间内，唐朝都以强大的国力和军事力量作后盾，保持着丝绸之路的畅通，维持着中原广大地区的市场繁荣。贞观期间，唐朝不仅军事力量空前强大，而且版图也是空前扩大，从而构建并巩固了大唐王朝的海陆两条丝绸之路。

7. 尊重玄奘弘佛学

大唐盛世不仅吸引了许多外国使者前来朝拜学习，唐朝也有许多使者访问其他国家，尤其是僧侣出行世界各地。这些僧侣在国外进行佛学方面的交流，体会收获多多，玄奘就是出行僧侣中最著名的人物。

玄奘俗名陈祎，出生于隋仁寿二年（602年）。由于父母早逝，玄奘十三岁时就因生计所迫，不得不跟随哥哥进入佛门，为的是讨口饭吃。但没想到的是，聪明伶俐的玄奘很快就对佛教产生了浓厚兴趣。贞观元年（627年），玄奘正式剃度出家，开始研学佛学。在学研佛学的过程中，玄奘发现当时的佛教理论繁杂无序，许多方面没有一个统一的定论，因此产生了去佛教的发源地天竺[①]学习佛经的想法，但他的想法，始终没得到朝廷的支持。

贞观三年（629年），因中原大地遭受严重饥荒，唐朝允许百姓自行求生。玄奘借此机会立即从长安出发，前往自己向往已久的天竺。当玄奘途经高昌国时，崇信佛教的高昌王麴文泰热情款待了玄奘，并真诚地挽留玄奘留在高昌，但玄奘没有答应麴文泰的盛情邀请。看到玄奘执意要走，麴文泰只好与玄奘结为兄弟。玄奘离开高昌国时，麴文泰不仅为他整理行装，还派二十五名随从，赠送三十匹好马护送。麴文泰还给玄奘西行途中，必须经过的二十四个国家的国王写信，请他们为玄奘提供便利。离开高昌国后，玄奘一路经龟兹（今新疆库车东郊）、凌山（今新疆乌什县西北）、

---

① 天竺：唐朝对印度及其他印度次大陆国家的统称。

素叶城（今吉尔吉斯斯坦托克马尔附近的碎叶）、迦毕试国（今阿富汗西部兴都库什山以南一带）、笯赤建国（今中亚塔什干地区）、飒秣建国（今乌兹别克斯坦撒马尔罕一带）、葱岭（今帕米尔高原地区）、铁门（今乌兹别克斯坦沙赫尔夏勃兹境内），最终到达娑罗国故地（今印度境内）。

贞观五年（631年），玄奘进入那烂陀寺（今印度拉杰吉尔市境内）后，师从戒贤学习《瑜伽师地论》《显扬圣教论》《对法论》《集量论》《中论》《百论》《俱舍论》《大毗婆沙论》《顺正理论》《因明论》《声明论》等论典，着重钻研《瑜伽师地论》，兼学梵书《声明记论》。不久，玄奘声名大起。随后，玄奘还经过了缚喝国（今阿富汗境内马扎里沙里夫一带）、揭职国（今阿富汗西北一带）、大雪山（今阿富汗东北部兴都库什山一带）、梵衍那国（今阿富汗喀布尔市境内）、犍驮罗国（今巴基斯坦东北部一带）、乌伏那国（今巴基斯坦斯瓦特一带），最后到达迦湿弥罗国（今克什米尔地区），广泛学习佛教理论。其间，玄奘倍受优待，被誉为精通五十部经书的十名高僧之一。

贞观十年（636年），玄奘离开那烂陀寺，再次开始了游历生涯。他先后到达阇烂达罗国（今印度北部贾朗达尔一带）、弥萨罗国（今尼泊尔贾纳克布尔市一带）、安达罗国（今天印度方安得拉邦一带）、驮那羯磔迦国（今印度克里希纳河沿岸）、达罗毗荼国（今印度马德拉斯南部）、狼揭罗国（今印度河西莫克兰东部一带）、钵伐多国（今克什米尔查谟一带）等地。多年的游历生活，不仅使玄奘的佛学理论变得博大精深，而且促进了东西方的文化交流。

贞观十九年（645年）正月，玄奘携带657部经书回到唐朝都城长安。唐太宗李世民得知玄奘归来的消息，立即诏令尚书左仆射房玄龄迎接玄奘,并准许动用京师治安衙司负责治安。随后,玄奘进入长安弘福寺存下带回的经卷并在这里下榻。

同年二月初一,太宗在洛阳皇宫仪鸾殿接受了玄奘的拜谒。随后,太宗将玄奘召入内殿密谈了二十多天,玄奘每天都是早至晚归。

随后,太宗恩准玄奘在弘福寺翻译经文,并以国家之力对玄奘的译经弘法提供支持,派出五名安保人员护卫玄奘的译场,还给他安排了一名翻译助手。一年内,玄奘完成了太宗需要的记录西域各国地理地貌的《大唐西域记》,共计十二卷。玄奘叙述的行程路线,正是太宗一直以来想要了解的大唐西部边境情况,为唐朝加强与西域各国的往来交流提供了思路和借鉴。随后,玄奘又翻译佛教经文七十五部共计一千三百三十五卷,主要包括《大般若经》《心经》《解深密经》《瑜伽师地论》《成唯识论》等。

贞观二十二年(648年),太宗亲自为玄奘的译经撰写了《大唐三藏圣教序》,简称《圣教序》。序中写道:"有玄奘法师者,法门之领袖也。幼怀贞敏,早悟三空之心;长契神情,先苞四忍之行。松风水月,未足比其清华;仙露明珠,讵能方其朗润。故以,智通无累,神测未形,超六尘而迥出,只千古而无对。凝心内境,悲正法之陵迟;栖虑玄门,慨深文之讹谬。思欲,分条析理,广彼前闻;截伪续真,开兹后学。是以,翘心净土,往游西域;乘危远迈,杖策孤征。积雪晨飞,途间失地;惊砂夕起,空外迷天。万里山川,拨烟霞而进影;百重寒暑,蹑霜雨而前踪。诚重劳轻,求深愿达;周游西宇,十有七年。穷历道邦,询求正教;双林八水,味道餐风;鹿苑鹫峰,瞻奇仰异。承至言于先圣,受真教于上贤,探赜妙门,精穷奥业。一乘五律之道,驰骤于心田;八藏三箧之文,波涛于口海。"

序中还写道："爰自所历之国，总将三藏要文，凡六百五十七部，译布中夏，宣扬胜业。引慈云于西极，注法雨于东垂；圣教缺而复全，苍生罪而还福。湿火宅之干焰，共拔迷途；朗爱水之昏波，同臻彼岸。是知，恶因业坠，善以缘升；升坠之端，惟人所托。譬夫，桂生高岭，云露方得泫其华；莲出渌波，飞尘不能污其叶，非莲性自洁而桂质本贞，良由，所附者高，则微物不能累；所凭者净，则浊类不能沾。夫以卉木无知，犹资善而成善；况乎人伦有识，不缘庆而求庆。方冀，兹经流施，将日月而无穷；斯福遐敷，与乾坤而永大。"意思说，玄奘从所经过的大小国家中，总共搜集吸取了三藏主要著作，一共六百五十七部，翻译成汉文后在中原传布，从此这项宏大的功业得以宣扬。慈仁的云朵，从西地缓缓飘来，功德无量的佛法像及时雨一样遍洒在大唐的国土上。残缺不全的佛教教义终于恢复完整，在苦难中生活的百姓又得到了幸福。熄灭了火屋里燃烧的熊熊烈火，解救众生于水深火热之中，从此不再迷失方向；佛光普照，驱散了昏暗，照耀着众生到达超脱生死的彼岸。因此懂得了作恶必将因果报应而坠入苦海，行善也必定会凭着佛缘而升入天堂。为什么会有升有坠，那就只有看人的所作所为。比如桂花生长在高高的山岭上，天上的雨露才能够滋润它的花朵；莲花出自清澈的湖水，飞扬的尘土就不会玷污它的叶子。这并不是说莲花原本洁净，桂花原本贞洁，的确是因为桂花所依附的条件本来就高，所以那些卑贱的东西不能伤害到它；莲花所依附的本来就很洁净，因此那些肮脏的东西就玷污不了它。花草树木没有知觉，尚且能凭借好的条件成就善事，更何况人类有血有肉有思维，却不能凭借好的条件去寻求幸福。希望这部《大唐三藏圣教》经得以流传广布，像日月一样，永放光芒；将这种福祉久远地布撒人间，与天地共存，发扬光大。

第八章　性情帝王，文武兼修重后宫

1. 善于骑射爱良马

李世民不仅是一个杰出的政治家、军事家和战略家，而且还是一个非常有成就的书法家和诗人，可谓是文武全才，诗书皆宜。

自魏晋南北朝以来，天下纷争不断，政权更迭频繁，英雄层出不穷。在这样一个背景下，贵族官僚阶层普遍尊崇尚武习俗，贵族阶层的家庭教育也大都以骑射为主。李世民恰恰出生在一个军事贵族家庭，高度尚武的家庭环境尤其是父亲的言传身教，从小练就了强健体魄，也养成了刚强性格，青春年少时就具备了成为优秀武将的条件。他喜好弓马、精通骑射，各种兵器，无所不通。

跟随父亲进入军旅后，李世民更是兵器不离手，弓箭不离身。李世民所用的弓箭，要比一般将士所用的弓箭大得多，弓的力量也自然大得多。李世民射出的箭，几乎是箭无虚发。对此，后来担任尚书左仆射的房玄龄，就用"箭穿七札，弓贯六钧"这样的句子来赞扬李世民的精湛箭法。正是拥有这样的娴熟箭法，隋末尤其是唐初时期，李世民在跟随父亲征伐各路起义军时，无论是面对单雄信，还是面对宋金刚和刘黑闼，他的弓箭总能在关键时刻帮他化险为夷。

对于李世民的箭法，唐代史学家吴兢所著的《贞观政要》中有着这样的记载："贞观初年，唐太宗对尚书左仆射萧瑀说：'朕少好弓矢，自谓能尽其妙。近得良弓十数，以示弓工。乃曰："皆非良材也。"朕问其故，工曰："木心不正，则脉理皆邪，弓虽刚劲而遣箭不直，非良弓也。"朕始悟焉。朕以弧矢定四方，用弓多矣，而犹不得其理。况朕有天下之日浅，得为理之意，固未及于弓，弓犹失之，而况于理乎？'自是诏京官五品以上，更宿中书内省。每召见，皆赐坐与语，询访外事，务知百姓利害，政教得失焉。"

太宗的意思说，"朕从年轻的时候就喜欢张弓射箭，自以为懂得如何识别弓箭的好坏。近来得到十几把上好的弓箭，就把它们拿给做弓箭的师傅看，弓箭师傅说：'都不好。'我询问其中的原因，弓箭师傅说：'木头的中心不端正，那么它的脉理就是歪斜的。这样的弓虽然刚劲有力，但射出去的箭却不直，所以不是上好的弓。'从这件事中我领悟出很多道理。我是通过战争取得天下的，所用过的弓箭非常多，而我尚且不懂得识别弓箭的要领；更何况我执掌天下的时间还很短，对于治理国家的道理，肯定不比我对弓箭的知识掌握得多。然而，我对弓箭的了解尚失之偏颇，更何况治理国家的要领呢？"从此以后，太宗定期召见五品以上的京官和中书内省的官员，每次召见，唐太宗都要赐给他们座位并与他们悉心交谈，仔细询问宫廷外面的事，以便对老百姓的疾苦和政教得失有全面详细的了解。

后来，李世民继承皇位一统天下后，为表达对弓箭的喜爱之情，写了许多赞美弓箭的诗作，《出猎》就是其中的一首："楚王云梦泽，汉帝长杨宫。岂若因农暇，阅武出轘嵩。三驱陈锐卒，七萃列材雄。寒野霜氛白，平原烧火红。雕戈夏服箭，羽骑绿沉弓。怖兽潜幽壑，惊禽散翠空。长烟晦落景，灌木振严风。所为除民瘼，非是悦林丛。"

《咏弓》也是其中的一首："上弦明月半，激箭流星远。落雁带书惊，啼猿映枝转。"

为纪念当年驰骋疆场的征战岁月，太宗诏令宫中卫士每天必须操练骑马射箭，并亲自担任习射教练。每天参加习射的卫士，都在数百人。凡是参加习射的卫士，只要每一箭都能射中目标，太宗就会给予弓刀、布帛等赏赐。当时，凡是能够有机会与太宗一起习射的卫士，都会感到无比的骄傲。但朝中大臣出于安全考虑，都极力劝阻太宗别再参加这项活动。对大臣的劝阻，太宗总是置之不理，依然乐此不疲地担任宫廷卫士的习射教练。同时，太宗还养成了收藏弓箭的习惯，并经常与制造弓箭的高手一起探讨有关弓箭性能问题。

太宗非常喜欢能够驰骋疆场的良马，他在率领大军南征北战时，非常重视实施骑兵突袭战略，经常使用骑兵战术赢得征战的胜利。在隋大业十三年（617年）八月唐高祖晋阳起兵反隋的霍邑之战中，太宗率领轻骑插入隋军背后，让隋朝大将宋老生腹背受敌，致使隋军将士军心涣散，最终溃败。太宗率军出征的每一次战役，骑兵无不扮演着重要角色。骑兵在太宗的训练统率下，为唐朝的建立和统一立下了赫赫战功。

太宗的坐骑都是当时非常有名的良马，分别是：特勒骠、青骓、什伐赤、飒露紫、拳毛䯄、白蹄乌，后来被称为"昭陵六骏"。太宗在率军驰骋疆场、冲锋陷阵的过程中，与自己的坐骑结下了深厚感情。贞观十年（636年）十一月，太宗在为自己营建昭陵时，没有忘记曾经与他南征北战的六匹战马，决定用青石雕刻六骏的形象，并亲自为六骏写了赞语："特勒骠：应策腾空，承声半汉；天险摧敌，乘危济难。青骓：足轻电影，神发天机，策兹飞练，定我戎衣。什伐赤：瀍涧未静，斧钺申威，朱汗骋足，青旌凯归。飒露紫：紫燕超跃，骨腾神骏，气詟三川，威凌八阵。拳毛䯄：月精按辔，天驷横行。孤矢载戢，氛埃廓清。白蹄乌：倚天长剑，追风骏足；耸辔平陇，回鞍定蜀。"

这六匹非同寻常的战马，在跟随太宗纵横沙场的过程中，一次又一次地救过太宗的性命。太宗让画家阎立本和工艺家阎立德把这六匹马用浮雕展现出来，列置于昭陵前。昭陵六骏雕刻，既是唐初雕刻艺术的集中展现，也是太宗嗜马成癖的真实写照。

贞观时期，太宗一直重视良马的繁衍和驯养，并建立了比较完整的马匹繁衍管理系统。

当时，地域辽阔的陇右（今甘肃省全境和新疆大部）一带被太宗指定为唐朝的重点养马基地。陇右及周边地区，也是出产良马之地。在太宗指定的养马基地，马种的选择是非常严格的，不是上等的纯种马，一匹也不能进入基地。这些纯种良马，或被称为胡马，或被称为番马。一部分是在战争中缴获的；另一部分是通过贸易、进贡、和亲聘礼等方式获得的。为便于区分品种和驯养管理，养马基地规定，种类不同的良马要烙上不同的马印。当时流传下来的良马的马印，实图约有三十五种之多。据《唐会要·诸蕃马印》中记载："康国马，康居国也，是大宛马种，形容极大。武德中康国献马四千匹，今时官马，犹是其种。"由此可见，唐朝的宫廷用马，也都是来自于西域的良马。

隋末时期，盛产良马的大宛国向隋朝进献了一匹名为"狮子骢"的千里马，这匹马从长安出发到洛阳，可以朝发夕至，速度极其惊人。后来，这匹马却不知去向。李世民即位后，立即命人去寻找这匹马。最终，宇文士及意外从朝邑（今陕西省大荔县东部）的一家磨坊中找到了这匹马。可是，这匹名叫"狮子骢"的良马，已经失去了往日的风采，变得皮焦尾秃。原来，这里的人不知这匹马是良马，一直用它拉磨干活。宇文士及立即把这匹马送往京城。太宗知道后，亲自到长安城东的长乐坡迎接狮子骢。看到狮子骢变得如此狼狈，太宗非常伤感，立即命人用上等的草料加以喂养。后来，这匹狮子骢生下了五匹马驹，长大后都变成了上等的良马。

李世民还是一个非常有眼力的识马伯乐。唐武德三年（620年），李世民率军参加虎牢战役时，一眼就认出了窦建德部将王琬的坐骑是隋炀帝的骢马，不由地赞叹道："王琬的坐骑才是真正的良马啊！"李世民身边大将尉迟敬德听了，当即冲入敌阵，把骢马及其主人王琬一并擒获献给李世民。于是，李世民给这匹良马取名为"黄骢骠"，从此成为太宗的坐骑。贞观末年，黄骢骠在跟随太宗出征高句丽的途中死亡。太宗对此痛心不已，特意命宫廷的乐工谱作了《黄骢曲》，表达对黄骢骠深深的怀念之情。

贞观十五年（641年），太宗在将文成公主嫁给吐蕃赞普松赞干布实行和亲政策时，竟然给婚使出了有关马的一个难题：把混杂在一起的一百匹母马和一百匹小马驹的母子关系准确地识别出来。没想到，才智过人的吐蕃婚使禄东赞，把母马和小马驹分别圈起来，一整天断绝了马驹的草料和饮水。然后，禄东赞把母马和马驹同时放出，饥渴的马驹迅速投奔自己的母亲，母子关系一清二楚。太宗非常高兴，立即应允禄东赞迎娶文成公主入藏和亲。

太宗还写了一首《咏饮马》，表达对良马的深厚感情："骏骨饮长泾，奔流洒络缨。细纹连喷聚，乱荇绕蹄萦。水光鞍上侧，马影溜中横。翻似天池里，腾波龙种生。"

2. 爱围猎更爱诗文

唐太宗从小就酷爱围猎，而继承皇位后，围猎的兴趣更加浓厚。每隔几天，太宗都要兴师动众地出城围猎，跟随的将士甚至数以万计。对此，朝廷许多重臣出于安全考虑婉言相劝减少出城围猎，太宗却以围猎是练习骑射和检验军队为由加以回绝。

贞观元年（627年）九月，太宗再次出城围猎时，遭到了大理少卿孙伏伽的极力劝阻。据《资治通鉴·唐纪》中记载："上好骑射，孙伏伽谏，以为：'天子居则九门，行则警跸，非欲苟自尊严，乃为社稷生民之计也。陛下好自走马射的以娱悦近臣，此乃少年为诸王时所为，非今日天子事业也。既非所以安养圣躬，又非所以仪刑后世，臣窃为陛下不取。'"意思说，太宗喜好骑马射箭，孙伏伽苦谏道："天子居住则要有九重门，出行则要警戒开道，这不是为了表示自己的尊严，而是为国家百姓考虑。陛下喜好亲自骑马射箭以便让亲近的侍臣们高兴，这是年轻做亲王时的所作所为，而不是今日贵为天子应做的事。既不能靠此来保养圣体，又不能以此来为后代做典范，我认为陛下不应如此。"

但太宗并不听孙伏伽的劝阻，一边翻身上马，一边向孙伏伽解释说："如今天下虽然太平，但也不能放松武备。朕外出围猎，练武强身，又有什么不好呢？而且朕从不惊扰百姓，又有哪里不恰当呢？你还是不要再多说话了！"

孙伏伽不但抓住太宗坐骑的缰绳不放，还非常厉声地说："今日陛下不听微臣劝阻，定要出宫，就让马从我身上踏过去。我纵然被踏死，也不会放掉缰绳，否则，陛下休想出宫！"

太宗让孙伏伽松手，太宗的左右侍从也纷纷前来劝说孙伏伽，可孙伏伽一概不予理睬，一直死死抓住马的缰绳不放，并对太宗说："只要我还有一口气，就不愿看到陛下做天子不应当做的事情。"

太宗见孙伏伽如此固执，不禁恼怒起来，对孙伏伽大声喝道："朕贵为天子，万乘之主，难道连这点自由还没有了吗？怎么还须看你的脸色行事？"忍无可忍的太宗当即下令：罢黜孙伏伽的大理少卿位，将其推出午门斩首示众。

几个武士应声而至，将孙伏伽紧紧抓住一起往外拖。可孙伏伽依然毫无惧色，大声面对太宗说道："我宁肯直言进谏而死，与被夏桀杀害的关龙逢同游地下，也胜过苟活看陛下犯过不改。"

太宗见孙伏伽如此倔强，竟然被他冒死进谏的精神和一片忠心所感动。他随即从马上下来，笑着对孙伏伽说："朕不过是想试一试你的胆量罢了，你能冒死直谏，我还能去打猎吗？"太宗随即命令武士放开孙伏伽，并解散了围猎大军。为表彰孙伏伽直言进谏的精神，太宗不但没有罢黜他的官职，还擢升他为五品谏议大夫。

不仅孙伏伽反对太宗出城围猎，朝中许多重臣以及长孙皇后都反对太宗出城围猎。据《贞观政要·畋猎》中记载："秘书监虞世南以太宗颇好畋猎，上疏谏曰：'臣闻秋狝冬狩，盖惟恒典；

射隼从禽，备乎前诰。伏惟陛下因听览之余辰，顺天道以杀伐，将欲摧班碎掌，亲御皮轩，穷猛兽之窟穴，尽逸材于林薮。夷凶剪暴，以卫黎元，收革擢羽，用充军器，举旗效获，式遵前古。然黄屋之尊，金舆之贵，八方之所仰德，万国之所系心，清道而行，犹戒衔橛。斯盖重慎防微，为社稷也。'"意思是秘书监虞世南上疏说："我听说秋冬两季打猎，是历来的传统，射杀猛兽，追逐飞禽，前人已有训诫。陛下在批阅奏章，临朝听政之余，亲自驾着打猎的车子，到凶禽猛兽出没的森林洞穴之中，猎杀凶残的动物，保卫黎民百姓，用动物的皮毛，制作兵器。打猎成功后，让旗帜高高飘扬，以显示赫赫国威，这是在遵循古代先王们传下来的规矩。然而陛下乃天下最为尊贵的人，陛下出行打猎，百姓仰慕你的圣德，牵挂你的行踪，这怎不叫万民揪心，所以陛下应当谨慎行事，保重自己，为江山社稷着想啊！"

显然，大臣和长孙皇后最为关心的是安全问题。围猎属于剧烈运动，一旦皇帝出现闪失，大唐会有倾覆的危险。另外，如此规模浩大的围猎活动，肯定出现扰民问题，使太宗在百姓心目中留下玩物丧志的印象。有了朝中重臣和长孙皇后的反对声音，太宗虽然没有放弃围猎活动，但对出城围猎进行了必要的调整。太宗选择在每年农历的十月至十二月进行围猎活动。太宗觉得，这个时期正值天寒地冻，百姓很少出门，扰民问题不会出现。同时，太宗每次出城围猎，都带领士兵演练排兵布阵，做到以围猎活动促进练兵备战，实现了围猎练兵两不误。

太宗定期在猎场专注骑射，追逐野兽，不仅愉悦了身心，还找到了那种在沙场纵横驰骋的感觉。他经常把出城围猎感觉与收获，及时与朝廷大臣和长孙皇后分享，畅谈自己在围猎过程中所萌生的治国理念，让朝中重臣充分体悟到他的治国方略。他常说："如今天下虽然太平无事，但武备之事却时刻不能忘记，朕围猎只要不扰民，就不会有什么害处。"

贞观十四年（640年）十月，太宗按照计划去同州（今陕西省大荔县）围猎。但在队伍出发前，太宗得知同州的庄稼刚刚成熟，还有八成以上的庄稼没有收割，百姓正在田间忙碌，如果此时到同州围猎，就会影响农事。太宗随即决定，将出猎时间推迟一个月。

太宗爱围猎，更爱诗文字画。由于年轻时专注于练习骑射、南北征战，太宗几乎无暇顾及诗文创作。而继承皇位后，太宗才有时间赋诗作文，并留下了许多的诗文作品，《赐房玄龄》《饮马长城窟行》《帝京篇十首》《正日临朝》《幸武功庆善宫》等是其中的代表作。太宗所创作的诗文，《全唐诗》中收入诗一卷共计六十九首；《全唐文》中收文七卷、赋五篇；《唐文拾遗》中收入文三十六篇。对于自己创作的诗文，太宗这样说道："朕的辞令，如果对百姓有益，历史总会记住，便可流芳百世了。如果没什么好处，编成集子又有何用？"

太宗的诗文不仅政治性强，而且内容丰富，涉及戒奢、防骄、纳谏、任贤等许多方面。他多以君道自励、以慎终自勉、以史事鉴今、以帝范训子、以忠谏察臣、以正直垂节，宣扬王道、探究人事、励精图治、拨乱反正，充分体现了一代帝王治国惠民、明慎刑赏、察善纳谏、节用惜费、发展生产的政治思想。这些诗文，都为开创"贞观之治"的宏伟大业起到了积极的助推作用。

太宗的一首《饮马长城窟行》这样写道："塞外悲风切，交河冰已结。瀚海百重波，阴山千里雪。迥戍危烽火，层峦引高节。悠悠卷旆旌，饮马出长城。寒沙连骑迹，朔吹断边声。胡尘清玉塞，羌笛韵金钲。绝漠干戈戢，车徒振原隰。都尉反龙堆，将军旋马邑。扬麾氛雾静，纪石功名立。荒裔一戎衣，灵台凯歌入。"这是一首边塞诗，将写景和抒情完美地融为一体，具有很高的鉴赏价值。这首诗，是贞观二十年（646年）太宗回忆亲自率兵平定宋金刚叛乱情景而创作的。诗中交代了太宗率兵讨伐的经过，包括前往途中遇到的艰苦环境。边塞的风特别大，河面都已经结冰，但太宗军队依然冒着严寒前行。太宗随之交代了边塞安危的重要性，所率将士奋勇杀敌，终于取得了胜利。诗的最后两句讲述了回朝路途中，欣赏着边塞风光，将士奏响凯旋的号角，心情十分轻快和愉悦。

太宗的一首《登三台言志》这样写道："未央初壮汉，阿房昔侈秦。在危犹骋丽，居奢遂役人。岂如家四海，日宇馨朝伦。"这首诗，太宗总结了残暴的秦王朝摧残人民，致使天下鼎沸、社稷倾颓的惨痛历史教训，进而表达了太宗轻徭薄赋、与民休息的治国理念。

太宗的诗，有很多是反映扫平割据、统一全国内容的，借以抒发他驰骋沙场的豪情壮志，感染力很强。他的诗，虽然读起来不是那么朗朗上口，但他总是借缅怀古代帝王来抒发自己的志向，向天下表明自己努力做一名节俭、纳谏、虚心、爱民、慎刑的英明君主的愿望，对后世帝王治理国家也有很好的借鉴作用。

在太宗的倡导和推动下，贞观时期的文坛出现了日渐兴盛的局面，逐渐涌现出虞世南、王绩、上官仪、寒山、卢照邻以及骆宾王等一批传世诗人，为唐诗走向繁荣兴盛打下了坚实的基础。

3. 酷爱书法成大家

唐诗是中华文化的瑰宝,在中国文化进程中达到了一个难以企及的高度,而唐代的书法艺术,也是中华文化宝库中的璀璨明珠。唐代是一个书法名家辈出、书体流派纷呈、书法理论繁荣的一个时代,颜真卿、柳公权、欧阳询、褚遂良等名家法帖一直是学书者的临写楷模。唐代书法艺术所取得的辉煌成就,与唐太宗有着非常密切的关系。不管作为一名书法作品的收藏家,还是作为一名卓有成就的书法家;不管是关爱书法家的细微举动,还是培养书法人才的强力措施,太宗都堪称典范,让人称道。

唐贞观时期,由于社会趋于安定,经济日益繁荣,给书法艺术的蓬勃发展提供了宽松的外部环境。太宗大力倡导书法学,诏令以书法为国子监六学之一,并且设立书学博士,以书法取士,有力推动了书学的繁荣发展。

太宗极力推崇王羲之书法,并亲自为《晋书·王羲之传》写了赞辞《王羲之传论》。在这篇赞辞中,太宗历数各家书法之短,独赞王羲之一家之长。他写道:"详察古今,研精篆素,尽善尽美,其惟王逸少乎!观其点、曳之工,裁成之妙,烟霏露结,状若断而还连;凤翥龙蟠,势如斜而反正。玩之不觉为倦,览之莫识其端,心慕手追,此人而已。其余区区之类,何足论哉!"意思是,广泛考察古今书坛,研习书法最为精妙,达到尽善尽美,只有王羲之一人啊!细观他的书法点画精工,布局巧妙,有如烟浓露结,笔形似断而实连;又像凤飞龙绕,字体似斜而实正。把玩它不觉厌倦,观赏它不识端绪,心中仰慕,手上临摹,我只是推崇王羲之一个人罢了。其余那些小人物，有什么值得评论呢！

　　作为一代帝王，能够为一位书法家亲自撰写传论，实属罕见。在太宗的倡导推荐下，王羲之的书法随即成了唐朝书法的正宗，成就了唐代尊王的书风，对后世书法的发展产生了巨大的影响。太宗敕令欧阳询、褚遂良以及弘文馆拓书人冯承素、赵模等人，共同临摹王羲之的《兰亭集序》。恰恰是这些墨迹法帖，珍贵的历史价值和艺术价值一直被世人所珍视。而历代盛称的欧阳询、虞世南、褚遂良和薛稷等"唐初四家"，成为初唐书法艺术风格的杰出代表，钟绍京、陆柬之、王知敬和太宗李世民等，也与"初唐四家"不相上下。

　　出于对书法艺术的无限爱好，身为皇帝的太宗非常注重收揽和培养书法人才。为更多更好地发现和吸纳书法人才，太宗在科举中专门开设了明书科。这些通过明书科罗致的人才，被安排到国子监和弘文馆后，再由书法名师加以指点。由于太宗高度重视书法艺术，当时非常有名气的书法家和收藏家，都备受尊崇，营造了非常浓厚的书法艺术发展态势。

　　太宗经常与朝中重臣探讨书法艺术。贞观十四年（640年），太宗用真草书写屏风给身边的大臣看。大臣一致赞叹太宗书法笔力遒劲，堪称当时一绝。对此，《太平广记》中有着这样的记载："（太宗）尝谓朝臣曰：'书学小道，初非急务。时或留心，犹胜弃日。凡诸艺业，未有学而不得者也，病在心力懈怠，不能专精耳。'又云：'吾临古人之书，殊不学其形势，惟在骨力。及得骨力，而形势自生耳。'尝召三品已上，赐宴于玄武门。帝操笔作飞白书，众臣乘酒，就太宗手中相竞。散骑常侍刘洎，登御床引手，然后得之。其不得者，咸称洎登床，罪当死，请付法。

太宗笑曰：'昔闻婕妤辞辇，今见常侍登床。'"意思是，太宗曾对大臣说："书法是小学问，初学时不能急于求成。如果能够时时留心，胜过三天打鱼，两天晒网。各行各艺，没有用心学却学不会的，问题就出在心力懈怠，不能专心求索。"太宗又说："我临摹古人的书法，绝不特意去学每个字的形体结构，只是摸透它的笔力风骨。笔力风骨学到了，形体结构自然就有了。"太宗曾经召集三品以上的臣属，在玄武门赐宴。太宗执笔作飞白书，大臣乘着酒兴，纷纷争着从太宗手中拿过笔来书写。散骑常侍刘洎，爬上皇帝的御床，伸手从太宗手中夺过笔来。那没有抢到笔的大臣都说刘洎爬上龙床，其罪当死，请法办他。太宗笑着说："过去我听说婕妤不愿和皇帝同辇，如今我见到常侍登床。"

太宗最擅长的书写手法是飞白。飞白是枯墨用笔的一种书法艺术，笔画中丝丝透白，字体犹如飞龙游凤。太宗经常把自己的手迹送给朝中大臣，来表达对臣下的勉励和厚望。他赐给马周"鸾凤凌云，必假羽翼；股肱之寄，诚在忠良"、赐给戴至德"泛洪源，俟舟楫"、赐给李敬玄"资启沃，馨丹诚"、赐给郝处俊"飞九霄，假六翮"……

太宗的行书作品有很多流传于世，代表作包括《温泉铭》《晋祠铭》等。

太宗觉得，学习书法最重要的一步是临摹，临摹是否得法，是书法能否取得进步的关键所在。他在《笔法诀》一文中写道："今吾临古人之书，殊不学其形势，惟在求其骨力，而形势自生耳。吾之所为，皆先作意，是以果能成也。"意思说，现在我临摹古人的书法，从不去学它的表面形态，只是从它力感刚性的体质结构上去探求，而表面形态自然而然就具备了。凡是我要做的事，都在事先想好如何去做，所以取得成功。

太宗在学习书法的过程中，拜了很多老师。他的第一个书法老师是秘书监虞世南。虞世南师从王羲之的七世孙智永禅师，体悟到了王羲之书法的精要，书法几乎达到了炉火纯青的境界。太宗拜虞世南为师后进步很快，房玄龄因此说太宗的笔力超越了前代名家钟繇、张芝。

太宗非常重视书法理论的研究，先后写出了《笔法论》《指法论》《笔意论》等书法理论文章。

太宗认为，写书法必须心神正、志气和，如果心神不正，写出的字就会倚斜；如果志气不和，写出的字则会颠扑。他提出，学习前人书法时应注重神似，然后才是形似，一旦达到形神兼备的高度，就能达到古人的水平。如果能在学习中加入自己的体会和心得，便能超越古人自成一派。

虞世南去世后，太宗又拜褚遂良为师。

太宗一直致力于收藏王羲之的真迹。为了能够得到王羲之的真迹，他不惜花重金购买。贞观年间，太宗共购得王羲之的墨迹多达三千六百幅。太宗让秘书监虞世南把购得的墨迹，全部以一丈二尺装成一轴，悬挂于大殿之内，以备自己闲暇时观赏临摹。

一个偶然机会，太宗听说《兰亭集序》的真迹藏在永欣寺辩才和尚手中，当即派遣监察御史萧翼前去辩才处谋取。为了能够得到《兰亭集序》的真迹，萧翼乔装打扮成普通商人，骗取了辩才的信任，最终盗取了《兰亭集序》的真迹进献给太宗。太宗非常高兴，不仅封萧翼为员外郎，还赏赐给他大批珍宝良田。太宗对《兰亭集序》极为珍爱，不但自己常常仔细揣摩，还让韩道政、赵模、诸葛贞、冯承素等人拓摹数本，赐给太子及诸位重臣。

贞观二十三年（649年），太宗临终前叮嘱太子李治，将《兰亭集序》随他一起葬入昭陵。太宗驾崩后，李治尊重太宗的遗愿，将《兰亭集序》的真迹用玉匣盛装随葬昭陵，《兰亭集序》的真迹最终被埋入地下，后人看到的《兰亭集序》都是唐人的摹本。

太宗致力于提倡和推崇书法，使唐朝的书法艺术达到了前所未有的新高度，也从根本上改变了官方的公文书法。官方公文不再沿用难以认识的隶书和篆书体，而是统一使用容易认识的王羲之体，极大地提高了朝廷和地方官府的办事效率。

4. 相亲相爱结发妻

隋大业九年（613年）的一天，大隋朝都城大兴城（今陕西省西安市）内正在举行一场声势浩大、场面壮观的婚礼，隋朝唐国公李渊家十五岁的二公子李世民，迎娶治礼郎[①]高士廉十三岁的外甥女长孙氏为妻。

长孙氏的父亲长孙晟是朝廷的右骁卫将军，母亲高氏是北齐乐安王高劢的女儿。长孙一族因是北魏宗室之长，被孝文帝赐姓长孙。长孙家族作为皇族宗室，从北魏到隋朝，一直能人辈出，在世人的心目中可谓是钟鼎人家。长孙氏的父亲长孙晟素有"一箭双雕"之美誉，在军事外交上颇有建树。长孙晟长期处理隋朝与突厥之间的关系，曾利用计谋成功从内部分裂了突厥。

---

① 治礼郎：官名，从九品，掌设版位执仪行事。

长孙氏是长孙晟最小的女儿，备受父母的宠爱，而且知书达礼。对小女儿的婚事，父母都非常上心。长孙氏的伯父长孙炽非常敬佩唐国公李渊的妻子窦氏，认为窦氏一定会教出非常出色的子女，因此劝说弟弟长孙晟与唐国公两家结成姻亲。大业五年（609年），长孙晟去世，九岁的长孙氏与哥哥长孙无忌跟随母亲一起，投靠永兴里（今陕西省西安市内）的舅舅家，得到舅舅高士廉一家人的悉心照料。

在大兴城，长孙无忌与年龄相仿的李世民成为好友，两个人经常在高士廉家见面。高士廉见李世民仪表堂堂，又知道他与长孙氏有婚约，便极力促成了这门婚事。于是，十三岁的长孙氏顺利与十五岁的李世民结为秦晋之好。

婚后，长孙氏遇到了一件非常奇怪的事。据《旧唐书·列传》中记载：长孙氏归宁永兴里时，舅父高士廉的妾室张氏在长孙氏住的房舍外面，看见了一匹大马，此马高二丈，鞍勒都在，可不久这匹马就不见了。张氏非常惊惧，就将此事告诉了丈夫高士廉。高士廉马上请人占卜，显示遇坤之泰，内阳外阴，内健外顺，显示天地之交。占卜的人说："龙是乾的卦象，马是坤的卦象，女子处于尊位，居于中正之位卦象显示，这个女子贵不可言。"

婚后不久，李世民的母亲就染病故去，而长孙氏的舅舅高士廉被贬职流放，同遭情感打击的李世民与长孙氏相互安慰，感情更加密切。

隋朝大业末年，农民起义风起云涌，天下大乱。唐国公李渊晋阳（今山西省太原市）起兵，举起反对隋朝暴政的大旗。李世民随父出征后，长孙氏便肩负起了料理家务的重任，为丈夫解除后顾之忧。

唐朝建立初期，天下依然是群雄割据，动乱不已。身为秦王的李世民，奉父皇李渊之命，南征北战，讨伐四方，威望越来越高，势力越来越强。李世民的巨大功劳，很快引起了哥哥、太子李建成的猜忌，于是，李建成拉拢一些人在前朝和后宫给李世民进谗言，说坏话。对此，长孙氏看在眼里，急在心上。她主动承担起扭转局势的责任，常常出入宫中，尽心侍奉公公李渊，以此来弥补李世民与高祖之间的罅隙。据《旧唐书·列传》中记载："时太宗功业既高，隐太子猜忌滋甚。后孝事高祖，恭顺妃嫔，尽力弥缝，以存内助。"

在长孙氏的精心运筹下，高祖李渊没有听信谗言疏远处罚秦王李世民，而是更加信任和重用他。

当时，作为秦王妃的长孙氏，非常喜欢读书。武德四年（621年），李世民在都城长安设立文学馆，用这种方式来招贤纳士，杜如晦、房玄龄等都是十八学士中的佼佼者。长孙氏经常参加文学馆开展的活动，对秦王府班底的情况了如指掌。在后来的玄武门之变中，长孙氏发挥了不可缺少的重要作用。"及难作，太宗在玄武门，方引将士入宫授甲，后亲慰勉之，左右莫不感激。九年，册拜皇太子妃。"（《旧唐书·列传》）在生死存亡的关键时刻，长孙氏冲到前线，亲自慰勉将士，振奋军心，与自己的丈夫李世民并肩作战，最终赢得了斗争的胜利。当李世民被立为皇太子后，长孙氏随即被封为太子妃。

李世民十九岁跟随父亲李渊由晋阳起兵；二十岁被封为秦王；随后率领大军四处征战平定各方割剧势力；至二十九岁登基继承皇位，这一路走来，在刀光剑影、腥风血雨中，时时处处都有长孙氏的如影随形的陪伴。在唐太宗身后，长孙氏总是在默默地支持他，协助他。

李世民即位仅仅十三天后，长孙氏随即被册封为皇后。后来的事实证明，长孙皇后无疑是一位非常有眼光的皇后。在太宗最为困难和迷茫时期，她一直支持鼓励太宗努力建功立业，经常与太宗一起探讨古今大事，对太宗治理国家给予了很大帮助。出身于书香门第、通晓古今的长孙皇后，还开创了唐代后妃作诗的先河，《全唐诗》中，就收录了一首她的诗作《春游曲》："上苑桃花朝日明，兰闺艳妾动春情。井上新桃偷面色，檐边嫩柳学身轻。花中来去看舞蝶，树上长短听啼莺。林下何须远借问，出众风流旧有名。"

太宗性情刚直，有时会因小事对宫女发怒，甚至无端治宫女的罪。此时，长孙皇后往往会亲自出面，假意顺从太宗怒，请求把这些人交给她来处理。而最终，这些宫女都会被宽大处理，后宫很少滥用刑罚或发生冤案。

李世民登基后，曾生过一场大病。长孙皇后衣不解带守在他身边，悉心照料，她甚至带着一瓶毒药，如果太宗身有不测，她便紧跟太宗而去。

太宗非常信任长孙皇后。据《旧唐书·列传》中记载，长孙皇后最爱节俭，衣服车马一类东西够用就行，太宗为此更加敬重她。长孙皇后的哥哥长孙无忌从前跟太宗是好朋友，又是辅佐太宗登上帝位的特大功臣，太宗把他作为亲信让他出入内室，并准备任命他为宰执的高官。长孙皇后坚持说不行，一有机会就禀奏太宗说："我已来到皇宫，地位高到极点，实在不愿意再让哥哥、弟弟、侄儿在朝廷掌握大权。汉朝的吕雉、霍光可以作为刻骨铭心的教训，特地请求皇上别叫我的哥哥当宰执。"太宗没有采纳她的意见，还是让长孙无忌担任左武候大将军、吏部尚书、右仆射等官职。长孙皇后暗地叫哥哥苦苦请求辞职，太宗最后不得已答应了他的请求，改任开府仪同三司，长孙皇后这才高兴。

长孙皇后生有三子四女：长子李承乾、四子李泰、九子李治，女儿长乐公主、城阳公主、晋阳公主、新城公主。据《旧唐书·列传》中记载，太宗特别喜爱的长乐公主要出嫁时，命令送给多于大公主一倍的陪嫁。这时，魏征直言规劝说："东汉明帝时，准备分封各个皇子，明帝说：'我的孩子怎能得到先帝孩子那样的优厚待遇啊！'这说明大公主实在是该得到比长乐公主更高的待遇，情感虽然有浓淡，礼仪不应分厚薄。如果让长乐公主的陪嫁超过大公主，道理上只怕说不过去，请陛下斟酌。"太宗回到后宫把这话告诉皇后，皇后感慨地说："忠诚耿直的批评听起来难受做起来有益，会听批评是国君的当务之急，采纳就天下太平，拒绝就政事混乱，衷心希望陛下审慎处理这件事，那么我们的国家幸运极了。"长孙皇后进而请求派遣中使带上五百匹帛，到魏征的家里赏赐给他。

长孙皇后一直劝说太宗施行仁政。太宗心爱的马死了，便迁怒于养马人。长孙皇后得知后，对太宗讲了齐景公因鸟杀人的故事。太宗深知长孙皇后的用意，立即赦免了养马人。

贞观八年（634年），长孙皇后陪同太宗在九成宫避暑时，身染重病。当时的太子李承乾请求父皇大赦天下为母后祈福，太宗立即应允了太子的请求，可长孙皇后坚决反对，说大赦是国家大事，不应该因为她一人而乱了国家法度。据《资治通鉴·唐纪》中记载，长孙皇后跟太宗诀别时，房玄龄因犯过失被免职回家，她郑重地说："玄龄事陛下久，小心缜密，奇谋秘计，未尝宣泄，苟无大故，愿勿弃之。"不久，房玄龄不仅被重用，还被加封为开府仪同三司。

临终前，长孙皇后诚恳地劝谏太宗说："仍愿陛下亲君子，远小人，纳忠谏，屏谗慝，省作役，止游畋，妾虽没于九泉，诚无所恨！"（《资治通鉴·唐纪》）

贞观十年（636年），长孙皇后病逝，年仅三十六岁。按照长孙皇后的遗嘱，太宗下令将她葬于昭陵，谥号"文德皇后"。

据《旧唐书·列传》中记载，长孙皇后曾把古代妇女所做的善事编写成书，共十卷，题名为《女则》。她在文章中批驳汉朝明德皇后马氏不能抑制马家亲属，让他们把持朝政，而当地位显赫、势力庞大后才制止他们，这是大掘祸水源泉而防止细枝末节。她嘱咐保管书籍文章的人说："我写这些东西，只是用来警诫自己。女人写文章没有条理，不想让皇上看到，千万不要说出去。"长孙皇后病逝后，后宫的人把《女则》送给太宗，太宗看后说："皇后这本书，完全可以流传后世。我怎会不通达天神的意旨，而不能舍弃私情呢！由于她常常劝谏，弥补了我的不足。今后回宫，再也听不到她规劝的话了，这是失去了一位贤内助，我怎么不悲伤啊！"

5. 贤德徐惠好伴侣

从隋大业九年（613年）到贞观十年（636年）的二十四年，唐太宗与长孙皇后一直感情深厚。而除了长孙皇后外，太宗还与宫中的一位嫔妃恩爱有加，受其影响非常大。这位妃子就是徐惠妃。

徐惠出生于贞观元年（627年），比太宗小二十八岁，比长孙皇后小二十六岁。她的家庭是一个名门望族，曾祖父徐综为陈朝始安（今广西桂林市）太守，祖父徐方贵为延州临真（今陕西省延安市境内）县令。她的父亲徐孝德、母亲姜化、弟弟徐齐聃、妹妹徐婕妤都是远近闻名的有才人，而她自己更是出了名的才女。

据《旧唐书·列传》中记载："太宗贤妃徐氏，名惠，右散骑常侍坚之姑也。生五月而能言，四岁诵《论语》《毛诗》，八岁好属文。其父孝德试拟《楚辞》，云'山中不可以久留'，词甚典美。自此遍涉经史，手不释卷。太宗闻之，纳为才人。"由此可以看出，徐惠五个月大就能开口讲话，四岁时就能通读《论语》《毛诗》，八岁时已经能写一手好文章。他的父亲徐孝德让她作一首《楚辞》体的诗，结果她出口成章，诗的题目是《拟小山篇》："仰幽岩而流盼，抚桂枝以凝想。将千龄兮此遇，荃何为兮独往。"这首诗，不仅被众人交口称赞，而且得以迅速流传。

徐惠的才气，很快打动了当朝天子。贞观十一年（637年），太宗将十一岁的徐惠召进宫中，封她为才人。

徐惠进宫后，依然好学。她总是利用宫中便利的读书条件，熟读各类书籍，不断增长和丰富自己的见识，眼界变得越来越宽阔，心胸变得越来越宽广。尤其是写诗作文的本领更加长进，不仅创作才思泉涌，诗文也是优美动人。

徐惠现存的文学作品共计七篇，包括诗五首：《拟小山篇》《长门怨》《秋风函谷应诏》《赋得北方有佳人》《进太宗》；文赋两篇：《奉和御制小山赋》《谏太宗息兵罢役疏》。现存以《长门怨》为题的唐诗总共有三十七首，涉及诗人三十三人，徐惠是唐代同题诗作者中，唯一的一位嫔妃和女性作者。她的《秋风函谷应诏》

被编入《初学记》，而《初学记》是教导唐朝储君和皇子如何写诗作文的启蒙教材。

她的文赋《奉和御制小山赋》，作于贞观二十一年（647年），当时徐惠陪伴太宗在翠微宫休养，为和韵太宗《小山赋》之作。清代文学家、赋论家王芑孙认为，《奉和御制小山赋》《谏太宗息兵罢役疏》这两篇作品，是"和赋"文学形式的起源之作。尤其是《谏太宗息兵罢役疏》，堪称历史上罕见的杰出女性政论文章，为历代史家所推崇，被收入《旧唐书》《新唐书》《贞观政要》《资治通鉴》等多部重要典籍之中。《谏太宗息兵罢役疏》这篇谏疏体文章，颇有干预内政之嫌。长孙皇后在世时，徐惠尚未入宫，长孙皇后病逝的第二年她才得以入宫，但她深受长孙皇后劝谏风范的强烈影响。

徐惠的才华，备受太宗的喜爱，她的父亲徐孝德也因此官运亨通，先后担任绵州巴西（今四川省绵阳市东部）县尉、洛阳府伊阙（今河南省洛阳市南部）县丞、太子府右卫长史、将作监丞[①]、礼部员外郎、骑都尉[②]、水部郎中等官职。太宗更是赞赏徐惠的才学，把她比作又一个长孙皇后，她在后宫的级别，由最初的才人，升为婕妤，最后升为充容[③]。

太宗与徐惠虽然不像与长孙皇后那样伉俪情深，但他们也能非常默契地实现精神上的共鸣，互相欣赏，互相爱慕，成为灵魂上的伴侣。徐惠在《进太宗》这首诗中写道："朝来临镜台，妆

---

① 将作监丞：官名，从六品下，属于工部下辖。
② 骑都尉：官名，勋官，从五品。
③ 充容：后宫名号，位列第十二级，位同宰相，属于九嫔。

罢暂装回。千金始一笑，一召讵能来。"太宗下召让徐惠去见驾，但徐惠过了很久还没到。太宗非常生气，于是徐惠给太宗献了这首诗来调侃这件事。这诗生动描写了女子晨起梳妆的情景，笔调非常活泼，而且带有戏谑之意，表现了徐惠的自尊，展现了徐惠与太宗之间的深厚感情，反映了皇帝和妃嫔生活的另一面。诗中的二十个字，既塑造了徐惠的自我形象，也委婉地展示了徐惠的心理活动，表现了徐惠鲜明的个性。太宗听了这首诗后，更觉得徐惠是一个非同一般的女子。这首诗虽然记录的是两个人之间的趣事，后世却流传很广。

徐惠是一个拥有大智慧的妃嫔，不仅在诗词歌赋上有很深的造诣，对朝廷政事也有独到的见解，常常给太宗以很大的帮助。太宗想大修土木，扩大宫殿，徐惠不仅上奏制止，还用太宗能够接受的方式提醒他不要过度奢靡，而以天下百姓为己任。据《旧唐书·列传》中记载："时军旅亟动，宫室互兴，百姓颇倦劳役，上疏谏曰：自贞观以来，二十有二载，风调雨顺，年登岁稔，人无水旱之弊，国无饥馑之灾。昔汉武守文之常主，犹登刻玉之符；齐桓小国之庸君，尚图泥金之事。望陛下推功损己，让德不居。亿兆倾心，犹阙告成之礼；云亭伫谒，未展升中之仪。此之功德，足以咀嚼百王，网罗千代者矣。古人有云'虽休勿休'，良有以也。守初保末，圣哲罕兼。是知业大者易骄，愿陛下难之；善始者难终，愿陛下易之。"

徐惠在奏章中，列举了商纣因痴迷玉器导致国家灭亡的例子，向太宗指出珠宝玉器是迷人心窍的毒药，更是国家沦丧的根本所在，只要珍玩珠宝盛行于民间，淳朴的民风必然渐渐败坏，以此来规劝太宗戒奢去靡。太宗看到奏章非常感叹地说："有这样贤德的后妃陪伴在朕的身边,真是朕的福气啊!"

徐惠性格非常清冷,她所特有的才女气质,让她养成了不争不抢的性格,让太宗既喜欢又放心。徐惠对诗书的热情,让她与太宗之间一直都有共同的话题。

贞观二十三年（649年）,太宗驾崩,徐惠因此遭受了极大的打击,长时间一直走不出太宗死去的阴影。由于对太宗思念过度,一心想追随唐太宗而去,导致心思瘀结,不久就病倒,而且拒绝服药治疗。一年后的永徽元年（650年）,年仅二十四的徐惠英年早逝,死后被追封为贤妃,并陪葬昭陵石室。

6. 智略过人武则天

唐太宗后宫中的妃嫔,除了长孙皇后和徐惠妃之外,另一个重要的女人当属于武则天,自名武曌,被太宗赐名"媚"的武媚娘。

武则天生于武德七年（624年）,比太宗小二十六岁,比长孙皇后小二十四岁,比徐惠妃大三岁。

武则天出生在一个大商户家庭。父亲武士彟是隋朝年间一个有名的木材商人,依靠经商致富,后来成为鹰扬府[①]队正[②]。大业十三年（617年）,武士彟资助唐国公李渊在晋阳起兵反隋,被授予大将军府铠曹参军。后来,又随秦王李世民军平定长安。唐高

---

① 鹰扬府:官署名,隋开皇年间设骠骑将军、车骑将军,大业年间改骠骑府为鹰扬府。

② 队正:官名,为鹰扬府府兵一队之长,正九品下,统五十人。

祖时期，武士彟以"库部郎中"身份名列十七位"太原元谋功臣"之一，后来又官至工部尚书，并被封为应国公。太宗即位后，武士彟历任豫州（今河南省大部）、利州（今四川省广元市一带）和荆州（今湖北省南漳县）都督，由于任内治民有方，得到太宗嘉奖。贞观九年（635年），太上皇李渊驾崩，与李渊一直感情深厚的武士彟悲痛成疾，在荆州都督任上去世，终年五十九岁。武士彟去世后，太宗赐谥号为"定"。武士彟去世时，武则天年仅十二岁。

贞观十一年（637年），也就是长孙皇后去世后的第二年，太宗听说病逝后的武士彟家有一个冰雪聪明、美艳绝伦的女儿，便下诏将她召入宫中成为才人，并赐名"媚"。当时，武则天年仅十四岁，正是豆蔻年华。武则天入宫前，她的母亲杨氏深知一入宫门深似海，因此痛哭不已。可小小年纪的武则天，却表现得与母亲大为不同，她内心非常高兴，因而非常不解地对母亲说："能够陪伴天子是一种福分，母亲为何痛哭呢？"

武则天虽然长得漂亮，但太宗的后宫里不缺美人，武则天入宫后也就被太宗忘却了，因此一直是一个才人，十二年都没能得到晋级，而且一直没有怀上子嗣。

武则天虽然一直不被太宗所宠爱，但她的心智非同一般。一天，太宗回到后宫看武则天，武则天得到通传后故意不出外迎接，而是在书房中佯装临摹王羲之的字帖。她知道，太宗最喜欢王羲之的字帖。太宗走到武则天的门口时，得知她正在临摹王羲之的字帖，心中高兴不已，就自己悄悄地走进屋里，在一旁观看武则天临帖写字。武则天临摹完《兰亭集序》的第一段后，又佯装准备临摹第二段，太宗忍不住加以赞叹。武则天故作刚知道太宗来到，急忙向太宗请罪。而内心高兴万分的太宗并不计较，反倒称赞她的字写得好看。太宗端详来端详去，指出武则天的字和他都有一个通病，就是过于肥大。聪明的武则天知道自己是学着太宗的手法临摹的，便奉承说自己的字无法与皇上的相比。太宗虽然非常感动，但还是感叹地说自己不能学好王羲之的字。太宗说完，武则天立即抓住时机地说："媚娘以为，皇上并不需要学王羲之的字，更不必为此感伤。王羲之的儿子学了父亲的字，一辈子也依旧和王羲之的字有很大不同。皇上应写出有自己风格的字，这样后人就会记得皇上的字，而不是王羲之的字。一个人，应该有自己的特色才是。皇上，是不是这样啊？"太宗听了，不仅大加赞赏，而且开始对武则天变得刮目相看。

武则天被封为才人后，后宫中关于她的故事非常多。当时，太宗有一匹烈马，朝中精于骑射之人虽然众多，但无人能够制服这匹烈马。一天，太宗问左右侍从："不知道有哪位驯马高手能够制服这匹烈马？"这时，武则天对太宗说："我可以制服它。"太宗非常惊奇地问她有何办法，武则天说："只要为我提供一把铁钩、一条皮鞭、一把匕首就够了。首先，我会用铁钩钩住这匹马，如果它不服，我再用皮鞭抽它；如果它仍旧不服，那么我就用匕首切断它的脖子。"太宗虽然觉得武则天的办法过于残暴，但对她这种果敢的性格非常赞赏。

与其他妃嫔相比，武则天有一个非常独特的乐趣，就是偷偷地听政。显然，听政已成为武则天对朝政处理方法的一种关注。就在这种长期听政的过程中，武则天产生了掌控朝廷政事的欲望。

随着年龄的增长，太宗的健康状况变得越来越差，最终到了卧床不起的程度。武则天看到这种情况，没有子嗣的她暗自垂泪，深感自己的前途一片黯淡。而就在这时，武则天却突然看到了一丝希望，这个让她看到一丝希望的人就是太子李治。她知道，太子是太宗的法定继承人，太宗去世后，只有太子能够继承大统，而她在太宗去世后的前途荣辱，都确定无疑地掌握在李治手中。于是，武则天豁然开朗，开始刻意关注这位大唐帝国的未来继承人。当时，李治已经二十二岁，仅仅比她小四岁，身体与太宗一样魁梧，但没有太宗那种威风凛凛的帝王气概。武则天通过仔细观察和多方打听，得知李治是一位性格软弱、多愁善感、喜爱美女的人。于是，她心中开始打起了如意算盘。

　　此后，武则天渐渐疏远病入膏肓的太宗，开始挖空心思寻找与李治接近的机会。在太宗生命中的最后一段岁月里，作为太子的李治，每天都守在太宗的病榻前尝药试膳。而就在此时，他发现服侍的人中竟然有一位亭亭玉立的美人，浑身上下都洋溢着一种少有的青春朝气，便不由自主地被这个美人紧紧吸引。就这样，武则天依靠智慧和手段，征服了大唐王朝继太宗之后的下一位天子。而让太宗没有想到的是，他死后，竟然是他后宫中智略过人的武则天，一步步攫取了大唐江山。

第九章　贞观末期，渐不克终志未酬

1. 荒唐太子不争气

唐武德二年（619年），李世民的长子在长安城内的太极宫承乾殿呱呱落地。唐高祖李渊对这个孙子的出生非常高兴，亲自给他取名叫承乾。"承乾"这个名字，一是为了纪念出生地是承乾殿，二是含有"承继皇业、总领乾坤"的意思。有当朝天子这样的爷爷，李承乾的前途无疑不可限量。

李承乾刚满一岁时，他的爷爷高祖李渊就封他为恒山王；刚刚五岁时，高祖又封他为中山王。

李世民也对这个长子极为关注。李承乾三岁时，李世民就安排长孙皇后的侄子长孙家庆给李承乾做陪读。李承乾五岁时，李世民又给他找来了最好的两位儒学老师，就是秦王府十八学士中的陆德明和孔颖达，一起来教他学习儒家经典。

李承乾八岁时，李世民登基成为唐朝的天子，他的母亲长孙氏被封为皇后，他也顺理成章地成为皇太子，成为唐朝未来皇位无可争议的继承人。当时，李承乾的表现非常不错，深得太宗的喜爱。太宗在《立中山王承乾为皇太子诏》中写道："地居嫡长，丰姿峻嶷；仁孝纯深，业履昭茂，早闻睿哲，幼观《诗》《礼》；允兹守器，养德春宫。朕钦承景业，嗣膺宝位，宪则前王，思隆正绪，宜依众请，以答佥望。"（《全唐文》）

李承乾十一岁时，太宗就授权他旁听前朝政务，还给了他部分决断的权力，较早地让他涉足政治领域。朝中重要官员病重时，太宗经常派李承乾代表他前去关心慰问。

贞观四年（630年），太宗诏令德高望重的李纲为太子少师，负责教导辅佐李承乾。太宗每次临朝听政，都让李纲陪同坐在身边，李纲发言陈述事理的坚决态度，给李承乾留下了深刻印象，也让他心生敬畏。可仅仅过了一年，八十五岁的李纲病逝。李纲的去世，竟让李承乾的人生道路出现了一个转折，开始偏离太宗为他设计的人生轨道。

由于太宗的恩宠和信任，加之身边官吏的追捧和讨好，十二岁的李承乾不知不觉中产生了一种傲气，认为自己天生就是帝王之才。不仅如此，他逐渐染上了拈花惹草、游戏无度等许多恶习。太宗觉察到太子的一些劣迹行为后，立即召集辅佐他的大臣商议对策，心情非常凝重地对他们说："太子从小生活在宫中，对于百姓的艰难没有深刻的了解，容易产生天生我为帝王的骄傲心理，希望诸位爱卿因势利导，让太子早日成熟起来。"太宗要求这些大臣多在思想上敲打太子，太子有做得不对的地方一定要敢于谏言。

显然，太宗的内心是恨铁不成钢。他是个皇帝，但他也同样是个父亲，内心也怀有望子成龙的美好愿望。结果，辅佐大臣在太宗诏命之下对太子的严苛约束，却引发了太子的强烈叛逆反应。

贞观五年（631年），太子右庶子李百药发现太子过于贪图玩乐，就专门写了一篇《赞道赋》进行讽谏规劝。赋中写道："天纵皇储，固本居正；机悟宏远，神姿凝映。顾三善而必弘。祗四德而为行。每趋庭而闻礼，常问寝而资敬。奉圣训以周旋，诞天文之明命。迈观乔而望梓，即元龟与明镜。"（《贞观政要》）意思说，上天派遣你作为皇位的继承人，巩固国家的根本，居于正位；心地聪颖，光彩照人。凡三善之事必予光大，用四德来规范自己的行为，常拜谒父王听取教训，奉孝君父问安致敬。按照圣训待人接物，发扬光大上天之命，勤勉励行父子之道，以此作为元龟和明镜。

不久，太宗对李百药说："我在皇太子居住的地方看到了你所作的辞赋，叙述古往今来太子的事情来告诫太子，十分简明得当。我选用你来辅佐太子，正是为了这件事。你很称职，但你必须让自己有始有终。"太宗当即赏赐李百药骏马一匹，彩帛三百段。

但对李百药的讽谏规劝，李承乾却不为所动，他觉得李百药说得有些过分，因此产生了强烈的逆反心理，依旧我行我素。李百药大失所望，只好向太宗请辞。

那些被太宗选定辅佐太子的老臣，都怀有一颗忠诚于太宗的心，都记着太宗的诏命。因此，他们一旦发现太子有不妥当的地方，就毫不犹豫地直言相谏。

太子詹事于志宁是非常负责的辅佐大臣。一次，太子在自己的宫中盖了一间房子，于志宁发现后，毫不留情地痛斥太子过于奢华浪费。看到李承乾与宦官在一起玩笑嬉戏，于志宁觉得大为不妥，当众指责太子行为不检点。太子右庶子孔颖达对太子约束的方式比于志宁还严苛。只要孔颖达认为太子有不对的地方，便立即直谏给太宗，而且还要夸大问题的严重性。太子的乳母遂安夫人都感到孔颖达有些过头，私下里劝说孔颖达给太子留些情面。而孔颖达却摆出一副很委屈的样子，说这完全是为太子的将来着想。太宗对于志宁和孔颖达的做法非常赞赏，诏命赐给二人帛各五百匹，黄金各一斤。

对于志宁和孔颖达的严苛教导，太子非常抵触，根本不予理睬。见太子不听劝谏，二人只好向太宗请辞。

贞观六年（632年），太宗诏令杜正伦为太子左庶子来辅佐太子。太宗嘱咐杜正伦说："太子自古便是国家根本，一定要选有道德的人来辅佐。现在太子年纪幼小，志向和思想还没确定，我如能早晚都见到他，还能随时随事对他告诫约束。我如今让他监国，又不能把他留在身边。你志向远大，胸怀宽广，能坚持正道，所以我让你去辅助太子，你应该知道这个委任的分量。"贞观十年（636年），太宗再次嘱咐杜正伦说："我儿患有足疾，但这并不重要，重要的是他缺乏贤正善良，而亲近小人，以致没有好的名声，这是需要你好好观察的。如果他确实不能教育，你就应当来告诉我。"杜正伦数次劝谏太子，太子都不接受，杜正伦就把太宗说的话告诉了太子。太子立即上表报告给了太宗，太宗便认定杜正伦是在故意挑拨他和太子的关系，因此大怒。杜正伦立即解释说："我劝谏太子，可太子不接受，所以我就用陛下的话来吓唬他，希望他有所畏惧，或许可以改恶从善。"太宗怒火难消，诏令将杜正伦外放为谷州（今河南省新安县一带）刺史。

贞观十二年（638年），太宗诏令朝中谏臣张玄素为太子右庶子来辅佐太子。张玄素发现太子因嗜好打猎而荒废了学业，便上书进谏说："我听说老天不会偏私，只会辅佐有德之人。如果违背了天道，不管是人还是神都会遗弃他。古代打猎三驱的礼治，并不是要人杀生，只是为老百姓除害而已。所以商汤撤除捕捉野兽的四面网，只用一面网，如此仁义之举终于使百姓归心。如今您在御苑之内打猎，虽然名义上不同于在野外游猎，但是如果放纵无度，终究有失体统。"见太子毫无改悔之意，张玄素又上书说："君臣之间的礼义，父子之间的亲情，尊卑的等级，长幼的秩序，要从内心去奉行，使之广大于天下，都要依靠自身的行为使自身闻名久远，凭借言辞而使其广泛传播。殿下已经长大成人，且天资聪慧，但仍需要学习知识以提高自身修养。"

太宗得知张玄素频频进谏太子，便授予他银青光禄大夫①，并兼任太子左庶子，以此来鼓励张玄素更好地辅佐太子。

一次，李承乾在宫中击鼓作乐，声音很大，传到了宫外。张玄素听到震天动地的鼓声，立即敲宫门极力劝谏太子不要扰民。太子竟然气急败坏，当着张玄素的面凿毁了宫中的鼓。随后，太子又派奴仆在张玄素上早朝时，暗中用马队来袭击他，差点要了张玄素的命。

即使太子这样对待张玄素，可张玄素的一颗诚挚之心始终没有改变。当他看到太子穷奢极欲地营造楼阁时，非常焦虑地上书说："太子的使命，责任十分重大，如果积德不深厚，又怎么能担当守护祖宗基业的大任呢？太子宫殿下聚集无数工匠，内苑之中却不见贤才良臣半点踪影。论孝敬，殿下有违晚辈向长辈问寒问暖的礼节；论恭顺，殿下则与慈父的训导背离；论名声，殿下没有学习古道的事实；论行为，殿下又凭借权势滥施刑罪。正直的人没在身边，而哗众取宠的弄臣却不离左右。您喜欢的不外乎

---

① 银青光禄大夫：官名，从三品文散官。

是声色犬马，所赏赐的都是图画雕刻。从表面看，殿下已有如此多的过失；何况朝中隐秘的大事，可能已经不可胜数了。"太子看到张玄素的上书后大怒，恨不得立即杀了他。

太子在暗自与辅佐大臣较劲的同时，还与一名男宠交好，两人甚至达到了如漆似胶的程度。太宗知道后，立即下令处死了这名男宠。但此后，太子继续放纵堕落，竟然在宫中扮成胡人玩打仗，还搭帐篷吃烤肉，终日饮酒作乐。玩到得意之时，他甚至说："若我登基为帝，当率几万大军投奔突厥可汗。"太子的各种荒唐言行，让太宗伤透了心，甚至到了心灰意冷的程度。

2. 废立太子难决断

皇太子李承乾的种种荒唐表现，让唐太宗倍感失望的同时，也让暗自萌生了改立太子的想法。

太宗总共有十四个儿子，即长子中山王李承乾（太子）、次子楚王李宽（过继）、三子吴王李恪、四子魏王李泰、五子齐王李佑、六子蜀王李愔、七子蒋王李恽、八子越王李贞、九子晋王李治（唐高宗）、十子纪王李慎、十一子江殇王李嚣、十二子代王李简、十三子赵王李福、十四子曹王李明。太宗总共有二十一个女儿，即襄城公主、汝南公主、南平公主、遂安公主、长乐公主、豫章公主、巴陵公主、普安公主、东阳公主、临川公主、清河公主、兰陵公主、晋安公主、安康公主、新兴公主、城阳公主、高阳公主、金山公主、晋阳公主、常山公主、新城公主。

太宗的十四个儿子中，中山王李承乾、魏王李泰和晋王李治三人是长孙皇后所生，未来的皇位继承人，就在这三个嫡皇子中产生。

就在太子李承乾变得堕落颓废，让唐太宗感到伤心失望之时，李承乾的二弟李泰看准时机果断出手，想方设法讨太宗的欢心，太宗因此将重新选定太子的注意力转移到了李泰身上。

李泰出生于武德三年（620年），字惠褒，小名青雀，是李世民的四子，也是嫡次子。李泰出生后，被祖父唐高祖封为宜都王。武德四年（621年）三月，又被高祖晋封为卫王，同时被授予上柱国。当时，作为秦王的嫡次子，李泰日后的爵位最高也不过是一个郡王而已，可高祖却将年仅两岁的李泰封为正一品的卫王。其实，这不仅仅是对孙子的一个赏赐，更是对战功卓著的秦王李世民的一个恩宠和安慰。对于刚刚建立的大唐王朝来说，秦王李世民是不可或缺的重要人物，高祖非常清楚，赏赐李泰就是笼络李世民。

李泰自幼就非常聪明，善于吟诗作文，深受太宗的赏识。李世民即位后，对李泰更加恩宠。贞观二年（628年），太宗改封九岁的李泰为越王，并封为扬州大都督与越州（今浙江省绍兴市）都督，封地从淮南道到江南道多达二十二州，但为不之官①。贞观五年（631年），太宗加封李泰兼领左武候大将军，仍为不之官。贞观六年（632年），太宗加封李泰为鄜州（今陕西省富县一带）大都督，兼夏、胜、北抚、北宁、北开五都督，仍旧不之官。贞观八年（634年），太宗诏令李泰为雍州（今甘肃省武威市境内）

---

① 不之官：就是不去上任的官。

牧①。贞观十年（636年），太宗封李泰为魏王，遥领相州（今河南省安阳市一带）都督，其他官职不变。此时，李泰已经十七岁，但太宗不仅舍不得让他去封地，仍旧将他留在京城。李泰身体有些肥胖，行动不太方便，太宗特许李泰乘小舆②至朝所。为了能够经常见到李泰，太宗甚至还诏令他搬进武德殿居住。为此，不同意李泰搬入武德殿的魏征上书说："陛下爱魏王，宜每抑其骄奢，不处嫌疑之地。今移居此殿，乃在东宫之西，时人不以为可，恐魏王之心不敢安息也。"（《资治通鉴·唐纪》）意思是，陛下喜欢魏王，正应当多多抑制他的骄奢习气，不让他处于怀疑猜忌之中。如今移居到武德殿中，位在东宫西面，时人均认为不可取，我担心魏王的心里恐怕不敢安闲。

武德殿在太子李承乾所住的东宫的西面，在魏征的眼里，武德殿是一个非同一般的敏感之地。如果李泰住进武德殿，就相当于地位与太子不相上下。

李泰确实是一位非常有才华的皇子，他爱好书法，自己的文学集书达万卷。由于自己的哥哥是根红苗正的太子，即使太宗偏爱于他，他也只能以一种默默无闻的平常人心态与人相处。但是，当作为太子的李承乾受到太宗的冷落时，李泰突然看到了自己能够成为储君的希望，他因此开始在太宗面前表现自己。而随着太宗的偏袒和宠爱越发明显，也让李泰感觉自己离成为储君的那一天越来越近。

---

① 雍州牧：官名，当时的九州之长为"牧"，居郡守之上，掌一州之军政大权。

② 小舆：王室使用的轻车。

太宗越是对太子有看法，就越对他严加约束，越让李泰产生一种错觉。

贞观十年（636年），长孙皇后重病期间，太子奏请太宗赦免囚徒，为母后祈福免灾，但遭到了太宗的拒绝。可对待李泰，太宗却不是这个态度。贞观十四年（640年）正月，"上幸魏王泰第，赦雍州长安系囚大辟以下，免延康里今年租赋，赐泰府僚属及同里老人有差"（《资治通鉴·唐纪》）。意思是，太宗驾临魏王李泰府第，当场宣布赦免雍州牧长安县死刑以下罪犯，并免除延康里当年的田租赋税，而对魏王府幕僚及同里的老人均有不同的赏赐。太宗到李泰的府上诏令大赦，宣布减免税赋，还赏赐李泰的部署，这都是太子也没能得到过的。

谏议大夫褚遂良发现朝廷每天供给李泰的东西，远远超过了太子，便向太宗进谏说："有国家就必有亲疏贵贱，虽然一般的皇子也值得疼爱，但不能超过尊贵的太子，这种法体必须得到尊崇。如果不能确立太子和一般皇子的名分，就会造成应当亲近的人却被疏远、应当尊敬的人却被冷落的局面。这样，谄媚取巧之徒就会乘机兴风作浪，以个人恩怨危害国家。陛下日理万机，或许还有些事情做得不够完美。我的职责是指正您的过失，不容许有沉默不言的时候。我发觉供奉给太子的东西比魏王少，朝廷上下听说了这件事，都觉得做得不妥。"同时，侍御史马周也上奏说："自汉晋以来，多次出现过因为君主立储态度不明朗而发生动乱的事件，最终导致国本动摇。这些事件陛下肯定非常熟悉，如今陛下出于私爱，对魏王恩宠过多，时间长了恐怕会让诸王产生想法。前车之鉴，希望陛下早做定夺。"其他大臣也纷纷上奏，提醒太宗不可对李泰恩宠过多，以防滋生祸乱。

此时，太宗自觉自己做得确实有些过分，便暂时打消了改立太子的念头。

贞观十六年（642年），李泰完成了《括地志》的编修，再次为他赚取了一个重要的政治资本。《括地志》也称《魏王泰坤元录》《贞观地记》《贞观地志》《魏王地记》《括地象》，是一部地理学专著，全书共计五百五十五卷，包括正文五百五十卷、序略五卷。《括地志》以州为单位，分述各县沿革、地望、得名、山川、城池、古迹、神话传说、重大历史事件。《括地志》融合了《汉书·地理志》、顾野王《舆地志》两部书籍的编纂成果，创立了新的地理书框架。太宗看到《括地志》后非常高兴，不仅对李泰进行了一次性赏赐，还诏令每个月都对李泰进行赏赐。

此时，忠于李泰的大臣都预感到，太宗废掉李承乾的太子位、立李泰为太子已成定局。眼看自己的主子胜券在握，便暗中撺掇李泰主动出击，像当年太宗那样伺机以武力夺取储君之位。

其实，太宗之所以在废立太子问题上迟迟没有下定决心，是他确实还拿不定主意到底是立长好，还是立贤好。太宗觉得，他所面临的问题，与当时高祖面临的问题极其相似，他也因此理解了当初高祖决断废立太子时的复杂心情。嫡长子李承乾的不良表现，让他感到心寒不已。而魏王李泰恰恰是他所希望的那样刚毅而血性，他觉得自己不该让才华横溢的贤者受到压制。因此，他的内心万分纠结。他深深知道，如果立储之事处置不当，玄武门事变的悲剧可能还会重演。如果出现血腥政变，自己多年开创的唐朝盛世就可能功亏一篑，负面影响不仅会祸及子孙后代，还会危及大唐国运。太宗一直在耐心地考察着嫡皇子的表现，更一直在苦苦地思考着怎样做出抉择。

3. 废黜太子为平民

贞观十四年（640年），唐太宗为了庆祝大唐王朝平定高昌国，在两仪殿中设宴招待朝中大臣。席间，唐太宗对尚书左仆射房玄龄说："高昌若不失臣礼，岂至灭亡？朕平此一国，甚怀危惧，惟当戒骄逸以自防，纳忠謇以自正。黜邪佞，用贤良，不以小人之言而议君子，以此慎守，庶几于获安也。"（《贞观政要》）太宗是说："高昌如果不丧失作为臣子的礼节，怎么会遭到灭亡呢？我每次平定了一个地方，都心怀畏惧，勉励自己切莫骄奢淫逸，应该把接纳忠言、纠正自己的错误作为自己的责任。治理国家就要任用贤良正直的人，罢免奸邪谄媚的人，不要听信小人的谣言，以免误解了正人君子。无论做什么都要谨慎，国家就可望得到太平。"

看到太宗的心情格外高兴，魏征趁机进言说："我观察自古以来的帝王，他们在创业的时候都能够有所警戒，愿意倾听老百姓的呼声，愿意采纳忠臣的意见。可天下太平之后，他们就开始变得穷奢极欲，只喜欢听谄媚讨好的话，厌恶逆耳的忠言。张良是汉代的开国元勋，汉高祖称帝之后，想废掉嫡出的太子另立庶出的公子，张良劝说道：'这件事不是口头说说就可以决定的。'后来，张良就再也不敢开口提这件事了。陛下目前功德这样卓越，汉高祖还不足以与您相提并论。陛下即位已有十五年了，圣德广播，现在又平定高昌，还能够心怀忧患意识，采纳忠言，广开言路，真是国家的大幸。过去齐桓公和管仲、鲍叔牙、宁戚四个人一起饮酒，齐桓公对鲍叔牙说：'我的国家能够长寿吗？'鲍叔牙举起酒杯站立着说：'愿主公不忘过去逃亡在莒时的情形，管仲不忘在鲁国被囚禁的情形，宁戚不忘当年在车下喂牛时的情形。'齐桓公听后，站起来感激地说：'我和管仲、宁戚如果能不忘你这番话，那么国家就不会有危险了。'"

太宗听了魏征的话，非常感激地说："我一定不会忘记自己身为平民的时候，你也一定不要忘记鲍叔牙的为人。"

不久，太宗外出巡幸，竟安排早被自己疏远的太子李承乾监国，并由尚书右仆射高士廉辅佐。太子非常高兴，内心由衷地感激魏征。

贞观十六年（642年），谏议大夫褚遂良谏言："当今天下，我大唐四方仰德，真心归附，但是只有太子之位稳固，陛下的英明仁德才能顺利传于子孙，所以这才是目前最为紧急的事情。"太宗听了，非常感叹地说："爱卿说得非常正确。朕觉得身体、精神都不如从前了，现在既然立长子承乾守器东宫，诸位爱卿就不要再胡乱猜疑。爱卿们应该为朕遍访贤德之人，让他们辅佐太子早日成器才对。"此时，太宗似乎放弃了改立太子想法，开始想办法来巩固东宫的太子地位。

为匡正太子的君德，太宗诚心邀请魏征担任太子太师。他当着诸位大臣的面说："满朝文武，在忠直方面没有人能超过魏征，现在朕派魏征辅佐太子，从此可以断绝天下人对朕准备废立太子的猜疑。"魏征推辞不受后，太宗又下诏对魏征说："爱卿知道废嫡立庶给国家带来的危害，现在让爱卿担任太子太师，就是想维护太子的地位，不让国家出现任何动乱，希望爱卿不要推辞。"最终，魏征还是接受了这个重任。

贞观十七年（643年）二月，当太子太师还不到一年的魏征去世。魏征的去世后，让太子顿时觉得自己在父皇面前失去了遮风挡雨的保护伞，顿觉没了主张，再次担心自己的太子地位不保。

此时，心无定力的太子，时时都感受到李泰的势力咄咄逼人。他的内心迅速发生了扭曲，认为只要想办法除掉李泰，自己的太子之位才能得以保全。因此，太子决定派自己的心腹卫士纥干承基去暗杀李泰。经过一番谋划，纥干承基成功进入魏王府。可纥干承基来到魏王府后，看到魏王府内戒备森严，到处都是卫士，自觉行动起来一定寡不敌众，难有胜算，就放弃了行动跑了回来。

太子见暗杀行动无法实现，就召集汉王李元昌[①]、吏部尚书侯君集、襄阳郡公杜荷等心腹大臣进一步商议对策。诸位大臣都不希望魏王李泰成为储君，便力劝太子先下手为强，起兵夺取皇权，逼迫太宗像高祖一样做一个太上皇。

太子采纳了李元昌、侯君集、杜荷等心腹大臣的建议，开始秘密策划发动政变。可是，就在太子精心谋划政变方案时，贞观十七年（643年）三月，太宗第五子、齐王李祐，因与齐州（今山东省济南市历城区）长史权万纪之间发生不可调和的矛盾后，命手下将权万纪斩杀，走投无路之下在齐州起兵造反。太宗立即诏命兵部尚书李世等人，征发怀、洛、汴、宋、潞、滑、济、郓、海九州兵马讨伐齐王李祐。在李世与齐王府兵曹杜行敏等内贼的里应外合下，李祐这次叛乱很快被平定。李祐被押往长安城后，在内侍省被处死，他的同党总共四十四人一起被斩杀。

李祐发动的这赐叛乱，本来与太子没有任何关系，可就在朝廷审讯这起叛乱案件时，李祐的部下却供出太子的心腹卫士纥干承基与叛乱有关。同年四月初一，纥干承基被捕接受审讯。胆小怕事的纥干承基为保住自己的性命，竟然主动揭发说太子正在密

---

① 李元昌：唐高祖李渊第七子，唐太宗异母弟，母亲为孙嫔。

谋发动政变，夺取皇位，而且还将发动政变的初步方案进行了交代。

太宗得知太子要发动政变消息后，感到非常震惊，当即诏令司徒长孙无忌、司空房玄龄、特进萧瑀、兵部尚书李勣等重臣，对太子谋反一事进行调查。调查结果，认定太子谋反证据确凿。"上谓侍臣：'将何以处承乾？'群臣莫敢对，通事舍人来济进曰：'陛下不失为慈父，太子得尽天年，则善矣！'"（《资治通鉴·唐纪》）意思是，太宗对侍臣说："应该怎样处罚承乾呢？"群臣都不敢回答，通事舍人来济进谏说："皇上不能不说是一位慈父，如果让太子得以终其天年，那是最好的结局。"

太宗怀着一种极其复杂的心情，采纳了来济的谏言，诏令废黜李承乾太子之位，将其贬为平民，并幽禁在右领军府。太宗在《废皇太子承乾为庶人诏》中说："肇有皇王，司牧黎庶，咸立上嗣，以守宗祧，固本忘其私爱，继世存乎公道。故立季历而树姬发，隆周享七百之期；黜临江而罪戾园，炎汉定两京之业。是知储副之寄，社稷系以安危；废立之规，鼎命由其轻重。详观历代，安可非其人哉……"（《全唐文》）从诏书的内容可以看出，最初，太宗对太子李承乾寄予了厚望，但将他贬为平民后，内心充满了悲伤与失望。

不久，太宗又诏令将李承乾流放到黔州（今重庆市黔江流域）。

受太子谋反案件的牵连，吏部尚书侯君集、左屯卫中郎将李安俨、洋州（今陕西省西乡县西部）刺史赵节、襄阳郡公杜荷等大臣被处死；汉王李元昌被赐予在家中自尽；太子左庶子张玄素、太子右庶子赵弘智、秘书丞令狐德棻等大臣被贬为平民。而因检举太子谋反有功的纥干承基，被太宗任命为佑川府折冲都尉，并封为平棘（今河北省赵县东南）县公。

贞观十八年（644年）腊月，被贬为平民的李承乾在流放地黔州忧郁而死，年仅二十六岁。得知李承乾英年早逝，太宗伤心不已，废朝三日，以国公礼将其下葬。也许，与玄武门事变一样，李承乾的死将成为太宗内心永远的痛。

4. 选定李治为储君

贞观十七年（643年），李承乾因谋反案件被废黜太子贬为平民后，大唐王朝的储君之位出现空缺。虽然每位皇子都有觊觎此位的想法，但最有竞争实力的皇子当属魏王李泰。据《资治通鉴·唐纪》中记载："太子承乾既获罪，魏王泰日入侍奉，上面许立为太子，岑文本、刘洎亦劝之；长孙无忌固请立晋王治。"意思说，李承乾获罪后，魏王李泰每天都到宫中侍奉太宗，太宗当面答应立他为太子，岑文本和刘洎都劝告皇上封魏王李泰为太子，而长孙无忌坚决请求立晋王李治为太子。

太宗对侍臣们说，李泰来到我的宫中，靠在我的怀里表示："我现在才感到自己成为父皇的儿子，今天应该是我再生的日子。儿臣作为父皇的儿子，无疑是一件非常荣幸的事情。如果父皇能立儿臣为太子，儿臣更是感觉父皇之恩无以为报。儿臣有一个儿子，儿臣早就暗暗发誓，如果父皇将大位传于我，则儿臣在临死之日，一定会杀掉自己的儿子，然后把皇位传于晋王，以此报答父皇的知遇之恩。"

听了太宗的话，谏议大夫褚遂良说，陛下的话大错，希望谨慎想想千万不要做错。魏王继承帝位据守天下，他会肯杀掉他的爱子，然后传位给晋王吗？陛下难道没有感觉到魏王的话非常奇怪吗？陛下先前已立中山王李承乾为太子，可又宠爱魏王，礼数又超过对太子的宠爱，所以才酿成了今天的祸乱。过去的事不太遥远，可以作为借鉴。陛下现在立魏王为太子，希望先安置晋王，才能安然无事。"太宗觉得褚遂良的话很有道理，便再次陷入矛盾之中。

此时，李泰又采取威胁手段让李治不要争夺太子位。李泰对李治说："你和李元昌非常友善，可李元昌因帮太子策划谋反而被赐自杀，你难道不对此感到忧伤吗？"听到李泰的话，李治立即意识到这是李泰在威胁他。太宗看到李治整天愁眉苦脸的样子，多次询问其中的缘由。当太宗得知李泰威胁李治的事情后，心中万分惆怅，后悔自己说了要立李泰为太子的话。

李承乾被流放之前，太宗当面责怪他，他对太宗真诚地说："儿臣当初已贵为太子，只需要等待继位即可，怎么还会做出谋反的事呢？这是因为魏王一直想争夺太子位，多次使用阴谋加害于我，儿臣为了自保才做出这种大逆不道的糊涂事。儿臣被废后，如果父皇改立李泰为太子，就恰好中了他的圈套。"李承乾的话，让太宗立刻觉醒。他觉得，如果立李泰为太子，将来李承乾、李治以及其他皇子，都会有性命之忧。于是，太宗彻底打消了立李泰为太子的想法。

太宗在《黜魏王泰诏》中说，魏王李泰是我极为心爱的儿子，我对这个儿子实所钟心。李泰年幼时就很聪敏伶俐，又十分爱好文学，我对他的宠爱是那么的不同寻常。太宗还说，我不能让后世子孙认为皇位是可以通过谋划得到的，所以将魏王李泰降为东莱（今山东省烟台、威海一带）郡王。太宗的话，充满了无奈和伤感。

但李治即位后，对李泰却十分优待，从未为难他。而李泰一直为自己没成为太子而忧郁，最终于永徽三年（652年）去世，年仅三十三岁。

取消李泰的储君资格后，太宗还曾想到了三子、吴王李恪。李恪的母亲是大杨妃、隋炀帝之女。李恪虽是庶出，但太宗对他印象很好，总觉得李恪最像他。太宗提出想立李恪为太子的想法后，遭到了长孙无忌的坚决反对，太宗只得作罢。后来，太宗对李恪说："父与子虽然是最亲近的，但是如果儿子有罪，国家的法度也是不能以徇私的。汉武帝已经确立汉昭帝，燕王刘旦不服气，私下图谋不法的事情，霍光凭借诏书就可以将他诛杀。你做为人臣，不可以不以之为诫。"

最终，太宗还把立储的目标锁定在了晋王李治身上。

李治是太宗的第九子、嫡三子，生于贞观二年（628年）六月。贞观五年（631年），四岁的李治被封为晋王。贞观十年（636年）长孙皇后去世时，李治年仅九岁。

李承乾废为平民后，太宗在两仪殿对诸位大臣说："我想立晋王为太子。"长孙无忌说："我恭敬奉守皇上的诏命，如果有异议的人，我请求皇上杀了他。"太宗听了长孙无忌的话，马上对晋王李治说："你的舅舅同意立你为太子，你应该拜谢他。"听了太宗的话，李治立即拜谢了长孙无忌。太宗又对身边的大臣说："你们已经同意我的心意，不知道外面的人是怎样的意见？"诸位大臣对太宗说："晋王为人仁慈忠孝，天下的人归心很久，没有不同意的。"

于是，太宗驾临太极殿，召见六品以上的文武百官，对他们说："李承乾和李泰都不可以立为太子，我想挑选其他的儿子作为太子，哪一个可以呢？"群臣都说："晋王最为仁慈孝顺，应该由他来做太子。"

贞观十七年（643年）四月初七，太宗诏立十六岁的晋王李治为太子，并下诏大赦天下以图祥瑞。太宗在《立晋王为皇太子诏》中写道："昔者哲王受图，上圣垂范，建储贰以奉宗庙，总监抚以宁邦国。既义在於至公，变事兼于权道。故以贤而立，则王季兴周；以贵而升，则明帝定汉。详诸方册，岂不然乎？并州都督右武候大将军晋王治，地居茂亲，才惟明哲，至性仁孝，淑质惠和。夙著梦日之祥，早流乐善之誉。好礼无倦，强学不怠。今承华虚位，率土系心，畴咨文武，咸所推戴。古人云：'知子莫若父，知臣莫若君。'朕谓此子，实允众望。可以则天作贰，可以守器承祧，永固百世，以贞万国。"（《全唐文》）

为让年轻的李治尽快成熟起来，太宗诏令长孙无忌为太子太师、房玄龄为太子太傅、萧瑀为太子太保、李勣为太子詹事兼太子左卫率、李大亮为太子右卫率、于志宁和马周为太子左庶子、苏冒和高季辅为太子右庶子、张行成为太子少詹事、褚遂良为太子宾客，共同组建了一个阵营强大的太子辅佐班底。考虑到李治有仁弱的缺点，太宗又诏令褚遂良、刘洎、马周、岑文本轮流去东宫与太子讨论家国之事，借以提高李治的学识与决断能力。

太宗还非常注重对李治的言传身教。太宗每次上朝都让他站在旁边，让他观看自己决断各种政务，有时还让他参加议事，李治的才能也因此得到渐渐展现。

贞观二十二年（648年），太宗亲自撰写了《帝范》一书，系统地总结了自己多年的执政经验，从君体、建亲、求贤、审官、纳谏、去谗、诫盈、崇俭、赏罚、务农、阅武、崇文等方面教导李治如何做一个合格的帝王。太宗在《帝范》中写道："汝当更求古之哲王以为师，如吾，不足法也。夫取法于上，仅得其中；取法于中，不免为下。吾居位以来，不善多矣；锦绣珠玉，不绝于前；宫室台榭，屡有兴作；犬马鹰隼，无远不致；行游四方，供顿烦劳，此吾之深过，勿以为是而法之。顾我弘济苍生，其益多；肇造区夏，其功大。益多损少，故人不怨；功大过微，故业不堕。然比之尽善尽美，固多愧矣。汝无我之功勤而承我之富贵，竭力为善，则国家仅安；骄惰奢纵，则一身不保。且成迟败速者，国也；失易得难者，位也。可不惜哉！可不慎哉！"（《全唐文》）

太宗去世时，遗诏中令长孙无忌、褚遂良为辅政大臣，辅佐李治继续推行贞观政策，共同治理国家。李治在位三十四年，虽然身边有个武则天，但武则天并未凌驾于李治之上。李治在位期间，促进了唐朝经济文化的大发展、大繁荣，使唐朝达到了一个不逊于"贞观之治"兴盛时期。

5.骄傲自满喜夸赞

唐太宗虽然是大唐王朝的天子，但他也有平常人的喜怒哀乐，也会为自己取得的成就感到骄傲和自豪，甚至还会飘飘然地忘乎所以。

贞观五年（631年），太宗对身边的侍臣们说："自从有帝王以来，都很难从始至终不能正常看待自己。如果国内现状安稳，则肯定会有外面的侵扰和隐患。现在边疆的少数民族已经诚服，百谷丰登，盗贼也没有行窃，国内国外，都很安宁平静。这并不是我一人的能力所以办到的，而是由你们这些大臣辅佐才得到的。然而，安宁平静的时候，不忘记潜在的危险，理化时不忘记混乱局面，虽然知道现在没有事，也要考虑让居安思危的思想能从始至终，如果能一直这样，那真是很可贵的。"显然，太宗已陶醉贞观之初所取得的成就之中。

听了太宗的话，魏征感觉到其中充斥着骄傲自满，便谏言道："从古至今，帝王都是有缺陷、缺点的，或许在当时有些君王可以称得上是圣主，然而臣子却不贤明，或者遇到了贤臣，却没有遇到圣主。现在皇上贤明，所以励精图治治理国家。但是，如果有敢于直谏的贤臣，而君王却听不进意见，或是做出改变，那么即使有贤臣也是没有好的效果的。国家现在虽然太平，但我们做臣子的却并不感到喜悦，希望陛下能够在安宁的环境下，也能考虑潜在的危险，始终都能勤勉努力毫不懈怠！"太宗听了，点头称是。

同年九月，太宗完成仁寿宫的整修并改名为九成宫后，又满心欢喜地准备整修洛阳宫。为及时制止太宗好大喜功的行为，民部尚书戴胄谏言道："乱离方定，百姓凋微疲弊，财库空虚，如果营造不休止，官民辛苦耗费，或许不能胜任！"太宗听了，只好取消施工。

贞观九年（635年），太宗对侍臣们说："我观察研究那些古代平定乱世的君主，大都年过四十了，仅有汉光武帝刘秀平定天下时年纪才三十三岁。但是我十八岁就起兵，二十岁就平定了天下之乱，二十九岁就登基做了天子，这是在武功方面胜过古代的君主。我年轻时投身军旅，没空读书，从贞观年间以来，我是手不释卷,去了解风俗教化的根本,去研究政治义理的根源。用学习所得治理天下实行了数年,天下大治而且风俗教化都有了改变,子民孝顺、官吏忠诚,这是在文治方面胜过古代的君主。自当初秦、周二代以后,北方的戎、南方的狄等少数民族常常内侵中原,而今天这些北戎南狄等少数民族都已投降,统统成了我大唐的臣民了,这是在威临远方扩大疆域方面远远胜过古代的君主。这三个方面,我凭什么全占了?既然有了这样的丰功伟绩,我怎么能够不善始慎终始终如一啊?"

太宗的话,充分展现了他内心的得意之情。他说自己"武胜于古",就是在武功方面胜过了古代的君主;他说自己"文过于古",就是在文治方面胜过了古代的君主;他说自己"怀远胜古",就是在威临远方扩大疆域方面远远胜过了古代的君主。这些矜功伐善的言语,表明太宗内心的骄傲情绪已经达到了不能抑制的程度。

为此,魏征进谏说:"现在少数民族臣服,天下太平无事,的确是自古以来都没有过的盛事。然而,历代的帝王刚刚即位的时候,都励精图治,勤于政务,以尧、舜为楷模,可是等到天下太平了,就开始放纵自己,骄奢淫逸,没有谁做到善终。至于臣子,在开始被任用时,都追慕古代良臣稷、契的风范,怀有匡扶君主、济世救民的宏愿。等到他们荣华富贵了,就开始处心积虑地盘算如何才能保住乌纱,苟全性命,没有谁能够做到尽忠职守。如果君臣双方都能不懈息,铭记善终的道理,那么就可以无为而治,天下无忧了,这样做的话,自然可以超越古人。"太宗听了,欣然接受。

对于太宗的骄傲自满情绪,许多朝中大臣都心生忧虑。贞观十一年(637年),侍御史马周上书说:"夏、商、周三代以及汉代,历经年代多者八百年,少者不少于四百年,这是因为上古帝王以恩惠凝聚人心,人们不能忘怀的缘故。汉代以后历代王朝,多者六十年,少者仅二十多年,均因对百姓不施恩惠,根基不牢固的缘故。陛下正应当发扬禹、汤、文、武的帝业,为子孙确立千秋万代的基业,岂能只维持当年的现状!如今全国户口不及隋朝的十分之一,而服劳役的兄去弟归,道路相断。陛下虽然下了施恩的诏令,减损劳役,然而营缮之事无休无止,老百姓怎么能得到休息呢!所以主管部门徒劳地发放文书,与实际毫不相干。从前汉文帝与汉景帝,谦恭节俭以养护百姓,武帝继承丰富的资产,所以能够穷奢极欲而不至天下大乱。假使汉高祖之后即传位给武帝,汉朝还能那么长久吗!"看了马周的奏书,太宗称赞不已。

贞观十三年(639年),对于太宗的渐不克终,敢于犯颜直谏的魏征写了《十渐不克终疏》呈给太宗。他在奏书中写道:"伏惟陛下年甫弱冠,大拯横流,削平区宇,肇开帝业。贞观之初,时方克壮,抑损嗜欲,躬行节俭,内外康宁,遂臻至治。论功则汤、武不足方,语德则尧、舜未为远。臣自擢居左右,十有余年,每侍帷幄,屡奉明旨。常许仁义之道,守之而不失;俭约之志,终始而不渝。一言兴邦,斯之谓也。德音在耳,敢忘之乎?而顷年以来,稍乖曩志,敦朴之理,渐不克终。"(《贞观政要》)

魏征详细列举了太宗十大"逐渐不能善始善终的表现"后,直言不讳地劝谏说:"臣闻'祸福无门,唯人所召''人无衅焉,妖不妄作'。伏惟陛下统天御宇十有三年,道洽寰中,威加海外,年谷丰稔,礼教聿兴,比屋喻于可封,菽粟同于水火。暨乎今岁,天灾流行。炎气致旱,乃远被于郡国;凶丑作孽,忽近起于毂下。夫天何言哉?垂象示诫,斯诚陛下惊惧之辰,忧勤之日也。若见诚而惧，择善而从，同周文之小心，追殷汤之罪己，前王所以致礼者，勤而行之，今时所以败德者，思而改之，与物更新，易人视听，则宝祚无疆，普天幸甚，何祸败之有乎？然则社稷安危，国家治乱，在于一人而已。当今太平之基，既崇极天之峻；九仞之积，犹亏一篑之功。千载休期，时难再得，明主可为而不为，微臣所以郁结而长叹者也。"（《贞观政要》）意思是，我听说"祸福不认门，是人们自己招来的""人们没有罪过，妖邪之物并不随便发作"。陛下统御天下十三年，圣道广播九州，威势扩及海外，年年五谷丰登，礼治教化振兴，家家有德性，人人可表彰，菽粟像水火一样到处都是。到了今年，天灾流行，炎热大旱，竟至远达诸郡和封国；凶恶之人作孽，近来又忽然发生在都下。上天哪里会说话呢？便垂下天象以示警诫，这的确是陛下应当惊惧、忧勤的时候了。如果看见这警诫的征象而感到可怕，便择善而从，像周文王那样小心翼翼，效法商汤归罪自己；前王治理国家的有效措施勤于学习、效法，今天败坏德行的种种作为想法改掉，使万物更新，改变人们的所见所闻，那么，统治天下的宝福将绵延不已，普天之下也将深得其益，还有什么祸患呢？可见国家的安危治乱，在于陛下一人而已。当今太平基业已经高积入天，只是功亏一篑。千载难得的良机，圣明的君主本可大有作为却不去做，所以我郁结在心而要喟然长叹啊！

看了魏征的《十渐不克终疏》后，太宗非常感动，立即赏赐给魏征黄金十斤、厩马两匹。

但是，太宗毕竟是大唐王朝的国君，拥有至高无上的权力，在太平盛世面前难免出现自我陶醉，在歌功颂德的欢呼声中也渐渐听不进逆耳忠言。他虽然一直在鼓励臣下直谏，但行动上却不像贞观之初那样言行如一。

6. 贪图享乐忘初衷

步入中晚年时期，唐太宗一改贞观初年下令不准营建宫殿的初衷，逐渐开始大兴土木，先后修建了仁寿宫、洛阳宫、飞山宫和玉华宫等十几座宫殿，来满足自己贪图享受的欲望。

贞观初年，太宗有着比较强烈的"恐人不言，导之使谏"意识，可到了贞观六年时，却开始"不悦人谏""渐恶直言"，即使有时勉强接受，也是"意终不平，谅有难色"。

贞观八年（634年），太宗诏令在禁苑东南营建大明宫时，遭到了中牟（今河南省中牟县）县丞皇甫德参劝谏阻拦。皇甫德参上书说："修洛阳宫，劳人；收地租，厚敛；俗好高髻，盖宫中所化。"（《资治通鉴·唐纪》）意思说，修筑洛阳宫殿，劳顿百姓；收地租，加重数额；时俗女子喜好束高髻，这是受宫中的影响。太宗看到上书后勃然大怒，对房玄龄等大臣说："皇甫德参想要国家不役使一个人，不收一斗地租，宫女均不留发，这样才顺他的心思吗？"太宗还说："老百姓如果没有事做，就会骄奢淫逸瞎折腾，所以需要不断劳役他们，让他们不停地工作和干活，这样统治才能稳定。"太宗准备将皇甫德参以诽谤罪论处。魏征得知后立即劝谏道："自古以来上书言辞不激烈，则不能打动君王的心，所谓狂夫之言，圣人加以选择，希望陛下明察裁断。"太宗知道是自己不对，便有些不情愿地说："朕怪罪皇甫德参这类人，那么谁还敢说话呢！"于是赐给皇甫德参绢二十匹。魏征觉得太宗的态度有些勉强，又上奏说："陛下近来不喜欢直言强谏，即使勉强包容，也不如过去那么豁达。"太宗再次显示自己的大度，除给优厚赏赐皇甫德参外，还诏令他为监察御史。

贞观九年（635年）五月，太宗下诏修建献陵，不仅要求四个月完工，还要"依照汉高祖长陵的规模，务存隆厚之意"。秘书监虞世南感觉期限太紧迫，根本不能如期完成，便上书说："圣人薄葬其亲属，并非是不孝，而是深思熟虑，因为厚葬适足以成为亲人的拖累，所以圣人不为。希望陛下能够依照《白虎通义》一书，为太上皇建造三仞高的陵墓，所用器物制度，一律节省简化，将这些刻石碑立于陵旁，此外另书写一通，藏在宗庙内，用做后代子孙永久效法。"见第一次上书没有回文，虞世南再次上书说："汉代帝王即位后即营造山陵，有的营建时间达五十多年；如今几个月之内要得到几十年的功效，恐怕人力难以做得到。"于是，太宗召集大臣商议。房玄龄等大臣认为："汉高祖长陵高达九丈，汉光武帝原陵高六丈，而今九丈则太高，三丈又太低，依照原陵六丈的规模比较合适。"太宗觉得在理，并采纳了房玄龄等大臣的建议。

贞观二十一年（647年），太宗感觉皇宫闷热难耐，诏令在临潼骊山顶上修造翠微宫，在宜春凤凰谷重修玉华宫，两座宫宇都非常奢侈豪华，花销巨大。

太宗大兴土木建造宫殿楼宇，不仅让朝廷耗费了巨大财力，更让百姓负担着繁重的徭役。重负之下，百姓甚至不惜将自己的手脚砍残，来逃避繁重的徭役。贞观十六年（642年），太宗诏令说，我不管你自残到什么程度，自残的人不但要罪加一等，还要继续服徭役。

贞观二十二年（649年），太宗才觉得自己做得有点过分，因此在为太子李治撰写的《帝范》中写道："吾居位已来，不善多矣，锦绣珠玉不绝于前，宫室台榭屡有兴作，犬马鹰隼无远不致，行游四方，供顿烦劳，此皆吾之深过，勿以为是而法之。"意思说，我即位以来，过失之处不少，锦绣珠玉不断于身前，又不停地修筑宫室台榭，犬马鹰鹘无论多远也要罗致来，游幸四方，使各地供给烦劳，这些都是我的大过失，千万不要认为正确而效法。

太宗不仅大兴土木，还专注于追求享乐，生活渐渐变得荒淫腐化。贞观初年，太宗曾诏令杜绝宫内各项奢靡支出，可从贞观六年（632年）开始，太宗就开始频繁进行巡幸、游猎活动，给沿途百姓增加了许多额外负担。

贞观十一年（637年），太宗前往怀州（今河南省沁阳市）游猎时，非常不满百姓的埋怨，对身边的侍臣说："我过去到怀州去，有人上书说：'为什么总是差遣山东的劳工到宫里修造苑囿呢？当今劳役之重，已经和隋代不相上下了。怀州、洛水以东的百姓已经苦不堪言了，而皇上还时常到那里去打猎，真是一个骄奢的君王啊！今天皇上又到怀州来打猎，看来皇上是听不进忠言的。'一年四季出行打猎，是古代帝王常有的礼数，今日我到怀州，对老百姓不会带来一丝一毫的干扰。凡是上书提出意见的，一般我都采纳，臣子贵在能直谏，君王贵在能改正。但如今这样的诋毁，像是在诅咒我啊。"

唐贞观十五年（641年）正月，太宗巡幸洛阳。据《资治通鉴·唐纪》中记载："行及温汤，卫士崔卿、刁文懿惮于行役，冀上惊而止，乃夜射行宫，矢及寝庭者五。"意思说，太宗的车队行至骊山时，住在温泉行宫。卫士崔卿、刁文懿二人因惧怕远行之苦，想出了一个惊吓御驾的办法，希望太宗能因受到惊吓而停止巡行。于是，二人在夜里向太宗行宫射箭，有五支箭射入了太宗的寝殿。顿时，温泉行宫上下大为惊慌，一时陷于了一片混乱之中。很快，崔卿、刁文懿二人被太宗身边的贴身卫士擒获，都以大逆论罪被斩杀。由此可见，当时皇宫卫兵中反对过度徭役的情绪非常强烈。

除此之外，太宗还贪恋酒色、耽于享乐。贞观十年（636年），长孙皇后去世后，太宗开始不断搜罗美女充实后宫，十四岁的武则天就是在这时进入后宫成为才人。但武则天选入宫中，太宗却很少宠幸她，可见后宫中的美女非常多。

秦汉以来的历代帝王，都用封禅大典来此证明自己功德无量。太宗也自然想去泰山举行封禅大典，来彰显自己非同一般的功绩。贞观五年（631年）正月、贞观六年（632年）正月、贞观十四年（640年）十一月、贞观十五年（641年）五月、贞观二十年（646年）十二月，太宗先后五次准备启程到泰山封禅，但都因各种原因没能成行，这也成为太宗心中最大的遗憾。

7. 御驾东征耗国力

贞观十八年（644年）十月至贞观二十年（646年）三月，唐太宗统率十万大军，御驾亲征高句丽，取得了非常明显的战果。据《资治通鉴·唐纪》中记载："拔玄菟、横山、盖牟、磨米、辽东、白岩、卑沙、麦谷、银山、后黄十城，徙辽、盖、岩三州户口入中国者七万人。新城、建安、驻跸三大战，斩首四万余级，战士死者几二千人，战马死者什七、八。"意思说，总共攻克玄菟、横山、盖牟、磨米、白岩、辽东、卑沙、麦谷、银山、后黄等十座城，迁徙辽、盖、岩三州户口加入唐朝户籍共七万人。在新城、建安、驻跸三次较大的战役中，共杀死高句丽兵四万多人，唐朝将士战死近二千人，战马损失十有七八。

但是，这次长达近一年半时间的远征，兵力、物力和财力都耗费巨大，极大地削弱了大唐王朝的国家实力，而且没有实现一举平定高句丽的预期目标。"上以不能成功，深悔之，叹曰：'魏征若在，不使我有是行也！'"（《资治通鉴·唐纪》）意思是，太宗认为未能最后取胜，深自懊悔，不禁感叹道："如果魏征在的话，不会让我此番出兵的！"

汉高祖时期，高句丽是汉王朝的一个郡县，后来在东汉及魏晋南北朝的持续打压下，高句丽都城迁移到了平壤，并与百济、新罗融合在一起，成为中国东北地区及朝鲜半岛的一个割据政权。隋朝初期，高句丽王向隋文帝上表，自贬为"辽东粪土臣元"，臣服于隋朝。隋炀帝即位后，由于国力减弱，无法再让高句丽臣服。

唐朝贞观初年，随着大唐王朝的威服四海，高句丽也老老实实地臣服于唐朝，并按时向唐朝进贡。但贞观十六年（642年），高句丽重臣盖苏文（又名渊盖金、渊盖苏文、泉盖苏文、钱盖苏文）杀掉高句丽王高建武，改立高建武的侄子高藏为高句丽王，自己成为莫离支。莫离支相当于唐朝的吏部尚书兼兵部尚书。从此，高句丽的实际大权掌握在了盖苏文手中。

得知高句丽内部发生动乱，太宗想趁机平定高句丽，但司徒长孙无忌认为时机尚不成熟，上表极力加以劝阻，太宗只好作罢。

贞观十七年（643年）九月，新罗王派使者向太宗哭诉百济联合高句丽，攻占了新罗四十座城池，而且准备切断新罗向唐朝进贡的道路。太宗听后非常生气，当即派使者出使高句丽。太宗在诏书中说："如果高句丽一意孤行，执意攻打大唐属国新罗，大唐明年就出兵攻打高句丽。"高句丽莫离支盖苏文看到诏书后说："隋朝时，新罗趁高句丽和隋朝对垒之机，侵占了高句丽五百里土地，只要他们能归还，高句丽就撤兵。"面对盖苏文的无赖讹诈，唐朝使者说："辽东那么多的城池以前都是大唐国土，难道现在你们也要归还吗？做事要有理有据，如果一意孤行，我大唐定一会采取行动。"盖苏文丝毫不为所动，唐朝使者只好返回长安。

太宗得到盖苏文的态度后，气愤而坚定地说："新罗和高句丽两国的民众，都眼巴巴地等待大唐救他们于水深火热之中，这不正是讨伐高句丽的最好时机吗？"于是，太宗决定御驾亲征高句丽。

得知太宗要率军远征高句丽，朝中许多大臣纷纷劝谏阻止。司空房玄龄说："讨伐高句丽的行动，非常劳民伤财，对百姓和国家都是极其不利的。"黄门侍郎褚遂良也坚决反对，尤其反对太宗御驾亲征，他说："天下便如同人的整个身体：长安洛阳，如同是心脏；各州县如同四肢；四方少数民族，乃是身外之物。高丽罪恶极大，诚然应当陛下亲去讨伐，然而命令二三个猛将率领四五万士兵，仰仗着陛下的神威，攻取他们易如反掌。如今太子刚刚封立，年龄还很幼小，其他藩王情况，陛下也都清楚，一旦离开固守的安全地域，越辽海的险境，身为一国之主，轻易远行，这些都是我所深觉忧虑的事。"

劝阻太宗远征高句丽的大臣，意见主要集中在三个方面：一是唐朝刚刚平定了东突厥和高昌国，需要休养生息，不宜大动干戈。二是隋朝当年就是在远征高句丽时削弱崩溃的，唐朝应引以为戒。三是高句丽地区苦寒之地，没有什么丰富的资源，打下来也是得不偿失。

但太宗根本不听劝阻，诏令朝中有关大臣开始做好远征高句丽的准备。他首先诏令造船名匠阎立德建造四百多艘战船，以备用来装载军粮。诏令韦挺为黄河以北后勤主管、萧锐为黄河以南后勤主管，共同负责指挥两地将士。还诏令右卫郎将张俭率领契丹、靺鞨等少数民族将士，先行在辽东攻打高句丽，来试探高句丽的反应。

盖苏文得知太宗要统率大军亲征高句丽，深知高句丽不是唐朝大军的对手，便于贞观十八年（644年）九月，派使者向太宗进献大量白金。太宗不仅拒绝接受盖苏文进献的白金，还下令把高句丽使者移交给刑部处理。

十月十四，太宗诏令司空房玄龄和工部尚书李大亮守卫京师，自己亲任东征军统帅，带着太子、有关大臣以及部分军队，浩浩荡荡向洛阳进发，在洛阳再次集结大军远征高句丽。

经过近一个月的休整，同年十一月，太宗诏令刑部尚书张亮为平壤道行军大总管，率战船五百艘，兵力约四万，从山东莱州出发，直扑卑沙城，就是今天的大连，抄近道，直逼平壤；英国公李勣为辽东道行军大总管，太常卿李道宗为副手，出辽西走廊渡辽水，直接进攻辽东城，总兵力约六万。

太宗出发前，留守京师的工部尚书李大亮在病危前，向太宗上了最后一道表，再次劝谏唐太宗取消远征高句丽。太宗虽然非常佩服李大亮的作战指挥能力，但对他的苦苦规劝，太宗却不为所动。

贞观十九年（645年）三月初九，太宗率军抵达定州（今河北省定州市）。四月初五，张俭率军从建安（今辽宁省盖州市东北）登陆，开始了唐军东征中的第一战，一举打败了高句丽军，斩敌数千。随后，李勣、李道宗率军一举攻破盖牟城（今辽宁省盖州市），缴获粮食十万多石，俘虏两万多人，随即向辽东城（今辽宁省辽阳市东北）挺进。五月，李勣率大军进攻辽东，双方激战十余日，一举攻克辽东城，杀敌一万多人。六月，唐军攻克白岩城（今辽宁省辽阳市太子河北岸）。

随后，太宗又统率大军向安市城（今辽宁省盖州市东北）进发。安市城地势险要，守备精良，驻守城池的城主杨万春非常彪悍。当年盖苏文发动政变后，曾带兵进攻安市城，始终无法攻破城池，最后只得承认杨万春对安市城有独立的统治权。抵达安市城当天，唐军就向安市城北门发动了强大的进攻。此时，盖苏文派遣高句丽绝奴部褥萨（也称傅萨、耨萨）高延寿和灌奴部褥萨高惠真率军十五万人援救安市城。激战中，唐军一举击败了高句丽军，高延寿、高惠真率军三万多人投降。交战中，唐军将领薛仁贵冲锋陷阵、所向披靡，被太宗封为游击将军。唐朝大军集中进攻安市城，但一直无法攻破。

转眼进入了九月，辽东地区已是寒霜早降，草枯水冻。此时，如果唐军与高句丽军继续相持下去，将面临粮草不继、气候不适等诸多问题。而大唐西北边境，又传来了薛延陀多弥可汗入侵的消息。面临困境之时，太宗想起东征之前，褚遂良、尉迟敬德、房玄龄、李大亮等诸位大臣的劝谏之言，不禁感慨万分。经过综合考虑，太宗于九月十八诏令唐军班师回朝。

在撤军的路上，道路泥泞，车马难以通行。太宗诏令长孙无忌率领一万将士割草填道，水深的地方用车做桥梁，太宗甚至亲自将薪木等拴在马鞍后帮助铺路。十月初一，太宗到达蒲沟停下，督促填道铺路的各路军渡过渤错水。当时赶上天降暴风雪，许多士兵因为衣湿被冻死。太宗诏令在道路上点上火堆，让行路的士兵烤火。

贞观二十年（646年）三月初七，经过长达半年的奔波，太宗的车驾最终返回了长安。他对卫国公李靖说："吾以天下之众困于小夷，何也？"（《资治通鉴·唐纪》）意思说："我倾全国兵力却受困于小小的高丽，这是什么缘故？"对太宗的问话，李靖无法圆满回答。于是，太宗慨叹道："魏征若在，不使我有是行也！"

太宗返回京师后，采纳诸多大臣的建议，派出小股骑兵，对高句丽进行不断骚扰，让高句丽疲于应付，逐渐削弱实力，促使其自行瓦解。二十二年后的唐高宗总章元年（668年），高句丽最终被唐朝平定。

8. 英明君主垂千古

御驾亲征高句丽，是久经沙场的唐太宗最后一次亲临战场。虽然十万大军旌旗猎猎地开赴高句丽，取得了明显的战果，但却未能像最初谋划的那样一举平定高句丽，成为他一生中最大的遗憾。

远征高句丽返回长安后，太宗强健的身体日渐衰弱。不仅东征高句丽未能实现所愿让他感到懊丧，五子齐王李祐因起兵造反被诛杀、太子李承乾因发动政变被贬为平民、魏王李泰因图谋不轨被罢黜立太子资格，更让他的内心受到沉重打击，也受到了深深的伤害。为此，太宗一度产生轻生的念头，最后在房玄龄、长孙无忌等朝中重臣的劝解下，才慢慢释怀。

晚年的太宗，由于身体素质逐年下降，普通的药物渐渐失去效力，一种无奈的心态，竟让他开始迷信方士，求仙问道。年轻时期的太宗，非常不屑于长生不老这样的话题，贞观二年，他甚至嘲笑秦始皇和汉武帝说："神仙事本是虚妄，空有其名。秦始皇非分爱好，为方士所诈，乃遣童男童女数千人，随其入海求神仙。方士避秦苛虐，因留不归，始皇犹海侧踟蹰以待之，还至沙丘而死。汉武帝为求神仙，乃将女嫁道术之人，事既无验，便行诛戮。据此二事，神仙不烦妄求也。"（《资治通鉴·唐纪》）意思说："神仙本来是荒诞虚妄的，空有其名。秦始皇却分外爱好仙术，结果他被方士欺诈，竟派童男童女几千人，跟随方士入海去求神仙，方士逃避秦的苛政暴虐，因此留居海中不再回来，始皇却在海边徘徊等待他们，结果在返回的路上病死沙丘。汉武帝为了求得神仙，竟将女儿嫁给卖弄道术的人，他们的说法不灵验，就把方士杀掉。从这两件事情来看，神仙是不能乱求的。"

而到了晚年，当各种药物渐渐失去效力时，太宗竟然突发奇想，如果能找到神仙的灵丹妙药该多好，这样就可以让自己长生不老，所有的担心都能化为烟云。于是，身体日渐衰弱的太宗，竟然也像当年秦始皇和汉武帝那样，开始了求仙寻药之路。

贞观二十一年（647年）正月，唐朝开国勋臣、长孙皇后的舅舅高士廉去世。太宗想前往高宅哭灵，房玄龄以太宗的病刚好而执意谏阻。太宗说："高公和我并非只是君臣关系，还有故旧姻亲的关系，我岂能知道他的噩耗而不去哭灵呢？你不必再多说了！"说完，太宗就带领身边的人从兴安门出宫。长孙无忌此时正在高士廉的灵堂中，听说太宗要来，就赶紧出门拦住御马劝道："陛下正在吃长生药，按方药说法不能哭丧，您怎么不为宗庙社稷考虑而自珍自重呢！而且我舅舅临终有遗言，不愿意因自己的死而让陛下屈驾前来。"太宗仍不听。长孙无忌就干脆横卧在大道中央，流着眼泪执意谏阻，太宗这才返回东苑，望南而哭。

由此可见，太宗服用丹药，得到了朝中大臣知晓、认可和监督，似乎监督太宗服用好丹药，已经成为朝廷重臣的重要职责。

贞观末年，太宗几乎用遍了国内所有方士的丹药，身体不仅不见好转，反而因服用丹药导致重金属慢性中毒，身体日渐消瘦，病痛也在日益加重。而固执的太宗认为这是国内的道士功力不行，便想方设法去寻找外国的方士。贞观二十二年（648年），太宗诏令王玄策为正使、蒋师仁为副使，一同出使崇尚佛教的天竺。二人的这次出使为唐朝立了大功，不但借兵铲除了天竺内乱，还把叛军首领阿罗那顺押送长安，听候太宗处理。

天竺叛军首领阿罗那顺部下有一个方士，名叫那罗迩娑婆寐，长得庞眉皓首、鹤发童颜，自称懂得长生之术，还说自己已经活了二百多年。王玄策看到那罗迩娑婆寐后，心中大喜，立即将他进献给太宗。

太宗看到那罗迩娑婆寐，内心窃喜，有些急切地问道："使用什么样的法术能够让朕永葆青春呢？"

那罗迩娑婆寐本身就是一个江湖骗子，善于察言观色。他听到太宗急不可待的询问语气，便知道有机可乘，就对太宗说："我向来崇奉道教，由于心诚，已经得到老子真传，学会能让人长生不老的丹药的炼制方法，所以我才能活到二百多岁还显得这么年轻。"其实，当时天竺人根本没有接触过道教。

听了那罗迩娑婆寐的话，太宗根本没加分析便就信以为真，当即给那罗迩娑婆寐很高的礼遇。随后，太宗诏令各州县按照那罗迩娑婆寐的要求，尽快供奉奇药异石，并由那罗迩娑婆寐在宫中炼成仙药，供自己服用。

那罗迩娑婆寐装模作样地耗费了将近一年时间，终于练成了仙药，呈送给太宗。太宗高兴不已，立即服下仙药。结果，五十二岁的唐太宗在终南山翠微宫含风殿内，因仙药毒性发作不幸驾崩。这一天，是贞观二十三年（649年）五月二十六。

太宗驾崩前，给太子李治留下遗诏：

夫天命之重，绿错奉其图书；天子之尊，赤县先其司牧。而功兼造化，桥山之树已阴；业致升平，苍梧之驾方远。至于平寇乱，安黎元，洒洪灾，攘大患，黄帝之五十三战，商汤之二十七征，以此申威，曾何足算。

昔者乱阶斯永，祸钟隋季，馨宇凝氛，暄昏辰象，绵区作梗，摇荡江河。朕拂衣于舞象之年，抽剑于斩蛇之地。虽复妖千王莽，戮首轵车；凶百蚩尤，衅尸军鼓。垂文畅于炎野，余勇澄于斗极。前王不辟之土，悉请衣冠；前史不载之乡，并为州县。再维地轴，更张乾络。礼义溢于寰瀛，菽粟同于水火。破舟船于灵沼，收干戈于武库。辛李卫霍之将，咸分土宇；缙绅廊庙之材，共垂带绶。至于比屋黎元，关河遗老，或赢金帛，或斋仓储：朕于天下士大夫，可谓无负矣；朕于天下苍生，可谓安养矣。自栉风沐雨，遂成痼疹，忧劳庶政，更起沈疴。况乃汉苦周勤，禹胼尧腊，以矜百姓之所致也。道存物往，人理同归，掩乎元泉，夫亦何恨矣。

皇太子治，大孝通神，自天生德，累经监抚，熟达机务。凡厥百僚，群公卿士，送往事居，无违朕意。属纩之后，七日便殡。宗社存焉，不可无主，皇太子即于柩前即皇帝位，依周汉旧制，军国大事，不可停阙，寻常闲务，任之有司。文武官人，三品以上，并三日朝晡哭临，十五举音，事毕便出。四品已下，临于朝堂，其殿中当临者，非朝夕临，无得擅哭。诸王为都督刺史任者，并来奔丧。濮王、莱王，不在来限。其方镇岳牧，在任官人，各于任所，举哀三日。其服纪轻重，宜依汉制，以日易月。园陵制度，务从俭约。昔者霸陵不掘，则朕意焉。辽东行事并停。太原元从人见在者，各赐勋官一级。诸营作土木之功，并宜停断。

太宗驾崩的第二天，也就是五月二十七，太子李治在太宗飞骑营的护送下，从翠微宫先期返回长安，然后调集四千名六府甲士，分列于道路及安化门两侧，迎候太宗灵柩进入长安城。五月二十九，太宗驾崩的消息才按照太宗的遗嘱公之于众。

贞观二十三年六月初一，太宗的灵柩停放于太极殿。按照太宗的遗嘱，二十二岁的皇太子李治在太宗的灵柩前即位，是为唐高宗。随后，唐高宗诏令司徒、赵国公长孙无忌为太尉兼检校中书令，诏令英国公李勣为开府仪同三司。

八月初四，朝廷百官进献谥号为文皇帝，庙号太宗。

八月十八，太宗被安葬于昭陵（今陕西省咸阳市境内）。

对于太宗一生的评价，《新唐书·本纪》中这样写道："赞曰：甚矣，至治之君不世出也！禹有天下，传十有六王，而少康有中兴之业。汤有天下，传二十八王，而其甚盛者，号称三宗。武王有天下，传三十六王，而成、康之治与宣之功，其余无所称焉。虽《诗》《书》所载，时有阙略，然三代千有七百余年，传七十余君，其卓然著见于后世者，此六七君而已。呜呼，可谓难得也！唐有天下，传世二十，其可称者三君，玄宗、宪宗皆不克其终，盛哉，太宗之烈也！其除隋之乱，比迹汤、武；致治之美，庶几成、康。自古功德兼隆，由汉以来未之有也。至其牵于多爱，复立浮屠，好大喜功，勤兵于远，此中材庸主之所常为。然《春秋》之法，常责备于贤者，是以后世君子之欲成人之美者，莫不叹息于斯焉。"

杰出的英明君主，典范的千古帝王，功过皆由后人评说。

主要参考书目

[1] 曹海东. 二十五史通鉴 [M]. 北京：团结出版社，1997

[3] 林鲤. 中国皇都全书 [M]. 北京：九州图书出版社，1997

[3] 司马光. 资治通鉴 [M]. 延边：延边人民出版社，1999

[4] 黄仁宇. 中国大历史 [M]. 北京：生活·读书·新知三联书店，2007

[5] 善从. 中国皇帝全传 [M]. 北京：中国华侨出版社，2011

[6] 龚书铎，刘德麟隋唐五代 [M]. 北京：北京联合出版社，2012

[7] 何君. 唐太宗李世民 [M]. 长春：吉林出版集团股份有限公司，2012

[8] 赵剑敏. 黎东方讲史之续·细说隋唐 [M]. 上海：上海人民出版社，2013

[9] 蔡东藩. 唐史通俗演义 [M]. 哈尔滨：北方文艺出版社，2013

[10] 吕思敏. 隋唐五代史 [M]. 南京：江苏人民出版社，2014

[11] 高山. 中国皇帝全卷 [M]. 北京：光明日报版社，2015

[12] 林文力. 李世民传 [M]. 武汉：华中科技大学出版社，2018

[13]《国学经典文库》丛书编委会. 唐太宗李世民 [M]. 北京：现代出版社，2018